Tsunamis, wars, illness, family problems—crises large and small raise questions that I have long struggled with. These are the answers I have found in the Bible.

Philip Yancey

쓰나미, 전쟁, 질병, 기아 등 크고 작은 위기들은
우리에게 여러 가지 질문을 불러일으킵니다.
이 책은 제가 그런 질문들과 씨름하는 가운데
성경으로부터 찾아낸 대답들입니다.

필립 얀시

하나님,
당신께
실망했습니다

IVP(InterVarsity Press)는
캠퍼스와 세상 속의 하나님 나라 운동을 지향하는
IVF(InterVarsity Christian Fellowship)의 출판부로
생각하는 그리스도인을 위한 문서 운동을 실천합니다.

Originally published in the U.S.A. under the title *Disappointment with God*
Copyright © 1988 by Philip Yancey
Translation Copyright © 2013 by Philip Yancey
Translated by Sung-Nyeo Kim
Published by permission of Zondervan, Grand Rapids, Michigan
through arrangement of rMaeng2, Seoul, Republic of Korea.

All rights reserved.

Korean Edition © 2013 by Korea InterVarsity Press
156-10 Donggyo-Ro, Mapo-Gu, Seoul 04031, Korea

이 저작물의 한국어판 저작권은 알맹2 에이전시를 통하여 Zondervan과 독점 계약한
IVP에 있습니다. 신 저작권법에 의하여 한국 내에서 보호받는 저작물이므로
무단전재와 무단복제를 금합니다.

하나님, 당신께 실망했습니다

아무도 대놓고 묻지 않는 세 가지 질문

필립 얀시
김성녀 옮김

차례

book One
그림자 속의 하나님

서문 7

PART ONE
침묵 듣기

1 치명적 오류 15
2 믿음은 연기처럼 날아가고 25
3 아무도 대놓고 묻지 않는 질문 37
4 만약에 47
5 근거 57

PART TWO
접속: 아버지를 만나다

6 위험을 감수하시는 하나님 65
7 부모가 되는 법 73
8 여과되지 않은 햇빛 81
9 빛나는 한순간 91
10 불과 말씀 99
11 상처 입은 연인 107
12 믿을 수 없을 만큼 아름다운 진실 117

book *Two*
어둠 속에서 보다

PART THREE
더 가까이: 아들

13 내려오심 125
14 위대한 유산 131
15 머뭇거리시는 하나님 139
16 기적을 미루다 149
17 전진 155

PART FOUR
사명의 위임: 성령

18 변화 167
19 바람 속의 변화 173
20 정점에서 183

21 막간에 197
22 유일한 문제 205
23 우주 안에서의 역할 213
24 하나님은 불공평하신가 225
25 왜 하나님은 설명하시지 않는가 241
26 하나님은 침묵하시는가 261
27 왜 하나님은 개입하시지 않는가 277
28 하나님은 숨어 계시는가 299
29 왜 욥은 행복하게 죽었을까 311
30 내기꾼 두 명, 비유 두 개 323

감사의 글 335
참고 문헌 337

서문

 내가 이 책을 쓴다는 얘기를 들은 몇몇 교우들이 내게 전화를 걸어 이렇게 물었다. '하나님에 대한 실망'이라는 주제로 책을 쓰신다면서요? 그렇다면 저도 할 말이 있어요. 지금까지 아무한테도 말 안 했지만, 사실 저도 그리스도인으로서 하나님께 무척 실망한 때가 있었거든요." 그리하여 그들 몇 명과 면담을 했고, 그들의 사연은 이 책의 방향을 잡는 데 도움이 되었다.

 많은 사람들이 기독교 신앙에서 **기대하는 것**과 그 신앙을 실제로 경험하는 것 사이에는 큰 간극이 있다는 사실을 나는 발견했다. 그들은 신앙 서적과 설교 말씀, 사람들의 간증, 온갖 승리와 성공 이야기들을 꾸준히 접하면서, 하나님이 그들의 삶 속에서 역사하시는 극적인 증거들을 점점 기대한다. 그런 증거를 찾지 못하면 실망감과 배신감을 느끼고, 때로는 죄책감을 느낀다. 한 여성은 이렇게 말했다. "저는 '예수 그리스도와 인격적인 관계를 맺으라'는 말을 늘 들었죠. 하지만 그게 다른 관계와는 사뭇 달라서 좀 실망했어요. 저는 하나님을 본 적도, 느낀 적도, 음성을 들은 적도 없고, 일반적인 관계에서 경험하는 가장 기본적인 것들을 전혀 경험하지 못했어요. 제가 들은 말이 틀렸거나, 아니면 제가 틀렸거나 둘 중 하나겠죠."

우리의 경험이 기대치에 훨씬 못 미칠 때 우리는 실망한다. 그래서 이 책의 전반부에서는 우리가 하나님께 정당하게 기대할 수 있는 게 뭔지를 살펴본다. 나는 성경에서 출발하는 걸 약간 주저했다. 왜냐하면 어떤 사람들, 특히 하나님께 실망한 사람들은 성경을 참지 못한다는 걸 알기 때문이다. 하지만 하나님이 직접 말씀하시는 것보다 더 좋은 출발점이 어디 있겠는가? 나는 최대한 선입견을 떨쳐 버리고 성경을 마치 '플롯'이 있는 이야기로 읽고자 노력했다. 그렇게 성경에서 발견한 내용들은 가히 놀라웠다. 내가 살면서 오랫동안 들어온 이야기와는 너무도 달랐기 때문이다.

사실 처음에는 두 권으로 낼 계획을 하고 따로 썼다가, 결국은 한 권으로 통합하였다. 두 번째 책은 좀더 실제적이고 실존적인 내용을 다루고 있으며, 하나님에 대한 실망을 부추기는 실제 상황들에 내가 전개한 아이디어들을 적용시켰다. 하지만 궁극적으로는 이 두 접근 방법이 책 한 권 속에 포함된다는 결론을 내렸다. 어느 한쪽만으로는 불완전하다.

언젠가 이 책에 관한 계획을 친구에게 말하자 그는 얼굴을 찡그리고 고개를 절레절레 흔들며 이렇게 말했다. "나는 하나님의 심리를 분석하려 한 적이 없는데." 나 역시 그런 시도를 하지 않기를 바란다! 하지만 나는 하나님을 좀더 잘 이해하고, 때로는 그분이 왜 그렇게 신비로운 방식으로 행동하시는지, 또 때로는 왜 전혀 행동하시지 않는 것처럼 보이는지 알고 싶다.

여기서 미리 말해 둘 게 몇 가지 있다. 이 책은 변증 책이 아니므로 하나님의 존재에 관한 증거들을 파헤치지는 않을 것이다. 이 주제를 잘 다룬 책들은 이미 많이 있다. 나는 지적(知的)인 의심보다는 감정적인 의심들을 다루고자 한다. 실망했다는 건 뭔가를 바랐는데 제대로 되지 않은 관계를 내포한다.

이 책에서는 "하나님은 과연 기적을 행하시는가?"라는 문제도 다루지 않는다. 하나님은 당연히 초월적인 능력이 있고 그 능력을 사용하시기도 한다. 그렇다. 하나님은 우리 삶에 개입하실 수 있다. 그렇다면 왜 좀더 자주 개입하시지 않을까? 표적 하나만 보면 옳다구나 하고 믿고 싶어 하는 진지한 회의주의자들에게 하나님은 왜 자신을 제한하실까? 왜 하나님은 이 땅에 불의와 고난이 활개치는 걸 보고만 계시는가? 왜 하나님의 개입이 '기적'이 아니라 '평범한 일상'이 되면 안 되는가?

마지막 한 가지 주의사항이 있다. 여기서 내가 제시하는 기독교 신앙은 전혀 균형 잡힌 시각이 아니라는 점이다. 나는 인생이 어느 시점에선가 하나님의 침묵을 경험한 사람들을 위해 이 책을 쓴다. 믿음의 표본으로서 욥과 같은 사람을 연구하는 것은, 마치 문명사를 연구하기 위해 오직 전쟁만을 살펴보는 것과 비슷하다. 그런가 하면 전쟁에 대해서는 아무런 언급 없이 오직 승리만 약속하는 신앙 서적들도 많다. 이 책은 믿음에 관한 책이지만, 의심하는 사람의 눈을 통해서 본 믿음을 다룬다.

마지막으로, 성경 인용 방법에 대해 설명해야겠다. 이 책에서는 성경 구절을 인용할 때 그 출처를 괄호나 각주로 처리하지 않았다. 책을 읽는 흐름이 깨지기 때문이다. 마치 말더듬이의 말을 듣는 것 같다고나 할까? 그래서 직접 인용한 성경 구절의 출처는 각 장 마지막 부분에 밝혀 두었다. 진정한 탐구자라면 마땅히 인용 구절을 찾아낼 줄 알아야 할 것이다.

주여 깨소서. 어찌하여 주무시나이까?
일어나시고 우리를 영원히 버리지 마소서.
어찌하여 주의 얼굴을 가리시고
우리의 고난과 압제를 잊으시나이까?

시편 44:23-24

book One

그림자 속의 하나님

당신은 어두운 바깥에 앉아 있을 필요가 없다.
하지만 별들을 보고 싶다면
반드시 어둠이 필요하다는 걸 알게 될 것이다.
별들은 어둠을 필요로 하지도, 요구하지도 않지만.

애니 딜라드

PART ONE

침묵 듣기

1
치명적 오류

「내가 고통당할 때 하나님 어디 계십니까?」(*Where Is God When It Hurts?*) 라는 책이 출간된 후, 하나님께 실망한 여러 사람들이 내게 편지를 보내 왔다.

척수가 겉으로 드러나 있는 척추 피열이라는 선천적 장애를 가진 딸을 낳은 어느 젊은 엄마는 출산의 환희가 얼마나 큰 쓰라림과 아픔으로 변했는지를 깨알같이 가는 글씨체로 구구절절이 써 보냈다. 저축한 돈이 치료비로 다 날아간 사연, 그녀가 아픈 아이에게 정성을 쏟은 숱한 시간에 남편이 화를 내면서 부부 사이가 벌어진 사연 등이 몇 장에 걸쳐 적혀 있었다. 그녀는 딸 때문에 인생이 무너져 내리자, 한때 사랑의 하나님에 대해 믿었던 것에 의심이 생기기 시작했다. 그녀에게 무슨 조언을 해 줄 수 있을까?

한 동성애자는 여러 차례의 편지를 통해 조금씩 사연을 털어놓았다. 그는 동성애 성향을 고치려고 10년 이상 '치료' 방법을 찾아 헤맸다. 은사 치유 집회는 물론이고 기독교 협력 단체에도 참석해 보고, 화학 요법도 해보았다. 심지어는 혐오 치료도 시도해 보았다. 성적 흥분을 일으키는 남성 사진을 보고 그가 흥분하면, 상담사가 그의 성기에 전기 충격을 주는 요법이었는데, 그것도 소용없었다. 결국 그는 난잡한 동성애 생활에 빠져들었다. 그는 지금도 가끔씩 편지를 보내 온다. 그리고 자기는 하나님을 따르기 원하지만 이 특이한 저주 때문에 자신이 자격 미달인 것처럼 느껴진다고 주장한다.

한 젊은 여성은 계속되는 우울증으로 당혹감을 느끼며 편지를 썼다. 그녀는 우울할 이유가 없었다. 건강하고, 돈도 잘 벌고, 가정환경도 안정적이었다. 그런데도 아침에 잠에서 깨면 하루를 살아야 할 이유를 알 수 없는 날이 태반이라고 했다. 더 이상 삶이나 하나님에 관심이 없고, 기도를 해도 누가 정말 듣기나 하는지 의문스럽다고 했다.

지난 세월 동안 내가 받은 이런저런 편지들을 보면, 모두 표현은 다르지만 결국은 똑같은 기본적인 질문을 담고 있다. 말하자면 이렇다. "선생님의 책은 육체적 고통을 다루고 있는데, 그렇다면 제가 겪는 고통은 어떻게 설명할 수 있나요? 제가 감정적으로 고통당할 때 하나님은 어디 계십니까? 이 점에 관해 성경은 무어라고 말씀합니까?" 나는 최대한 그 편지들에 답하고자 한다. 이렇게 글로 쓸 수밖에 없는 언어의 한계가 안타깝지만 말이다. 어떤 말이든, 한마디 말로 과연 상처가 치유되겠는가? 그리고 고백하건대, 이 고뇌에 찬 편지들을 읽고 나서 나도 그들과 똑같은 질문을 할 수밖에 없었다. 우리가 감정적으로 고통받을 때 하나님은 어디 계시는가? 왜 하나님은 그리 자주 우리를 실망시키시는가?

극적인 상황에서만 하나님께 실망하는 건 아니다. 나는 시시콜콜한 일상 속에서도 하나님께 쉽게 실망한다. 지난겨울 매섭게 추웠던 시카고의 어느 날 밤이 떠오른다. 바람이 사나운 짐승처럼 포효하고 하늘에서는 진눈깨비가 마구 휘몰아쳤다. 도로에는 검게 빛나는 살얼음이 깔렸다. 하필 그날 밤, 꽤 험악한 동네에서 자동차 시동이 꺼졌다. 후드를 열고 허리를 굽혀 엔진을 살피는 동안, 진눈깨비가 마치 작은 돌멩이처럼 내 등을 찔렀다. 나는 간절히 기도하고 또 기도했다. '하나님, 제발 시동이 걸리게 해주세요.'

아무리 전선과 튜브와 줄을 만지고 애써도 시동은 걸리지 않았다. 결국 나는 견인차를 부르고 허름한 간이식당에서 한 시간 동안 기다렸다. 플라스틱 의자에 앉아 있는 동안, 흠뻑 젖은 옷에서 물이 떨어져 웅덩이를 이루었고, 하나님은 이런 난감한 사정을 어떻게 생각하시는지 자못 의심스러웠다. 그날 밤의 약속을 지키기는커녕, 다음 며칠 동안은 오도 가도 못하는 운전자를 등쳐 먹으려는 자동차 수리공과 적당한 수리비를 흥정하느라 몇 시간이나 허비하게 될 것이다. 하나님은 내 좌절감이나 이렇게 허비되는 에너지와 돈에 신경이나 쓰시는가?

우울증에 황당해 하던 여성처럼, 응답받지 못한 기도를 이렇게 언급하는 것조차 부끄럽다. 차에 시동이 걸리게 해달라는 기도는 쩨쩨하고 이기적이고 심지어는 바보스럽게 들린다. 하지만 나는 그렇게 사소한 실망이 오랫동안 쌓여 믿음을 흔들고 의심을 터뜨린다는 걸 깨달았다. 과연 하나님은 일상의 사소한 일들, 바로 나와 같은 사람에 관심이 있으실까? 아마 없을 것이다. 그렇게 지레짐작하고는 기도도 좀 덜 해야겠다고 생각한다. 아니면 혹시 관심이 있으신 건 아닐까? 이렇게 감정과 믿음이 흔들린다. 일단 그런 의심이 스며들면, 중대한 위기의 순간에도 마음의 준비가 제대로 안 된다. 이웃이 암으로 죽어 가고 있다. 나는 그녀를 위해 열심히 기도한다. 하지만 기도하면서도 의심이 든다. 과연 하나님을 신뢰할 수 있는가? 그렇게 많은 사소한 기도들이 응답받지 못한다면, 큰 기도들은 어떨까?

어느 날 아침 모텔에서 텔레비전을 틀었더니, 화면에 어느 유명한 목사가 나타났다. 얼굴은 각지고 살이 늘어진데다 언짢은 표정으로 이렇게 말했다. "여러분, 저는 지금 하나님께 몹시 화가 나 있습니다!" 그는 하나님이 우리 각 사람에게 관심을 가지신다는 절대적인 확신과 '겨자씨 믿음'이라는 개념으로 성공한 사람이었기에, 이건 아주 놀라운 고백이었다. 그는 하나님이 자기를 실망시키신 이유를 설명했다. 하나님은 그에게 큰 선교관을 지으라고 명령하셨는데, 결국 그 일 때문에 재정적으로 파탄이 났다. 재산을 다 팔고 프로그램 규모도 줄였다. 그렇게 자기 편에서는 할 일을 다 했건만, 하나님은 두 손 놓고 계셨다는 것이다.

몇 주 후에 그 목사가 또 텔레비전에 나왔다. 이번에는 믿음과 낙관주의가 한껏 풍겨났다. 곰보 투성이의 얼굴은 입이 찢어져라 웃고 있었고, 카메라 쪽으로 몸을 기울여 수백만 시청자들을 향해 손가락질을 하며 말했다. "이번 주에 여러분에게 조오오은 일이 일어날 겁니다!" '좋은'이라는 단어를 힘주어 길게 빼며 말했다. 세일즈맨의 화신이라고나 할까, 엄청나게 확신에 차 있었다. 그러나 며칠 후에 나는 그의 아들이 자살했다는 소식을 들었다. 그 운명적인 주간에 그 목사는 하나님께 뭐라고 기도했을지 매우 궁금했다.

그런 어려운 상황들은 교회에서 신명나게 말하는 하나님의 사랑과 보살핌이라는 구호를 마치 조롱하는 것만 같다. 실망이라는 내리막길을 면제받은 사람은 아무도 없다. 실망은 그 텔레비전 전도자에게든, 나한테 편지를 보낸 사람들에게든, 평범한 그리스도인들에게든, 누구에게나 일어난다. 처음엔 실망하다가 점차 의심의 씨앗이 뿌려지고, 결국은 분노나 배신감이 치민다. 하나님은 과연 신뢰할 만한지, 정말로 그분께 우리의 인생을 걸 수 있는지 의문이 생기기 시작한다.

내가 하나님에 대한 실망이라는 주제를 생각한 건 오래되었지만, 책으로 쓰는 건 주저했다. 이유는 두 가지였다. 첫째는, 쉽게 대답할 수 없거나, 해답이 아예 없을 수도 있는 질문을 다루어야 할 것 같아서였다. 둘째는, 괜히 실패한 이야기에만 집중해서 사람들의 믿음을 꺾는 책을 쓰고 싶지는 않았기 때문이다.

물론 '하나님에 대한 실망'이라는 표현 자체를 거부할 그리스도인들도 있다. 그들은 그 표현 자체가 틀렸다고 말한다. 예수님은 겨자씨만 한 믿음만 있어도 산을 움직일 수 있다고 약속하시지 않았던가. 두세 사람이 모여 기도하면 무슨 일이든 일어날 수 있다고 약속하시지 않았던가. 그리스도인의 삶은 승리와 정복의 삶이다. 하나님은 우리가 행복하고 건강하고 번영하기를 원하시며, 그렇지 않은 상태는 모두 믿음이 부족해서라고 생각한다.

그렇게 믿고 있는 사람들을 방문하고 나서야 마침내 이 책을 쓰기로 결심했다. 당시 나는 잡지 기고용으로 '신체적 치유'라는 주제를 탐구하던 중이었다. 그 조사를 하던 중에 인디애나 주의 시골에 본부를 두고 있는 꽤나 악명 높은 교회를 연구하게 되었다. 이 교회는 "시카고 트리뷴"(Chicago Tribune) 지에 실린 시리즈물과 ABC 방송의 "나이트라인"(Nightline)이라는 프로그램을 통해 알게 되었다.

이 교회 교인들은 그저 믿기만 하면 무슨 병이든 다 고칠 수 있으며, 다른 데서 도움을 찾는 것은(예를 들어 병원에 가는 것) 하나님에 대한 믿음이 부족한 것이라고 여겼다. "트리뷴" 지는 뇌수막염이나 급성폐렴 또는 평범한 감기처럼 쉽게 치료할 수 있는 질병에 걸린 자녀들이 죽어 가는 걸 손 놓고 지켜보고만 있었던 부모들의 이야기를 소개한다. "트리뷴" 지의 미술 담당자는 미국 지도 위에, 이 교회의 가르침을 따라 의사의 치료를 거부하는 바람에 사람이 죽은 지역을 작은 비석으로 표시했다. 그런 비석이 도합 52개였다.

기사에 따르면, 그 교회에서 임신한 여성이 분만 도중에 죽은 비율은 미국 전국 평균보다 여덟 배 높았고, 어린아이들의 사망률은 평균보다 세 배 높았다. 그런데도 그 교회는 계속 성장해서 미국 내 19개 주와 해외 5개 국에 지교회를 세웠다.

나는 무더운 8월에 인디애나에 있는 모교회를 방문했다. 아스팔트 길은 열기로 뜨겁게 달아올랐고, 들판에는 갈색으로 말라 버린 옥수수대가 축 늘어져 있었다. 교회 건물은 표지판도 하나 없이 그 옥수수밭 한가운데에 덩그러니 서 있었다. 마치 엉뚱한 곳에 세워진 창고처럼 커다랗고 외진 건물이었다. 나는 주차장에서 워키토키를 들고 있는 안내인

두 명에게 행선지를 말해 주어야 했다. 그 교회는 외부에 알려지는 걸 불안해 했다. 특히 전에 교우였던 사람이 최근에 이 교회를 고소한 후로 그런 성향이 심해졌다.

나는 예배에서 뭔가 광신적인 분위기를 기대했던 것 같다. 짐 존스(Jim Jones) 식으로 최면을 거는 듯한 설교자에, 사람들이 막 기절해 쓰러지는 분위기 말이다. 하지만 그런 건 전혀 없었다. 700여 명의 교인들은 큰 반원형으로 앉아 90분 동안 찬양을 부르고 성경을 공부했다.

내 주위 사람들은 소박했다. 여성들은 원피스나 치마를 입었고, 바지는 입지 않았다. 얼굴에 화장기도 거의 없었다. 남자들은 셔츠와 넥타이 차림으로 가족과 함께 앉아서 어린아이들이 제자리에 얌전히 앉아 있도록 돌보았다.

이 교회는 다른 교회보다 특히 어린아이들이 눈에 띄었다. 온 사방에 아이들이 있었다. 아이들이 90분 동안 조용히 참고 있는 게 쉽지 않은 일이었기에, 나는 어른들이 이 문제를 어떻게 다루는지 지켜보았다. 색칠하기 공책들이 넘쳐났다. 엄마들은 아이들과 손가락 놀이를 했다. 어떤 엄마들은 큰 가방에 장난감을 잔뜩 챙겨 왔다.

내가 열광적인 분위기를 기대하고 왔다면 실망했을 것이다. 오히려 그곳에는 고풍스런 미국적 생활이 엿보였고, 전통적인 가정들이 건재하고 있었다. 그곳 부모들은 지상의 다른 어떤 부모 못지않게 자녀들을 사랑했다.

지도에 그려진 작은 비석들이 퍼뜩 떠올랐다. 그들이 자녀를 사랑하는 부모라 해도 그들 가운데 어떤 이들은 아무것도 하지 않고 죽어 가는 아이의 머리맡에 그저 앉아 있기만 했다. 한 아버지는 "트리뷴"지 기자에게, 자기가 했던 기도에 대해 말했다. 15개월 된 그의 아들은 2주일 동안 열병을 앓았다고 한다. 그 병으로 처음에는 귀가 들리지 않더니, 며칠 후에는 눈도 보이지 않게 되었다. 교회 목사는 그 아버지에게 좀더 굳건한 믿음을 가지고 병원에는 가지 말라고 설득했다. 결국 아이는 다음 날 죽고 말았다. 부검 결과 사인은 쉽게 고칠 수 있는 수막염으로 드러났다.

인디애나 교회의 교우들은 대체로 자신들이 당한 슬픔을 하나님 탓으로 돌리지 않았다. 최소한 하나님을 탓했다고 인정하지 않았다. 대신에 자신들의 약한 믿음을 탓했다. 그동안도 비석 숫자는 늘어만 갔다.

그 주일 예배를 마치고 돌아오면서 나는 인생에 있어 모든 것이 다 중요하듯이, 우리가 하나님을 어떻게 생각하는지 그리고 하나님을 어떻게 믿고 있는지도 중요하다는－**정말로 중요하다는**－깊은 확신을 갖게 되었다. 그 사람들은 괴물도, 어린이 살해자도 아니었지만, 그들의 자녀 수십 명이 신학적 오류 때문에 (나는 그렇게 믿는다) 죽었다. (사실 그 인디애나 교회의 가르침은 많은 복음주의 교회나 기독교 방송에서 하는 말과 그리 다르지 않다. 그들은 다만 그 엄청난 믿음의 약속들을 좀더 일관성 있게 적용했을 뿐이다.)

인디애나의 그 신실한 사람들과 내게 의구심을 편지로 써 보낸 사람들 때문에, 나는 쓰라릴 만큼 피하고 싶었던 주제들을 직면하기로 결심했다. 그리하여 이 신학을 다룬 책이 나왔다. 절대로 방법론적인 책은 아니다. 다만 하나님의 본성, 왜 하나님은 때로 황당한 방식으로 행동하시고 때로는 전혀 행동하시지 않는가에 관한 책이다.

우리는 교수와 학생들이 탁상공론이나 하는 신학대학의 강의실 안에 신학을 가두면 안 된다. 그건 우리 모두에게 영향을 미친다. 하나님께 깊이 실망해 믿음을 잃어버리는 사람들이 있다. 그들은 하나님이 특정한 방식으로 행동해 주시길 기대했지만, 하나님은 '그들을 실망시키셨다.' 그런가 하면, 믿음을 잃지는 않았지만 일종의 실망을 경험하는 사람들도 있다. 그들은 하나님의 개입을 믿고 기적을 간구하지만, 응답이 없다. 최소한 인디애나 교회에서는 52번이나 그런 일이 일어났다.

2
믿음은 연기처럼 날아가고

어느 날 오후 전화벨이 울려서 받아 보니, 상대방은 휘튼 대학에서 석사 과정을 밟고 있는 신학생이라고 자신을 소개했다. "저는 리처드라고 합니다. 선생님은 저를 보신 적이 없지만, 저는 선생님의 책들을 꽤 읽었기 때문에 왠지 가깝게 느껴집니다. 잠시 시간 좀 내주실 수 있나요?"

이렇게 말문을 연 리저느는 자기의 삶에 관해 말했다. 그는 대학 시절에 자기에게 가까이 다가온 기독학생회 사역자와 친해지면서 그를 통해 믿음을 갖게 되었다고 한다. 하지만 리처드가 하는 말을 들어보면 초보 그리스도인 같지가 않았다. 그는 나에게 좋은 신앙 서적들을 추천해 달라고 했지만, 내가 추천하는 책은 이미 다 읽은 상태였다. 우리는 유쾌하고 편하게 통화를 했다. 마지막에 가서야 그는 내게 전화한 진짜 목적을 밝혔다.

"선생님을 귀찮게 해서 죄송한데요." 그가 초조한 말투로 운을 떼었다. "바쁘시겠지만 부탁 하나만 드려도 될까 해서요. 사실은 제 논문이 욥기에 관한 내용인데요, 저희 교수님이 책으로 내면 좋겠다고 하셨어요. 혹시 이 논문을 한번 읽어 본 후 의견을 말씀해 주실 수 있나 해서요."

나는 흔쾌히 승낙했다. 며칠 후 논문 사본이 도착했지만, 사실 나는 별다른 기대가 없었다. 보통 대학원 논문은 그리 잘 읽히지 않는 편이기 때문이다. 게다가 비교적 최근에 회심한 학생이 욥기라는 대단한 책에 대해 무어 그리 신선한 통찰력을 보여 줄까 싶었다. 하지만 내 생각은 틀렸다. 그 논문은 그가 정말 장래가 촉망되는 학생임을 보여 주었다. 그 후 몇 달 동안 리처드와 나는 전화와 편지를 통해 논문을 좀더 잘 손질해서 책으로 낼 방법들을 의논했다.

1년 후에 리처드는 완성된 원고와 출판 계약서를 들고, 전화로 내게 추천의 글을 부탁했다. 나는 그때까지도 리처드를 만나 보지는 못했지만 그의 열정이 마음에 들었고, 그의 책 또한 기꺼이 추천할 만했다.

그 후 6개월 동안 그의 책은 수정과 최종 편집 단계를 거쳤다. 그런데 출간 며칠 전에 리처드에게서 전화가 왔다. 목소리가 전과 사뭇 달랐다. 긴장감과 날카로움이 묻어났다. 곧 나올 그의 책에 대해 묻는데 그는 그 질문도 피했다. 의외였다. 마침내 그가 말했다. "선생님, 좀 만나 뵙고 싶어요. 꼭 직접 뵙고 말씀드릴 게 있어요. 이번 주에 잠시 시간을 내주실 수 있나요?"

아지랑이가 아른거리는 뜨거운 태양빛이 3층에 자리잡은 내 아파트 안으로 비쳐들었다. 열어 놓은 프렌치 창문에는 방충망이 없어서 파리가 앵앵거리며 들락거렸다. 리처드는 흰색 테니스 반바지와 티셔츠를 입고 내 맞은편 소파에 앉았다. 그의 이마에서 땀이 번들거렸다. 그는 나를 만나기 위해 혼잡한 시카고의 교통체증을 뚫고 한 시간을 달려왔다. 그는 아이스티 한 잔을 단숨에 비웠다. 열을 좀 식히려는 듯했다.

리처드는 약간 마른 편이었지만 보기 좋은 몸매의 소유자였다. 에어로빅 강사가 보면 "순도 백 퍼센트 훤칠남"이라고 말했을 것이다. 광대뼈가 나온 얼굴에 짧게 자른 머리칼은 하나님을 찾아 헤매는 수도승처럼 진지하고 긴장된 분위기를 자아냈다. 몸짓에도 의미가 있다면, 그의 몸짓은 말하는 바가 많았다. 주먹을 쥐었다 폈다 하고, 적당히 그은 다리도 꼬았다 폈다 했다. 얼굴 근육도 가끔 긴장감으로 굳어지곤 했다.

그는 가벼운 인사치레도 생략하고 다짜고짜 말했다. "선생님, 죽을죄를 지었습니다. 어떤 말씀을 하셔도 할 말이 없습니다."

그가 무슨 말을 하는 건지 도통 알 수가 없었다. "왜 그러는데?" "사실 선생님께서 도와주신 제 책이 다음 달에 출간되거든요. 선생님의 추천의 글도 들어 있죠. 그런데 문제가 생겼어요. 제가 그 책에 쓴 내용을 더 이상 믿지 않는다는 겁니다. 그 이유를 선생님께는 꼭 해명하는 것이 도리일 것 같아서 찾아왔습니다."

그는 잠시 말을 멈추었다. 긴장으로 그의 턱에 주름이 생겼다. 그러더니 갑자기 내뱉었다. "저는 하나님이 미워요! 아니, 미움조차 없죠. 아예 하나님을 안 믿으니까요."

나는 잠잠히 있었다. 사실, 리처드가 자기 부모님이 헤어진 사건부터 시작해서 이야기를 풀어 놓는 세 시간 동안, 나는 거의 말을 하지 않았다. "부모님의 이혼을 막아 보려고 할 수 있는 건 다 해봤어요." 그가 말했다. "대학에 가서 막 그리스도인이 되었는데, 순진하게도 하나님이 모든 것을 보살피신다고 믿었죠. 저는 부모님이 다시 합치게 해달라고 매일 밤낮으로 쉬지 않고 기도했어요. 심지어 잠시 휴학하고 집으로 돌아가서 저희 가정을 살려 보려고 했죠. 그게 하나님의 뜻이라고 생각했거든요. 하지만 저 때문에 일이 더 악화된 것 같아요. 저는 처음으로 기도 응답을 받지 못했죠. 정말 쓰라린 경험이었어요.

저는 믿음에 관해 좀더 배우려고 휘튼 대학에 편입했습니다. 제가 뭔가 잘못하고 있다는 걸 알았죠. 휘튼에 와서 '하나님과 대화했다' '주님이 내게 말씀하셨다'는 표현을 쓰는 사람들을 알게 되었어요. 저도 때로는 그런 표현을 썼지만, 그때마다 죄책감을 느꼈습니다. 주님이 정말로 내게 뭔가를 말씀하셨나? 저는 목소리를 들은 적도 없고, 하나님을 보거나 만진 증거도 없었어요. 하지만 하나님을 가까이 느끼고 싶었죠.

저는 중요한 일을 결정할 때마다 성경을 읽고 하나님의 인도하심을 구했어요. 그리고 그 결정이 옳다고 느껴지면 그렇게 행동했죠. 하지만 그때마다 끝이 좋지 않았어요. 정말로 하나님의 뜻이라고 생각했는데 오히려 엉뚱한 결과를 낳을 때가 많았어요."

거리의 소음이 일렁이고, 이웃들이 계단을 오르내리는 소리도 들렸지만, 리처드는 개의치 않았다. 그의 이야기는 계속되었고, 나는 가끔 고개를 끄덕이긴 했지만 그가 왜 그렇게 하나님께 격렬히 분노하는지 도무지 이해할 수가 없었다. 깨지는 가정들은 많다. 응답받지 못한 기도도 얼마든지 있다. 그런데 왜 그는 그렇게 격분할까?

다음으로 그는 구직 기회를 놓친 것에 대해 말했다. 고용주가 리처드와의 약속을 어기고 자기보다 못한 사람을 고용하는 바람에, 그는 학자금 융자도 못 갚고 수입도 없는 상태였다. 그 무렵 약혼녀한테도 차였다. 그녀는 사전 통고도 없이 연락을 끊었고, 갑작스런 변심에 대해서 해명

한마디도 없었다. 약혼녀인 샤론은 리처드가 영적으로 성장하는 데 결정적인 역할을 했기에, 그녀가 떠나자 그의 믿음도 맥이 빠졌다. 둘의 미래를 두고 같이했던 기도도 이제는 잔인한 농담처럼 느껴졌다.

리처드는 건강에도 연이어 문제가 생겨서 우울증이 심해졌다. 부모님이 헤어질 때 겪었던 거절의 상처가 다시 고개를 드는 것 같았다. 하나님도 샤론처럼 그에게 그저 사기나 친 건 아닐까? 그는 목사님을 찾아가 조언을 구했다. 마치 물에 빠져 죽어 가는 느낌이라고 말했다. 하나님을 신뢰하고 싶은데, 아무리 허우적거려도 손에 잡히는 건 한 줌의 공기뿐이었다. 그의 안녕에 그다지 관심도 보이지 않는 하나님을 왜 계속 믿어야 한단 말인가?

그 목사님은 리처드를 잘 이해하지 못하는 듯했다. 리처드는 자기의 불평이 그 목사님한테는 이혼 위기에 처한 부부나 암 환자, 알코올중독자, 반항적인 자녀를 둔 부모들의 문제만큼 절박해 보이지는 않는다는 걸 확실히 느꼈다. 목사님은 억지웃음을 지으며 "여자 친구 문제가 잘 해결되면, 하나님과의 문제도 해결이 될 거야"라고 말했다.

리처드에게는 이 문제가 결코 사소한 게 아니었다. 그는 사랑 많으신 하늘 아버지가 어떻게 자기를 그렇게 실망 속에 고통당하게 놔두시는지 이해할 수 없었다. 인간의 아버지도 자녀를 그렇게 대하지는 않을 것이다. 교회는 계속 나갔지만, 그의 내면에는 차가운 냉소주의가 자리잡고 의심의 종양이 퍼지기 시작했다. 그가 학교에서 배우고 자기 책에 쓴 신학은 더 이상 효력을 발휘하지 못했다.

리처드는 말했다. "정말 이상한 건, 제가 하나님한테 화를 내면 낼수록 제 속에서는 에너지가 점점 더 생기는 것 같았어요. 제가 지난 몇 년 동안 많이 위축되었다는 걸 깨달았죠. 이제 저는 휘튼 대학과 제 주변의 그리스도인들을 의심하고 심지어는 미워하게 되었고, 이제야 제 삶을 되찾은 것 같아요."

그러던 어느 날 밤 결국 사건이 벌어졌다. 리처드는 주일 저녁 예배에 참석해서 평상시대로 사람들의 간증과 찬양을 들었는데, 유난히 한 간증이 그의 마음을 괴롭혔다. 그 주 초에 선교사 아홉 명을 태운 비행기가 알래스카 오지에 추락하는 바람에 탑승객 전원이 사망한 사건이 있었다. 목사님은 엄숙하게 그 사건을 세세히 설명한 다음, 그 교회 교우를 한 명 소개했다. 그는 같은 주에 추락한 다른 비행기 사고의 생존자였다. 그 교우가 간신히 피신해서 살아남은 사연을 간증하자, 온 회중은 "할렐루야"로 답했다.

그 목사님은 이렇게 기도했다. "주님, 우리 형제님을 안전하게 지켜주시고, 당신의 수호천사로 그를 보호해 주심을 감사드립니다. 그리고 알래스카에서 소천하신 선교사님들의 가족과 함께하여 주옵소서." 그 기도를 들은 리처드는 역겨움을 느꼈다. 그는 생각했다. '두 경우를 다 인정할 수는 없는 거 아닌가?' 살아남은 사람 때문에 하나님이 찬양받는다면, 사망한 사람들 때문에 하나님은 비난받아야 마땅하지 않을까? 하지만 교회는 애도하는 사람들의 간증은 절대로 듣지 않는다. 죽은 선교사의 배우자들은 뭐라고 말할까? 하나님을 '사랑 많으신 아버지'라고 말할까?

리처드는 초조한 마음으로 자기 아파트에 돌아갔다. 모든 것이 한 가지 질문으로 귀결되었다. "하나님은 과연 계시는가?" 그것을 확증할 만한 증거를 그는 찾지 못했다.

이 지점에서 리처드는 말을 멈추었다. 태양이 서편의 큰 건물 뒤로 자취를 감추자, 방으로 들어오는 빛줄기와 그림자가 한풀 꺾여 부드러워졌다. 리처드는 눈을 감고 아랫입술을 잘근잘근 깨물었다. 양쪽 엄지손가락으로 두 눈을 세게 눌렀다. 그는 제대로 설명해 보려고, 머릿속으로 그림을 그리는 것 같았다.

"그래서 어떻게 되었는데?" 잠시 침묵이 흐른 뒤 내가 물었다. "그날 밤이 바로 자네가 믿음을 잃은 날인가?"

그가 고개를 끄덕이며 말을 계속했다. 말투가 사뭇 가라앉았다. "저는 외곽 조용한 동네에 사는데, 그날 밤에는 이웃 사람들이 잠든 지 한참이 지나도록 깨어 있었어요. 마치 이 세상에 저 혼자 남겨진 것 같았어요. 뭔가 중요한 일이 일어날 것 같은 예감이 들었죠. 제 마음은 상처를 받았어요. 하나님은 너무나 여러 차례 절 실망시켰으니까요. 하나님이 밉기도 하고 두렵기도 했어요. 그래도 명색이 신학생이잖아요? 어쩌면 하나님은 존재하시는데 제가 모든 걸 잘못 생각한 건지도 모르죠. 그걸 어떻게 알겠어요? 저는 그리스도인으로서 제가 겪은 경험을 모두 다 되짚어 보았어요. 처음 시작부터 말이에요.

대학 시절 처음으로 믿음이 뜨거워졌을 때의 기억이 났어요. 그때는 나이도 어렸고, 마음도 여렸죠. 어쩌면 그럴싸한 몇 가지 개념을 배워 자꾸 말하다 보니 제 자신이 '풍성한 삶'을 믿는 걸로 착각했는지도 몰라요. 아니면 남들 흉내나 내면서 그들의 체험을 마치 내 체험인 것처럼 착각했든지요. 하나님에 관해서 제 자신을 속인 게 아닐까요?

하지만 그때까지 믿었던 걸 다 포기하려니 망설여지더군요. 그래서 하나님께 마지막 기회를 드리기로 했어요.

그날 밤 저는 최대한 뜨겁게 열심히 기도했습니다. 마룻바닥에 무릎을 꿇고 납작 엎드려 기도했어요. '하나님, 당신은 도대체 저한테 신경이나 쓰세요? 당신의 세상을 어떻게 운영하든 그건 당신 마음이겠죠. 다만 당신이 정말로 존재하신다는 표적을 제발 보여 주세요. 제 기도는 그것밖에 없습니다.'

지난 4년 동안 소위 말하는 '하나님과의 인격적인 관계'를 맺으려고 얼마나 노력했는지 몰라요. 하지만 하나님은 우리 친구들 중에서도 저를 가장 혹독하게 다루셨어요. 결국 모든 건 한 가지 질문으로 귀결되었죠. '상대의 존재 여부조차 확신할 수 없는데, 어떻게 그 존재와 인격적인 관계를 맺을 수 있단 말인가?' 저는 도저히 하나님의 존재를 확신할 수 없었어요.

최소한 네 시간은 기도했을 거예요. 어떤 때는 제가 바보처럼 느껴지고, 어떤 때는 정말로 신실한 것 같았어요. 캄캄한 어둠 속에서, 어디로 발을 내디뎌야 할지 모른 채 발을 떼는 기분이었습니다.

마침내 새벽 네 시가 되자 정신이 들더군요. 아무 일도 일어나지 않았죠. 하나님은 끝까지 응답하시지 않은 거예요. 그런 마당에 왜 제 자신을 계속 고문해야 합니까? 저도 세상의 다른 사람들처럼 그냥 하나님은 잊어버리고 인생을 계속 살아 나가기로 결심했죠.

그러자 즉시 안도감과 자유를 느꼈어요. 마치 기말 시험이 끝났을 때나 처음으로 운전면허증을 받았을 때 느꼈던 그런 기분이었죠. 이제 갈등은 끝났고, 제 인생은 제 마음대로 할 수 있게 됐어요.

지금 생각하면 바보 같지만, 저는 제 성경책과 신앙 서적 두 권을 들고 계단을 내려가 밖으로 나갔어요. 아무도 잠에서 깨지 않게 조용히 문을 닫았죠. 뒷마당에는 벽돌로 된 바비큐 장비가 있었는데, 그 위에 책을 놓고 휘발유를 골고루 뿌린 뒤 성냥을 그었습니다. 달도 뜨지 않은 밤에, 환한 불꽃이 높이 올라가 춤을 추더군요. 성경 구절들과 신학적 논지들 몇이 불꽃에 말려들어 가더니 까맣게 타서 작은 잿더미가 되어 부서지며 하늘 위로 올라갔습니다. 더불어 제 믿음도 공중으로 사라졌죠.

저는 다시 위층으로 올라가 책을 한아름 안고 내려왔습니다. 한 시간 동안 그렇게 여덟 번은 오르내렸던 것 같아요. 성경 주석, 신학교 교재, 욥기에 관해 쓴 초고 등이 모두 연기 속에 허공으로 사라졌습니다. 그때 소방관이 화를 내며 끼어들지만 않았더라면 저는 가진 책을 전부 태워 버렸을 겁니다. 노란 우비를 입은 소방관 한 명이 달려오더니 '도대체 무슨 짓이오!' 하고 소리쳤습니다. 누군가 놀라서 신고한 것 같더군요. 저는 구실을 찾느라 어물거리다가 결국은 쓰레기를 태우는 중이었다고 했습니다.

그 소방관은 뭔가 화학 물질을 모닥불에 뿌리더니 삽으로 재를 퍼서 덮고는 저를 보내 주었습니다. 저는 제 방으로 올라가 침대에 널브러져 연기 냄새를 맡았습니다. 이미 먼동이 터오고 있었죠. 드디어 저에게 평화가 찾아왔습니다. 엄청난 부담감이 사라졌죠. 이제야 제 자신에게 솔직해진 겁니다. 믿는 척하던 태도는 사라졌고, 제가 확신도 못 하는 걸 믿어야 한다는 압박감도 없어졌습니다. 저는 회심한 느낌이었어요. 하나님한테서 돌아서는 회심 말이에요."

내가 상담가로 먹고살지 않는 게 천만다행이다. 리처드처럼 속이야기를 다 쏟아 놓는 사람 앞에서 나는 무슨 말을 해야 할지 모르겠다. 그날 오후 나는 거의 말을 안 했는데, 그게 최선이었던 것 같다. 리처드가 하나님한테 써먹은 '시험들'이 잘못된 거라고 지적해 봤자 별로 도움이 되지 않았을 것이다.

그는 몇 주 후면 출간될 욥기에 관한 책이 특히 신경 쓰이는 것 같았다. 출판사 측도 그의 심경 변화를 알고 있었지만, 이미 첫 쇄가 인쇄 중이라고 했다. 나는 내 추천의 글에 대해서는 염려 말라고 했다. 내가 추천한 건 그의 개인적인 심경보다는 책 내용이니까. "나도 지난 10년 동안 쓴 책 중에서 생각이 바뀐 부분이 있다네." 나는 이렇게 말해 주었다.

리처드는 말을 너무 많이 해서 완전히 지쳐 보였지만, 그래도 자리를 뜰 때는 좀더 편안해진 것 같았다. 그가 이렇게 말했다. "어쩌면 제 문제는 욥기를 연구하면서 시작되었는지도 몰라요. 저는 욥을 좋아했죠. 그는 하나님께 두려움 없이 솔직했거든요. 하나님한테 진지했죠. 욥과 제가 다른 점은, 끝이 다르다는 점이죠. 하나님은 욥의 모든 고통 끝에 그에게 나타나셨죠. 하지만 제게는 나타나시지 않았어요."

밖에는 땅거미가 짙게 깔렸고, 계단 옆에 붙은 광전지에도 이미 불이 들어와 있었다. 리처드가 나와 악수를 나눈 뒤 계단을 내려가 사라졌을 때 나는 몹시 가슴이 아팠다. 그는 젊고 건장한 청년이었다. 그가 절망할 이유는 전혀 없다고 말할 사람도 있을 것이다. 하지만 그의 말을 경청하고, 꽉 쥔 그의 주먹과 긴장으로 찡그린 얼굴을 보면서, 나는 마침내 그의 분노의 근원이 무엇인지 깨달았다.

    리처드는 사람이면 누구나 겪을 수 있는 큰 고통, 바로 배신감이 주는 고통을 겪고 있었다. 상대방을 사랑했는데 어느 순간 잠에서 깨어 보니 모든 게 끝나 버린 고통. 그는 하나님께 인생을 걸었는데, 하나님이 그를 실망시킨 것이다.

3
아무도 대놓고 묻지 않는 질문

우리의 삶에서 오랫동안 모호하게 떠다니는 가장 중요한 질문들이 결정체처럼 명료해지는 순간이 있다. 내게는 리처드의 방문이 그런 경우였다. 깨어진 가정, 건강 문제, 실연, 실직 등의 그의 불평들은 어찌 보면 그리 대단한 실망거리가 아니다. 하지만 그가 바비큐 그릴에서 책을 불태운 극적인 결말은 우리 모두를 괴롭히는 의심을 보여 준다. 하나님은 정말로 우리에게 관심을 갖고 계시는가? 그렇다면 왜 이 땅에 내려오셔서 잘못된 것들을 고쳐 주시지 않는가? 최소한 몇 가지라도 고쳐 주셔야 하지 않는가?

리처드는 분노와 고통에 너무 함몰된 나머지 그런 의심을 체계적으로 표현하지는 않았지만, 그는 믿음에 관한 문제라기보다는 배신감으로 인한 감정적인 문제를 겪고 있었다. 그와의 대화를 곰곰이 되짚어 보니, 그의 감정 뒤에는 하나님에 관한 세 가지 중요한 질문이 숨어 있는 듯싶었다. 그리고 그 질문들을 좀더 깊이 생각해 보니, 이 질문들은 우리 모두의 마음속 어딘가에 꼭꼭 숨어 있음을 깨달았다. 하지만 대놓고 그 질문을 하는 사람은 거의 없다. 잘해 봤자 무례한 사람 취급받고, 잘못하면 이단으로 몰리기 때문이다. 그 세 가지 질문은 다음과 같다.

하나님은 불공평하신가? 리처드는 하나님을 따르려고 애썼지만 어쨌든 그의 인생은 산산조각 나고 말았다. 그가 처한 곤경과, 성경이 약속하는 보상과 행복은 양립할 수 없었다. 또 대놓고 하나님을 거부하는데도 잘만 사는 사람들은 뭔가? 이 질문은 욥기와 시편만큼이나 역사가 오래된 불평거리이자, 지금도 여전히 믿음에 이르는 걸림돌이 되고 있다.

하나님은 침묵하시는가? 리처드는 학업과 직업, 이성 관계라는 인생의 중대한 선택의 기로에서 세 번이나 하나님의 확실한 인도하심을 갈구했다. 그리고 매번 하나님의 뜻이라고 생각한 걸 선택했지만 결국 실패로 끝나고 말았다. 그러니 이렇게 질문할 수밖에 없었다. "도대체 어떤 아버지기에 이러시는가? 하나님은 내가 길에서 넘어져 고꾸라지는 걸 좋다고 바라보는 그런 아버지신가? 하나님은 나를 사랑하고 나를 향한 원대한 계획을 갖고 계시다고 들었는데, 그렇다면 왜 그 계획을 내게는 말씀해 주지 않는가?"

하나님은 숨어 계시는가? 무엇보다도 이 질문이 리처드를 옥죄고 있었다. 그는 하나님이 어떤 식으로든 자신을 증명하셔야 한다고 생각했고, 이것이야말로 절대 양보할 수 없는 최소한의 신학적 기반이라고 생각했다. "존재 여부조차 확신할 수 없는 상대와 어떻게 관계를 맺을 수 있는가?"라고 그는 생각했다. 하나님이 일부러 숨으신 것 같았다. 심지어는 열심히 하나님을 찾는 자들에게서도 숨으신 것 같았다. 그는 철야 기도까지 했는데 하나님으로부터 아무런 응답을 받지 못하자 하나님을 포기했다.

나는 취재차 남미에 가서도 이 세 가지 질문에 관해 계속 생각했다.

페루에서 선교하고 있는 한 조종사가 나를 비행기에 태워 작은 쉬피보(Shipibo) 인디언 마을에 데려다 주었다. 그는 비행기에서 내려 택시를 타고 강가까지 간 다음, 정글 길을 지나 마을 '중앙로'로 나를 안내했다. 먼지 나는 길옆으로 대나무 기둥에 종려나무 지붕을 얹은 초가집이 열댓 채 늘어서 있었다. 그는 세워진 지 40년이 된, 부흥하고 있는 교회를 보여 주기 위해 나를 그곳에 데려온 것이었다. 그는 그 중앙로 옆에 세워진 화강암을 보여 주면서, 그 교회 개척에 헌신했던 젊은 선교사에 관한 이야기를 들려주었다.

생후 6개월 된 그 선교사의 아들이 토사병으로 갑자기 죽었을 때 젊은 선교사는 완전히 무너진 것 같았다. 그는 마을에서 돌을 구해 비석을 깎아 세우고(그게 지금 우리가 보고 있는 바로 그 화강암이었다) 아기를 그 밑에 묻고, 무덤 옆에 나무 한 그루를 심었다. 하루 중 날씨가 가장 뜨거워 모두가 그늘을 찾아들 때, 그 선교사는 강에서 물을 한 동이 길어 나무 밑에 뿌려 주었다. 그러고는 무덤 옆에 서서 자기 그림자가 그 나무 위에 드리워지게 했다. 마치 태울 듯한 적도의 열기를 가려 주려는 듯이. 그는 때로는 울고, 때로는 기도하고, 때로는 멍한 시선으로 마냥 그 자리에 서 있었다. 그의 아내와 인디언 교회 교우들과 다른 선교사들이 모두 그를 위로했지만, 아무도 진정한 위로가 되지 못했다.

결국 그 선교사도 병이 들었다. 그의 마음은 방황했고, 설사가 그치지 않았다. 그는 비행기를 타고 리마에 가서 진찰을 받았다. 의사들은 혹시 그의 몸에 아메바나 기타 열대 지방의 미생물이 침투했나 싶어 진찰했지만 아무것도 발견하지 못했다. 어떤 약도 효과가 없었다. 의사들은 결국 '신경성 설사'라는 진단을 내리고 그와 아내를 미국으로 돌려보냈다.

지금은 인디언 여자들이 물동이를 내려놓는 자리가 되어 버린, 그 쇠락해 가는 화강암 비석 옆에 서서, 나는 그 젊은 선교사의 입장이 되어 보았다. 그는 정오의 태양이 내리쬐는 그 자리에 서서 뭐라고 기도했을까. 리처드의 세 가지 질문이 내 머릿속에서 떠나지 않았다. 안내인은 그 선교사가 하나님의 불공평하심에 대해 무척 고통스러워했다고 말했다. 그의 아기는 잘못한 게 없었다. 그 선교사도 하나님을 섬기기 위해 가족을 데리고 정글로 들어왔다. 그런데 그 보상이 고작 이거란 말인가? 그는 또한 하나님의 임재를 느끼게 해달라고, 최소한 위로의 말씀이라도 달라고 기도했다. 하지만 아무것도 느끼지 못했다. 마치 하나님의 연민은 믿을 수 없다는 듯이, 그 선교사는 아들의 고통을 자신의 온몸으로 겪었다.

진짜 무신론자는 하나님에 대한 실망도 느끼지 않는다. 기대가 없으니 받는 것도 없다. 하지만 어떻게든 자신의 삶을 하나님께 헌신한 사람은 본능적으로 보상을 기대한다. 그런 기대가 잘못된 건가?

나는 리처드를 오랫동안 만나지 못했다. 그를 위해 규칙적으로 기도했지만, 아무리 연락해도 헛수고였다. 전화도 끊겼고, 다른 동네로 이사 갔다는 말만 들었다. 출판사에서는 그가 쓴 욥기에 관한 책을 내게 보내 주었다. 그 책은 믿음에 관한 한 너무 성급하게 글을 쓰지 말라는 강력한 경고로 내 책장에 꽂혀 있었다.

그러던 어느 날, 약 3년쯤 지나 시카고 중심가에서 리처드와 우연히 마주쳤다. 그는 좋아 보였다. 살도 좀더 찌고 머리도 조금 더 길러서인지, 그 퀭하고 신랄하던 모습은 사라졌다. 그도 나를 반가워하는 것 같았다. 우리는 바로 점심 약속을 잡았다.

며칠 후 멕시코 식당에서 그를 만났다. 그가 빙그레 웃으며 말했다. "저번에 선생님을 만났을 때는 제가 좀 수렁에 빠져 있었던 것 같아요. 지금은 사는 게 훨씬 나아졌어요." 그는 장래성 있는 직장을 얻었고, 실연의 아픔을 떨쳐 버린 지도 한참 되었다.

그러나 대화가 하나님에 관한 주제로 이어지자, 리처드가 아직 완전히 회복되지 않았다는 게 분명히 드러났다. 이제는 단단한 냉소주의가 그의 상처를 덮고 있었지만, 마음속에는 여전히 하나님께 대한 분노가 자리잡고 있었다.

여종업원이 커피를 새로 부어 주자, 그는 두 손으로 커피잔을 감싼 채 김이 모락모락 올라오는 그 검은 액체를 뚫어져라 들여다보았다. "저는 그 광란의 시기를 좀더 이해하게 되었어요." 그가 말했다. "뭐가 잘못되었는지 알 것 같아요. 제가 하나님을 의심하게 된 게 정확히 몇 시 몇 분인지도 알겠어요. 휘튼 대학에 다닐 때도, 밤새워 기도한 그날 밤도 아니었어요." 그는 그리스도인이 된 초창기 시절에 있었던 일과 연관시켜 말했다.

"처음부터 저를 괴롭혔던 문제가 하나 있었는데, 바로 믿음이라는 개념이었어요. 그건 진솔한 질문들을 전부 삼켜 버리는 블랙홀 같은 개념이었죠. 제가 기독학생회 리더에게 고통의 문제에 관해 물었을 때, 그는 믿음에 대해 유창하게 말했어요. '그렇게 느껴지든, 아니든 간에 일단 하나님을 믿어. 그러면 감정은 나중에 따라오는 거야'라고요. 그래서 저도 믿는 척했죠. 하지만 지금 생각하니 감정은 결국 따라오지 않았어요. 전 그냥 몸부림만 쳤던 거예요.

심지어 저는 믿음에 대한 대안으로, 하나님에 관한 확실한 증거를 찾아다녔죠. 그러던 어느 날 드디어 증거를 찾았구나 싶었어요. 바로 텔레비전에서였죠. 채널을 이리저리 돌리는데 마침 캐스린 쿨만(Kathryn Khulman)이 인도하는 치유 집회를 방영하더군요. 그녀는 다양한 사람들을 무대 위로 초대해 인터뷰했습니다. 그들은 각자 암, 심장병, 반신불수 등이 초자연적으로 놀랍게 치유되었다고 간증했습니다. 마치 의학 백과사전을 무대 위에 펼쳐 놓은 것 같았죠.

그 프로그램을 보는 동안 제 의심이 눈 녹듯이 녹아내렸습니다. 드디어 실제적이고 눈에 보이는 뭔가를 찾았다 싶었죠. 쿨만은 찬양 사역자한테 자기가 좋아하는 곡을 신청했어요. '그가 나를 만지셨네'라는 곡이었죠. 그거야말로 저한테 꼭 필요한 노래였어요. 만지심, 하나님의 구체적인 만지심 말이에요. 그녀는 약속을 제시했고, 저는 그걸 붙잡았죠.

3주 후에 캐스린 쿨만이 바로 옆 주에 와서 집회를 한다기에 저는 수업을 빼먹고 반나절을 달려 그 집회에 참석했어요. 분위기가 한껏 고조되어 있더군요. 부드러운 오르간 음악이 깔리고, 큰 소리로 기도하는 사람들의 웅웅거림, 간혹 이상한 방언 소리가 들렸고, 몇 분마다 한 번씩 누군가 벌떡 일어나 기쁜 목소리로 '제 병이 나았습니다!' 하고 외쳤죠.

그중에 정말 인상적인 사람이 있었어요. 밀워키에서 온 사람인데 들것에 실려 집회에 참석했죠. 그 사람이 걸어서 무대 위로 올라오자 우리는 열광적인 박수를 쳤어요. 우와, 그가 정말 걸었어요. 그가 자신을 의사라고 소개해서 더 놀랐죠. 자기는 불치의 폐암에 걸려 6개월밖에 못

산다는 선고를 받았답니다. 하지만 그날 밤, 하나님이 자기를 치유하셨음을 믿는다고 하더군요. 몇 달 만에 처음 걷는 거라고 했습니다. 그는 좋아서 어쩔 줄 몰랐죠. 할렐루야!

저는 그분의 이름을 얼른 적고는 그야말로 날듯이 그 집회를 빠져나왔어요. 제가 그렇게 믿음을 확신한 적은 없었습니다. 이제 저의 탐색은 끝났어요. 무대 위에 올라온 그 사람들 속에서 하나님이 살아 계시다는 증거를 보았죠. 그들에게 그렇게 눈에 보이는 기적을 행하시는 분이라면, 저를 위해서도 근사한 것들을 준비하고 계실 거라고 확신했어요.

저는 그 집회에서 본 믿음의 사람에게 연락을 하고 싶었어요. 그래서 정확히 일주일 후에 밀워키 시의 전화 교환원을 통해 그 의사 분의 전화번호를 알아냈죠. 그 번호를 돌리자 어떤 여자 분이 받더군요. '저어, ○○○ 선생님과 통화할 수 있을까요?' 제가 말했습니다.

그쪽에서 한참 조용히 있더니 마침내 '누구신지요?'라고 묻더군요. 저는 그냥 환자들을 확인하는구나, 하고 생각했어요. 그래서 제 이름을 밝히면서 ○○○ 선생님을 존경한다고, 그분을 캐스린 쿨만 집회에서 뵈었는데, 꼭 말씀을 나누고 싶어서 전화했다고 했죠. 그때 그분 간증에 은혜를 많이 받았다고요.

다시 한참 침묵이 흘렀습니다. 그리고 그 여자 분이 메마른 목소리로 한마디 한마디 천천히 말했습니다. '제… 남편은… 죽었…습니다.' 그게 다였어요. 더 이상 아무 말 없이 전화를 끊더군요.

그 통화 후에 제가 얼마나 힘들었는지 모릅니다. 완전히 진이 빠졌죠. 저는 여동생이 있는 옆방으로 휘청휘청 걸어 들어갔습니다. '오빠, 왜 그래? 괜찮아?' 동생이 물었어요.

물론 괜찮지 않았어요. 하지만 그 일에 대해서는 말을 할 수가 없었습니다. 저는 울었죠. 어머니와 여동생이 어떻게든 이유를 캐내려 했지만, 무슨 할 말이 있겠습니까? 저로서는 제 인생을 걸었던 확신이 그 한 통의 전화로 완전히 죽어 버린걸요. 일주일 동안 환하게 타올랐던 불꽃이 마치 죽어 가는 별처럼 어둠 속으로 사라져 버렸죠."

리처드는 커피 잔을 노려보았다. 뒤에서 들려오는 마림바의 연주가 불협화음처럼 어색하고 거슬렸다. 내가 말했다. "난 이해가 잘 안 되는걸. 그건 자네가 휘튼 대학에 들어가기 한참 전의 일이고, 자네는 그 학교에서 신학 학위도 따고 책도 쓰고…."

그가 내 말을 가로챘다. "맞아요, 하지만 모든 건 그전에 이미 일어났던 거예요. 휘튼 대학에 입학하고, 욥기에 관한 책을 쓰고, 성경 공부 모임에 참석한 일 등 그 후에 일어난 모든 일들은 제가 그날 전화 통화에서 깨달은 게 틀렸다는 걸 입증해 보려는 가당찮은 노력이었던 거죠. 선생님, 하나님은 없어요. 혹시 하나님이 존재하신다면, 그분은 그저 우리를 갖고 놀고 있는 거겠죠. 이제 장난은 그만두고 자신의 모습을 보여 주어야 하지 않겠어요?"

리처드는 이내 대화의 주제를 바꾸었고, 남은 시간 동안 우리는 지난 3년간 있었던 이런저런 일들에 대해 이야기했다. 그는 계속 행복하다고 주장하고 있었다. 너무 강하게 주장하는 듯도 싶었지만, 사실 전보다 만족스러워 보이긴 했다.

이야기가 끝나 갈 무렵, 후식으로 아이스크림을 퍼먹으면서 그는 3년 전의 마지막 만남에 대해 말했다. "선생님은 저를 반 미쳤구나 생각하셨을 거예요. 격한 상태로 제 인생 이야기를 송두리째 쏟아냈으니까요."

"아니야." 내가 말했다. "이상하게도 그때 했던 대화가 머릿속에서 떠나질 않더군. 사실 자네의 불평은 내 불평을 이해하는 데 도움이 되었어."

그리고 나는 리처드에게 그 세 가지 질문을 말해 주었다. 그 질문들을 설명해 준 다음에 그가 하나님께 품은 불평들을 그 질문들로 요약할 수 있는지 물었다.

"글쎄요. 제 의심은 좀더 감정적인 거예요. 저는 버림받은 느낌이었어요. 마치 하나님이 제가 넘어지는 걸 보려고 저를 끌고 다닌 것 같았죠. 하지만, 선생님 말씀이 맞아요. 그 문제를 생각해 보니, 제 감정 속에 그런 질문들이 있네요. 하나님은 확실히 불공평해요. 그리고 늘 숨어 있고, 침묵하고 있는 것 같아요. 맞아요. 정확히 짚으셨어요!" 그가 말했다.

"도대체 왜 하나님은 그 질문들에 대답을 안 하시는 거죠?" 리처드는 마치 정치가나 전도자처럼 두 팔을 휘저으며 목소리를 높여 말했다. 다행히 식당은 텅 비어 있었다. "만약에 하나님이 그 질문들에 대답만 해주신다면. 그중에 **한 가지만이라도** 대답해 주신다면. 그러니까 단 한 번만이라도 모두가 들을 수 있도록 큰 소리로 말씀해 주신다면, 그러면 전 하나님을 믿겠어요. 그러면 온 세상 사람이 다 하나님을 믿을지도 모르죠. 그런데 왜 그렇게 하지 않는 거죠?"

4
만약에

"만약에," 라고 리처드는 말했다. 만약에 하나님이 그 세 가지 질문만 해결해 주신다면, 그러면 봄날의 꽃밭처럼 믿음이 활짝 피어날 텐데. 그렇지 않은가?

내가 멕시코 식당에서 리처드를 만난 그 해에 우연히 나는 출애굽기와 민수기를 연구하게 되었다. 리처드의 질문들이 여전히 내 마음에 맴돌고 있었지만, 뭔가 흥미로운 유사점에 주목하게 된 건 한참 후였다. 그러던 어느 날 갑자기 성경 속에서 바로 그 대답이 튀어나왔다. 출애굽기에서는 리처드가 원하던 바로 그런 세상이 펼쳐지고 있었다! 거기서 하나님은 거의 매일 인간 역사 속에 들어와 자신을 나타내셨다. 철저히 공평하게 행하셨고 모두가 들을 수 있게 말씀하셨다. 볼지어다! 하나님은 인간들 앞에 자신을 보이기까지 하셨다!

이스라엘의 광야 시절과 이 시대 사이의 명확한 대조를 보면서 나는 하나님이 세상을 어떻게 운행하시는지에 대한 생각을 했다. 그리고 그 세 가지 질문으로 돌아가 보았다. 하나님이 공평하게 행하시고, 귀에 들리게 말씀하시고, 눈에 보이게 나타날 수 있는 능력이 있다면, 왜 오늘날은 그런 식으로 우리에게 개입하시지 않는 걸까? 어쩌면 이스라엘의 광야 시절에서 그 실마리를 찾을 수 있을지도 모른다.

질문: 하나님은 불공평하신가? 왜 하나님은 일관성 있게 악한 자들을 벌하시고 선한 자들을 상 주시지 않는가? 왜 명확한 규칙 없이 선인과 악인 모두에게 끔찍한 일들이 일어나는가?

우리가 죄 지을 때마다 그에 따른 합당한 고통이 주어지고 선을 행할 때마다 짜릿한 기쁨이 느껴지도록 세상이 만들어졌다고 상상해 보자. 잘못된 교리를 읊을 때마다 천둥 벼락이 치는가 하면, 사도신경을 외울 때마다 우리의 두뇌가 자극되어 유쾌한 엔도르핀이 생성되는 그런 세상 말이다.

구약은 그 정도로 명백한 '행동 교정' 실험을 기록하고 있다. 바로 하나님과 이스라엘 간의 언약이다. 시내 광야에서 하나님은 그분의 백성에게 엄격한 율법을 통해 공평하게 상벌을 주기로 작정하셨다. 그리고 직접 손으로 서명해 그 점을 보증하셨다. 그러나 이스라엘 백성이 하나님의 율법을 따라야 한다는 한 가지 조건을 두셨다. 하나님은 모세를 통해 이 조건을 백성들에게 설명해 주셨다.

그들이 순종하면 하나님이 그들을 "세계 모든 민족 위에 뛰어나게 하실" 것이며, 그들은 "머리가 될지언정 꼬리가 되지 않을" 거라고 모세는 말했다. 사실 이스라엘 백성은 거의 모든 종류의 인간적인 어려움과 실망을 겪지 않고 보호 받으리라는 약속을 얻었다. 반면에 그들이 불순종하면, "여호와께서 너를 끌어가시는 모든 민족 중에서 네가 놀람과 속담과 비방거리가 될 것이라.… 네가 모든 것이 풍족하여도 기쁨과 즐거운 마음으로 네 하나님 여호와를 섬기지 아니함으로 말미암아 네가 주리고 목마르고 헐벗고 모든 것이 부족한 중에서 여호와께서 보내사 너를 치게 하실 적군을 섬기게 될 것이니."

순종의 결과	불순종의 결과
성읍이 번성함	사방에 폭력, 범죄, 가난이 난무함
사람과 짐승에게 불임이 없음	사람과 짐승이 잉태하지 못함
풍년이 보장됨	흉년: 메뚜기 떼와 벌레들의 습격
날씨가 좋음	폭염, 가뭄, 병충해, 백분병
전쟁에서의 승리 보장	타국의 지배를 받음
질병에 완전히 면역됨	열병과 염증: 광기, 눈머는 것, 정신병

계속 읽어 나가다가 여호수아와 사사기에서, 상벌이 분명한 이 '공평한' 제도에 기초한 언약의 결과를 보았다. 이스라엘은 50년 만에 와해되어 완전히 무정부 상태가 되었다. 구약 성경의 나머지 대부분은 축복이 아니라, 예견된 저주가 현실이 된 끔찍한 역사를 자세히 기록한다. 언약의 온갖 풍성한 유익에도 불구하고, 이스라엘은 하나님께 순종하고 언약의 조건을 충족시키는 데 실패했다.

오랜 세월이 지나 당시의 역사를 다시 살펴본 신약의 저자들은 언약을 하나님이 그분의 백성과 철저히 일관성 있고 공평하게 관계를 맺으신 본보기로 들지 않았다. 오히려 그들은 구약을, 인간은 하나님과의 언약을 실행할 능력이 없는 존재임을 보여 주는 객관적인 교훈이라고 말했다. 용서와 은혜에 근거한 하나님과의 새로운 언약(testament)이 필요하다는 사실이 분명해 보였다. 그리고 이것이야말로 '신약'(New Testament)이 존재하는 명확한 이유다.

질문: 하나님은 침묵하시는가? 우리가 하나님의 뜻을 행하는 것에 하나님이 그렇게 관심이 많다면, 왜 그 뜻을 좀더 쉽게 보여 주시지 않는가?

오늘날 많은 사람들이 하나님의 말씀을 들었다고 주장한다. 그러나 그들 중에 어떤 이들은 미친 사람들이다. 마치 '하나님의 명령'이라며 미켈란젤로의 "피에타" 상을 망치로 부순 거친 남자처럼, 또는 하나님이 대통령을 총으로 쏘라고 말씀하셨다고 주장하는 저격수처럼. 어떤 사람들은 신실해 보이지만 오도된 경우도 있다. 마치 만난 적도 없으면서 조니 에릭슨(Joni Eareckson, 다이빙 사고로 어깨 아래 전신마비가 되었으나 신앙으로 극복하고 장애인 사역에 헌신한 미국 그리스도인역주)에게 하나님이 그녀와 결혼하라고 말씀하셨다고 주장하던 여섯 명의 남자들처럼. 그런가 하면 선지자와 사도의 순전한 전통을 실천하면서 하나님의 말씀을 사람들에게 전하는 자들도 있다. 그렇다면, 우리가 들은 게 정말로 하나님이 하신 말씀인지 아닌지 어떻게 알 수 있단 말인가?

이스라엘 백성이 시내 광야에 진치고 있을 때, 하나님은 인도하심을 간단명료하게 보여 주셨다. 오늘은 장막을 걷고 이동해야 하는가, 아니면 머물러야 하는가? 궁금증이 많은 이스라엘 백성은 성막 위에 드리워진 구름을 한 번만 쳐다보면 그 답을 알 수 있었다. 구름이 움직이면, 그들이 움직이기를 하나님이 원하신다는 뜻이었다. 구름이 머물러 있으면, 이스라엘 백성도 머무르라는 의미였다. (시간에 따라 하나님의 뜻을 편리하게 점검할 수 있었다. 밤에는 구름이 마치 불기둥처럼 빛났으니까.)

하나님은 자신의 뜻을 직접 소통하는 방법으로 제비뽑기나 우림과 둠밈을 사용하시기도 했지만, 대부분의 사안들은 미리 결정되었다. 하나님은 이스라엘 백성에게 자신의 뜻을 일련의 규칙으로써 말씀하셨는데, 이 규칙들은 살인에서부터 어린 염소를 어미의 젖에 삶지 말라는 법에 이르기까지 모든 행동 범주를 포괄하는 613개 항의 율법으로 성문화되어 있었다. 그 당시에는 하나님의 인도하심이 모호하다고 불평하는 사람이 거의 없었다.

하지만 하나님이 분명하게 말씀하셨다고 해서 순종할 가능성이 높아졌는가? 전혀 그렇지 않았다. 하나님은 말씀하셨다. "올라가 아모리 족속과 싸우지 말라. 왜냐하면 내가 너희와 함께 있지 않을 것이기 때문이다. 너희는 적에게 질 것이다." 그러나 이스라엘 백성은 즉시 올라가서 아모리 족속과 싸웠고, 결국은 졌다. 그들은 꼼짝 말고 앉아 있으라 하면 앞으로 나갔고, 나가 싸우라 하면 도망쳤으며, 평화를 선포하라 하면 싸우고, 싸우라 하면 평화를 선포했다. 온 국민이 613개 조항의 명령을 깨는 걸 즐겼다. 불분명한 인도하심이 우리에게 상처였다면, 그들에게는 그런 분명한 인도하심이 바로 상처였다.

나는 또 구약의 기록들 속에서 상당히 인상적인 양상을 발견했는데, 하나님의 명확한 뜻이 이스라엘의 믿음에는 오히려 방해 요소가 되었다는 점이다. 하나님이 이미 자신을 그렇게 분명히 드러내셨는데 왜 굳이 그분을 추구한단 말인가? 하나님이 이미 결과를 보장하셨는데 왜 굳이 믿음의 발자국을 떼겠는가? 하나님이 이미 딜레마를 해결해 주셨는데 왜 상반되는 대안들 중 하나를 선택해야 하는 딜레마로 씨름하겠는가? 아이처럼 행동해도 되는데 왜 굳이 어른처럼 행동하겠는가? 그래서 이스라엘은 정말 아이처럼 행동했다. 지도자들한테 불평하고, 만나에 관한 엄격한 규율을 몰래 범하고, 음식이나 물이 부족할 때마다 징징거렸다.

나는 이스라엘 백성의 경우를 연구하면서, 칼로 자르듯 명확한 인도하심에 대해 다시 생각하게 되었다. 명확한 인도하심이 어떤 목적에는 도움이 될 수도 있다. 예를 들어, 혹독한 광야에서 방금 해방된 노예들을 떼거리로 모을 수는 있었을 것이다. 하지만 그것이 영적 성장에 도움이 되지는 못하는 것 같다. 사실 이스라엘 백성들은 그것 때문에 오히려 믿음의 필요성을 못 느꼈다. 분명한 인도하심 때문에 오히려 자유가 사라졌고, 모든 선택은 믿음보다 순종이 관건이 되었다. 그리고 광야 생활을 하던 40년 동안 이스라엘 백성들은 순종의 시험을 완전히 망친 터라, 하나님은 새로운 세대와 새로 시작할 수밖에 없었다.

질문: 하나님은 숨으셨는가? 왜 때로 눈에 보이도록 모습을 나타내 회의주의자들의 입을 단번에 다물게 하시지 않는가?

소련의 우주 비행사가 우주선 창 밖 어두운 허공에서 하나님을 찾을 때 원했던 것, 내 친구 리처드가 새벽 두 시에 자기 방에 혼자 앉아 원했던 것은 바로 우리 세대의 목마른 갈망이기도 하다(아직 목마름이 있는 자들의 경우지만). 우리는 증거, 물증, 인격적 출현을 원한다. 그리하여 귀로만 들은 하나님을 눈으로 보기 원한다.

우리가 갈구하는 일이 딱 한 번 일어났다. 하나님은 한 번 직접 나타나셨고, 한 남자가 마치 친구처럼 하나님과 얼굴을 맞대고 이야기했다. 바로 하나님과 모세는 이스라엘 진 밖에 세워 둔 성막에서 만났다. 그 만남은 비밀도 아니었다. 모세가 하나님과 이야기하러 성막으로 터벅터벅 걸어 들어갈 때마다 이스라엘 온 진영이 그를 보러 나왔다. 눈에 보이는 하나님의 임재인 구름 기둥이 성막 입구를 가로막았다. 안에서 무슨 일이 일어나는지는 모세밖에 몰랐다. 다른 이들은 알고 싶어 하지도 않았다. 이스라엘 백성은 거리를 유지하는 게 낫다는 걸 알았다. 그들은 모세에게 말했다. "당신이 우리에게 말씀하소서. 우리가 듣겠나이다. 하지만 여호와로 우리에게 말씀하시게 마소서. 우리가 죽으리이다." 하나님과 만나고 나올 때마다 모세의 얼굴은 마치 외계인처럼 빛났고, 백성은 모세가 수건으로 얼굴을 가릴 때까지 고개를 돌리고 있었다.

그 당시에는 무신론자가 거의 없었다. 이스라엘 백성 중에는 오지 않는 하나님을 기다리는 주제에 관해 희곡을 쓴 사람이 없었다. (사뮈엘 베케트가 쓴 「고도를 기다리며」를 빗대어 한 말 역주) 그들은 장막 밖에서 또는 시내 산 주변을 감도는 짙은 폭풍 구름 속에서 하나님에 관한 명확한 증거를 볼 수 있었다. 진동하는 산에 올라가 손을 내밀고 그 구름을 만지기만 하면 회의주의자의 의심은 사라질 것이었다. 그러나 그 즉시 죽음을 맞을 것이다.

그런데도 그 당시에 일어난 일들은 거의 모두가 믿음을 저버린 행동들이었다. 하나님의 임재의 표시로 폭풍이 몰아치는 성스러운 산에 모세가 올라갔을 때, 이집트의 열 가지 재앙을 겪어 냈고 홍해를 마른 땅으로 건넜으며 바위에서 솟는 물을 마셨고 기적의 만나를 먹었던 이스라엘 백성은 그들의 하나님을 완전히 망각하고 말았다. 지루해진 건지 참을성이 없었던 건지, 아니면 반항적이었는지 질투심에 가득 찼는지는 모르지만. 그리하여 모세가 산에서 내려올 즈음에는 금송아지 주변을 돌며 이방인들처럼 춤을 추고 있었다.

하나님은 이스라엘 백성들과 숨바꼭질하지 않으셨다. 그들은 요구할 수 있는 선에서 하나님의 존재를 증명하는 온갖 증거를 다 보았다. 하지만 놀랍게도 하나님의 직접적인 개입은 바라던 것과 **정반대**의 결과를 가져왔다. 나는 이 부분을 읽으면서도 그 사실을 믿기가 힘들다. 이스라엘 백성은 예배와 사랑이 아니라, 두려움과 노골적인 반항으로 반응했다. 눈에 보이는 하나님의 임재는 꾸준한 믿음을 키우는 데 아무런 도움이 되지 않았다.

앞에서 나는 하나님에 대한 리처드의 불평을 세 가지 질문으로 압축했었다. 하지만 출애굽기와 민수기를 통해 내가 배운 점은, 이 세 가지 질문에 쉽게 답해 준다고 해서 하나님에 대한 실망감 저변에 깔린 문제가 해결되는 건 아니라는 것이다. 이스라엘 백성은 그림자 없이 환한 하나님의 임재를 경험했지만, 그때까지 살았던 여느 인간들만큼이나 변덕스러웠다. 길도 없이 울적한 시내 광야에서 그들은 열 번이나 하나님을 대적해 일어났다. 심지어는 약속의 땅을 코앞에 둔 지점에 와서도, 그들 앞에 펼쳐진 그 풍성함을 보면서도, 여전히 이집트에서의 노예 시절을 그리워하며 "아, 옛날이여"를 읊어 댔다.

이 실망스런 결과를 보면 왜 오늘날 하나님이 좀더 직접 개입하시지 않는지에 관해 통찰력을 얻을 수 있다. 어떤 그리스도인들은 하나님의 임재를 보여 주는 현란한 표적과 기적들이 온 세상에 널려 있기를 고대한다. 홍해가 갈라지고 열 가지 재앙이 임하며 광야에서 매일 만나를 먹었던 내용을 설교하는 설교자들은, 오늘날에도 하나님이 그런 능력을 발휘해 주시기를 바라는 말투로 자주 설교한다. 하지만 한 발 한 발 인도를 받았던 이스라엘 백성의 여정을 보면서 우리는 잠시 멈추어 생각해 보아야 한다. 기적을 한바탕 쏟아 붓는다고 믿음이 자랄까? 그것은 하나님이 관심 있어 하시는 그런 믿음은 당연히 아니다. 그 증거는 이스라엘 백성에게서 얼마든지 볼 수 있다. 표적은 하나님에 대한 믿음을 불러일으키는 것이 아니라 끊임없이 또 다른 표적을 구하게 만들어 중독을 야기한다.

사실 이스라엘 백성은 노예 생활에서 방금 빠져나온 초보들이었다. 하지만 성경의 기록들을 보면 그들에 관한 내용은 불편할 만큼 친숙하다. 프레더릭 뷰크너(Frederick Buechner)의 표현대로, 이스라엘 백성은 "다른 모든 사람들과 똑같았다. 다만 좀더 심하게" 행동하는 경향이 있었을 뿐이다.

그들에 관해 연구하면서 나는 놀랍고 혼란스러웠다. 하나님께 실망을 느끼는 세 가지 이유, 즉 불공평, 침묵, 숨어 계심이 없다고 사람들의 삶이 그리 달라지는 것도 아니라는 사실에 놀랐다. 이 땅에서의 하나님의 행동에 관해 소용돌이치는 질문들 때문에 혼란스러웠다. 하나님이 변하신 걸까? 이제는 뒤로 물러서서 팔짱만 끼고 계시기로 한 건가?

리처드가 처음으로 우리 집 거실에 앉아 자기 이야기를 할 때, 그는 갑자기 위를 쳐다보더니 화난 목소리로 말했다. "하나님은 자기가 이 세상에서 뭘 하고 있는지 **도대체** 모르고 계세요!" 하나님은 무얼 하고 계시는가? 또 인간에 대한 시험은 다 뭐란 말인가? 결국 하나님은 우리에게서 뭘 원하시며 우리는 그분에게 뭘 기대할 수 있는가?

하나님이 전혀 의심의 여지를 남기지 않고 자신을 계시하시려면, 그 과정에서 나를 무너뜨릴 수밖에 없다. 의심의 여지가 없다면, 나를 위한 여지도 없기 때문이다.

프레더릭 뷰크너

성경 참조 신명기 9, 7, 28장, 로마서 3장, 갈라디아서 3장, 출애굽기 28장, 40장, 신명기 1 – 2장, 출애굽기 19 – 20장, 32 – 33장, 신명기 1장.

5
근거

나는 2주일 동안 콜로라도의 산장에 틀어박혀, 내가 읽었던 구약 성경의 내용에 비추어 리처드의 세 가지 질문을 숙고해 보았다. 연구를 위해 옷가방에 책을 한가득 챙겨 왔지만, 산장에서는 내내 성경책만 펼쳐 읽었다.

폭설이 내린 첫날의 늦은 오후에 창세기부터 읽기 시작했다. 창조 이야기를 읽기에 더할 나위 없이 좋은 배경이었다. 때마침 구름이 걷혀 산의 고지대에서만 볼 수 있는 저녁놀이 장관을 이루었다. 산봉우리들 위로 눈송이가 마치 분홍색 솜사탕처럼 흩날렸다. 밤에는 다시 구름이 덮이고 폭풍이 사납게 몰아쳤다.

성경을 처음부터 끝까지 천천히 읽어 나갔다. 신명기에 이르자 눈이 계단 맨 아래 층을 덮었다. 예언서에 이르자 눈이 우편함 높이까지 쌓였다. 드디어 요한계시록에 이르렀을 때는 전화로 제설 인력을 불러, 차고 진입로를 파내야 했다. 2주일 동안 눈이 180센티미터가 쌓였다. 나는 다락방에서 성경을 읽으며 눈이 상록수들을 설탕처럼 하얗게 덮은 모습을 창밖으로 내다보았다.

그때 불현듯 어쩌면 우리가 일반적으로 생각하는 하나님은, 성경이 분명히 묘사하는 하나님과 상당히 다를지도 모른다는 생각이 뇌리를 스쳤다. 하나님은 정말로 어떤 분이신가? 나는 교회와 기독교 대학에서, 하나님은 불변하시고 보이지 않는 영으로서 전지, 전능, 무감(감정을 느낄 수 없음)과 같은 속성을 지닌 분이라고 배웠다. 이런 교리들은 우리가 하나님의 시각을 아는 데 도움이 되며, 성경에서도 발견할 수 있지만 사실 보이지 않게 깊이 감추어져 있다.

성경을 읽는 것만으로도 나는 자욱한 안개가 아니라 실재하는 한 인격을 만났다. 하나님은 내가 아는 그 누구 못지않게 고유하고 독특하고 다채로운 인격체시다. 하나님도 깊은 감정을 갖고 계신다. 그분도 기쁨과 좌절과 분노를 느끼신다. 예언서에서 하나님은 고통 때문에 울고 신음하신다. 심지어 자신을 아이 낳는 여인에 비유하면서, "내가 부르짖고 숨이 차서 심히 헐떡였다"고 말씀하신다. 하나님은 인간들의 행동 때문에 계속 충격을 받으신다. 이스라엘 백성들이 아이를 희생 제물로 바치자, 하나님은 매우 놀라신다. 전지하다는 하나님이 이렇게 말씀하신다. "내가 명령하지도 말하지도 생각지도 못한 일이구나!" 하나님은 그들을 벌하실 수밖에 없는 이유를 설명하며 슬픈 목소리로 물으신다. "내가 어찌하랴?" 물론 나도 안다. 신인동형론이 바로 그 모든 인간 같은 특성들을 설명해 주는 개념임을. 하지만 하나님이 인간의 경험에서 '빌려 온' 이미지들은 더 강력한 실재를 가리키는 게 확실하다.

겨울 둥지에서 성경책을 읽는 동안, 나는 하나님이 얼마나 기꺼이 인간들의 영향을 받으시는지를 보고 탄복했다. 나는 우주의 하나님의 기쁨과 고뇌, 즉 그분의 열정을 예견하지 못했다. 하나님에 '관해서' 연구하면서, 알파벳 순으로 자료화할 수 있는 단어와 개념들로 하나님을 길들이고 축소시키다 보니, 하나님이 무엇보다도 간절히 찾으시는 열정적인 관계의 힘을 놓쳤던 것이다. 아브라함, 모세, 다윗, 이사야, 예레미야처럼 하나님과 가장 깊은 관계를 가졌던 사람들은, 하나님을 놀랄 만큼 친숙하게 대했다. 그들은 마치 하나님이 옆자리에 앉아 계신 것처럼, 마치 상담가나 직장 상사, 부모님, 또는 연인과 대화하듯이 하나님과 대화했다. 그들은 하나님을 사람처럼 대했다.

그 콜로라도 여행을 통해 나는 하나님에 대한 실망을 다루는 세 가지 질문에 새로운 빛을 비추어 보았다. 그 질문들은 마치 수학이나 컴퓨터 프로그래밍 또는 철학의 영역에서 마주치는 난제처럼 해답을 기다리는 것이 아니라, 인간과 절실하게 사랑을 주고받기 원하는 하나님과 인간 사이의 관계를 다룬다.

그 2주일의 칩거 기간 중에 나는 사람을 거의 보지 못했다. 눈에 둘러싸인 채 집 안에 틀어박혀 책만 읽었으니까. 어쩌면 이런 고립된 생활방식이야말로 내가 이런 결론에 도달하도록 길을 닦아 주었는지도 모른다. 나는 항상 한쪽의 시각, 즉 인간의 시각에서만 생각했었다. 인간의 딜레마를 다룬 책만도 서고의 여러 칸을 채우고 있다. 어떤 책은 재미있고, 어떤 책은 고뇌로 가득하고, 어떤 책은 빈정거리는 투고, 어떤 책은 상당히 철학적이지만, 그 기본 시각은 모두가 동일하다. 바로 "인간이라는 건 이런 느낌이다"라는 시각이다. 하나님께 실망한 사람들도 마찬가지로 인간의 시각에만 초점을 맞춘다. 왜 하나님은 불공평하신가? 침묵하시는가? 숨어 계시는가? 이 질문들은 사실 이런 의미다. '왜 하나님은 **나에게** 불공평하신가? 왜 하나님은 **나에게** 침묵하시는가? 그리고 **나에게서**

숨으시는가?'

　나는 내 실존적 질문들과 개인적인 실망거리들을 제쳐 두고 대신에 **하나님**의 시각을 생각해 보고자 했다. 무엇보다도, 왜 하나님은 인간들과 접촉하기를 원하시는가? 그분은 우리 안에서 무엇을 추구하시며, 그 추구를 방해하는 것은 무엇인가? 나는 성경을 다시 펼쳐 들고, 하나님의 말씀을 마치 처음 듣는 것처럼 들으려고 노력했다. 하나님은 성경을 통해 스스로 말씀하시지만, 때로 나는 별로 관심을 기울이지 않는다는 사실을 깨달았다. 내 감정에 너무 많이 몰두해서 오히려 **하나님**의 감정을 세심하게 듣지 못했던 것이다.

　콜로라도에서 돌아올 때는 하나님에 관해 상당히 다른 이미지를 갖게 되었다. 2주 동안의 성경 연구를 통해, 하나님은 분석의 대상이 되는 데 별 관심이 없으시다는 걸 깨달았다. 가장 중요한 건, 하나님도 사랑받기 원하신다는 것이다. 집으로 돌아오면서 나는 열정적인 하나님, 즉 자기 백성들의 사랑에 굶주려 있는 하나님과 그 백성들 사이의 관계를 좀더 살펴보기로 했다. 하나님에 대한 모든 실망감을 추적해 보면 결국 이 관계가 깨진 것을 알 수 있다. 이리하여 나는 전에 한 번도 제기하지 않았던 질문에 대한 답을 찾기로 결심했다. '하나님이 된다는 건 어떤 느낌일까?'

대다수 사람들이 하나님을 두려워하고, 최악의 경우 하나님을 미워하는 이유는, 그들이 하나님의 마음을 신뢰하지 않고, 그분을 시계처럼 정밀한 두뇌로만 상상하기 때문이다.

허먼 멜빌

성경 참조 이사야서 42장, 예레미야서 19, 9장.

PART TWO

접속: 아버지를 만나다

6
위험을 감수하시는 하나님

하나님으로 산다는 게 어떤 느낌인지를 알려면 창조의 순간부터 살펴보아야 한다. 사람들은 창세기 1장을 일종의 서론 정도로 쉽게 읽고, 창세기 3장의 중요한 타락 기사나 창조 과정에 관한 이 시대의 논쟁거리로 달려가기 급급한 경향이 있다. 창세기 1장에는 창조 과정이나 뒤에 이어질 비극에 관한 언급이 전혀 없다. 다만 태양과 별, 바다와 식물, 물고기와 짐승들, 남자와 여자 등 이 세상을 최대한 꾸밈없이 펼쳐 보이고, 각 작업에 대한 하나님의 평가를 덧붙인다.

"하나님이 보시기에 좋았더라." 이 문장이 마치 후렴구처럼 다섯 번이나 반복된다. 그리고 창조를 다 마치셨을 때는 "하나님이 지으신 그 모든 것을 보시니 보시기에 심히 좋았더라"고 한다. 성경 다른 곳에서는 더 풍성한 표현이 나온다. "새벽 별들이 기뻐 노래하며 하나님의 아들들이 다 기뻐 소리를 질렀느니라." 하나님은 뿌듯한 마음으로 욥에게 그렇게 말씀하셨다. 잠언에서는 분위기가 더 고조된다. "내가 그 곁에 있어서 창조자가 되어 날마다 그의 기뻐하신 바가 되었으며 항상 그 앞에서 즐거워하였으며 사람이 거처할 땅에서 즐거워하며 인자들을 기뻐하였느니라."

하나님은 창조를 그렇게 느끼셨고, 그 이후로 모든 예술가들은 그와 비슷한 감정, 떨림을 느낀다. 자신이 완성한 작품을 지긋이 바라보며 "심히 좋다"고 말하는 장인. 청중들의 기립 박수와 환호에 싱긋 웃는 연주자. 심지어 종이 접기를 끝낸 아이도 창조의 기쁨을 느낀다.

문화 인류학자이자 수필가인 로렌 아이슬리(Loren Eiseley)는 어느 날 독창적인 창조 활동을 하면서 느낀 기쁨에 대해 말한다. 당시 노인이었던 그는 황량한 해변을 거닐다 난파된 배를 발견했다. 그는 축축한 안개를 피해 뱃머리 아래서 잠시 쉬다 잠이 들었다. 잠에서 깨어 보니, 어린 여우가 두 귀를 쫑긋 세우고 호기심어린 얼굴로 서 있었다. 너무 어려서 사람을 무서워할 줄도 몰랐다. 거기, 배가 드리운 그늘 아래서, 이 탁월한 자연주의자와 새끼 여우는 서로를 뚫어져라 쳐다보았다. 그때 그 어린 여우가 장난기 가득한 표정으로 어느 무더기에서 닭 뼈를 찾아내 입에 물고는 마구 흔들어 보였다. 아이슬리는 자기도 모르게 허리를 굽혀 닭 뼈의 다른 한쪽을 잡았다. 신나는 장난이 시작되었다.

로렌 아이슬리는 이렇게 말했다. "흔히들 인간은 아무리 열심히 노력해도 우주의 정면을 볼 수 없다고 말한다. 인간은 먼 우주의 끝자락밖에 볼 수 없는 운명이요, 기껏해야 한발 물러서서 자연을 인식하는 수준이다. 하지만 여기 뼈다귀들 한가운데서 눈이 큰 순진한 여우가 나한테 놀자고 다가왔다. 우주가 근사한 방식으로 내 앞에 얼굴을 드러내며 왔다 갔다 흔들리고 있었다. 그런데 웃음을 터트리는 모습을 볼 수 있을 정도로 우주의 얼굴이 작았다. 그렇다고 인간의 위엄을 운운할 때는 아니다.

나는 여우 굴 앞에서 쭈그리고 앉아 닭 뼈를 굴리는 단순한 행동으로 잠시 동안 우주를 대면하고 있었다." 나중에 그는 그것이 "내가 이제까지 성취한 업적 중에 가장 중대하고 가장 의미 있는 일이었다"고 마무리했다. 왜냐하면 그 속에서 그는 태초의 우주를 엿보았기 때문이다. 그는 말했다. "사실 그것은 아이의 우주, 아주 작고 웃음을 터트리는 우주였다." [1]

우주의 거대한 공허함에도 불구하고, 우주를 맴도는 고통에도 불구하고, 창세기 1장이 시작되는 순간 어떤 분위기가 감돈다. 그것은 마치 오래된 향수에서 풍기는 향기와도 같다. 나도 그런 걸 감지한 적이 있다. 내가 도로를 빙 돌아 눈앞에 펼쳐진 요세미티 계곡의 장관을 처음 보았을 때, 천사의 머리채 같은 폭포수가 눈 덮인 화강암 위로 쏟아지는 장면을 보았을 때였다. 캐나다 온타리오 주의 작은 반도에 황제 나비 5백만 마리가 철을 지내려고 날아와 쉴 때, 그 종잇장 같은 날개들이 나무에 내려 앉아 나무들을 온통 투명한 오렌지색으로 장식했을 때. 시카고의 어린이 동물원에서 고릴라, 땅돼지, 하마 같은 각종 아기 동물들이 짓궂게 장난치며 생을 시작할 때.

아이슬리의 말이 맞다. 우주의 중심에는 웃음이 있다. 창조의 순간부터 전해 내려온 기쁨의 맥박이 뛰고 있다. 갓 태어난 자신의 아기를 처음으로 꼭 끌어안은 부모는 그걸 안다. 하나님이 스스로 만든 걸 바라보며 보시기에 좋았다고 말씀하셨을 때, 하나님도 그런 느낌이었다. 태초에, 아주 태초에는 실망이 없었다. 오직 기쁨만 있었다.

아담과 하와

하지만 창세기 1장 안에 창조의 이야기가 다 들어 있지는 않다. 그 뒤에 나오는 내용을 이해하려면, 우리 스스로 뭔가를 창조해 봐야 한다.

점토를 갖고 노는 아이로부터 미켈란젤로에 이르기까지 창조자라면 누구나 창조 활동에는 일종의 자신을 제한하는 행위가 따른다는 걸 알고 있다. 물론 우리는 전에 존재하지 않았던 것을 생산하지만, 그 과정에서 뭔가를 제외시킬 수밖에 없다. 점토로 빚어 살짝 구부린 긴 코끼리 코는 얼굴에 붙여야 한다. 엉덩이나 옆구리에 붙이면 안 된다. 연필로 그림을 그릴 때는, 그림 색깔을 총천연색이 아닌 흑백으로 제한한다는 뜻이다.

아무리 위대한 예술가라 해도 이 제한을 피할 수 없다. 미켈란젤로는 시스티나 성당 천장에 그림을 그릴 때, 어떤 **입체화법**을 쓰더라도 조각에서 얻을 수 있는 3차원적 성과는 기대할 수 없음을 알고 있었다. 그는 회반죽과 물감을 도구로 결정함으로써 자신을 제한한 것이다.

하나님이 세상을 창조하실 때도 그 방법을 직접 고안하셔서, 그분의 상상 속에만 존재하던 것들이 실재하도록 불러내셨다. 그리고 자유로운 선택을 할 때마다 제한도 따라왔다. 하나님은 시간과 공간의 독특한 한계를 지닌 세상을 '도구'로 선택하셨다. 1이 먼저 일어나고, 다음에 2, 3이 일어난다. 과거, 현재, 미래를 한꺼번에 볼 수 있는 하나님이 순서에 따른 시간 개념을 선택하셨다. 마치 화가가 캔버스와 팔레트를 선택하듯이. 그런 하나님의 선택은 그 후 우리가 살아가는 데 제한을 가져왔다. (유대의 경건주의 운동인 하시디즘의 학자들은 하나님의 자기 제한이라는 개념을 *zimsum*이라고 부른다. 멋진 표현이다.)

"하나님이 이르시되 물에는 생물들이 번성하라." 이 문장 한마디에 천 가지 결정이 들어 있다. 물고기는 허파가 아닌 아가미, 털이 아닌 비늘, 발이 아닌 지느러미, 수액이 아닌 피를 가질 것이었다. 창조주 하나님은 각 단계마다 선택을 함으로써 다른 대안을 제외시켰다.

창세기는 마지막 선택에 관해 이야기하고, 잠시 쉬었다가 배경 설명을 하고, 다시 그 이야기를 자세히 말한다. 창조의 여섯 번째 날 남자와 여자가 등장하는데, 이들은 여타의 피조물들과 전혀 다르다. 하나님은 그들 속에서 하나님 자신에 관한 뭔가를 볼 수 있기를 갈망하면서 그들을 자신의 형상을 따라 만드셨다. 그들은 마치 하나님을 비추어 주는 거울과도 같았다.

하지만 아담과 하와에게는 또 다른 특성이 있었다. 다른 피조물들과는 구별되게, 그들에게는 창조주에게 반항할 수 있는 도덕적 능력이 있었다. 조각품이 조각가에게 침을 뱉을 수 있고, 희곡 속의 인물이 대사를 다시 쓸 수 있었다. 한마디로 그들은 자유로웠다.

어떤 신학자는 말하기를, "인간은 하나님의 위험한 선택"이라고 했다. 또 신학자 쇠렌 키르케고르(Søren Aabye Kierkegaard)는 이렇게 표현했다. "하나님은 자기의 결정에 자신을 속박하셨다." 인간의 자유에 관한 신학자들의 말을 들어보면 거의 모두가 일견 옳고 일견 그르다. 전능하신 하나님이 어떻게 위험을 택하거나 자신을 속박할 수 있단 말인가? 하지만 하나님의 인간 창조는 사실 일종의 놀라운 자아 제한이었다.

윌리엄 어윈 톰슨(William Irwin Thompson)이 쓴 창조에 관한 환상적인 표현을 살펴보자.

> 호산나 찬양을 끊임없이 부르는 아름다운 천사들에 둘러싸여 있는 하늘의 하나님을 상상해 보자.… "내가 완벽한 세상을 창조한다면, 그 세상이 어떤 모습일지 나는 알고 있다. 절대적으로 완벽한 세상이라면, 그

세상은 완벽한 기계처럼 돌아갈 것이다. 절대적인 내 뜻에 결코 어긋나지 않을 것이다." 하나님의 상상력은 완벽하기 때문에, 그분은 그런 우주를 창조할 필요가 전혀 없다. 그분으로서는 상상만으로도 그런 우주를 세세히 다 볼 수 있기 때문이다. 그런 우주는 하나님에게나 인간에게나 별로 흥미가 없을 것이다. 그래서 하나님이 계속 이런 묵상을 했다고 생각해 보자. "하지만 자유로운 우주, 심지어 나로부터도 자유로운 우주를 창조한다면 어떨까? 나의 신성을 감추어서, 피조물들이 지나치게 강력한 나의 임재에 압도되지 않고 자유롭게 자기의 삶을 추구하게 하면 어떨까? 그래도 피조물들이 나를 사랑할까? 나를 영원히 사랑하도록 미리 정해 놓지 않아도 내가 그들의 사랑을 받을 수 있을까? 자유 속에서 사랑이 움틀 수 있을까? 내 천사들은 나를 항상 사랑하지만, 그들은 나를 언제나 볼 수 있지 않은가. 창조주인 내 자신의 형상을 따라, 자유로운 존재를 창조하면 어떨까? 하지만 내가 이 우주에 자유를 들여온다면, 또한 악도 들여오는 위험을 감수해야 하는데. 그들이 자유롭다는 건 내 뜻에서 벗어날 자유도 있는 거니까. 흐음…. 하지만 내가 이 역동적인 우주와 계속 관계를 맺는다면, 나와 그 피조물이 힘을 합쳐 위대한 우주의 드라마를 창조해 나간다면 어떨까? 악한 상황이 닥칠 때마다 도저히 상상도 할 수 없는 선으로 내가 반응한다면 어떨까? 선을 부인하고 싶은 악한 마음, 바로 그 마음속에서 악을 제압하는 선으로 반응한다면 어떨까? 그러면 이 자유롭고 새로운 피조물은 나를 사랑할까? 그들은 악에서 선을, 자유에서 기발함을 창조하는 일에 동참해 줄까? 내가 제한과 형태가 있는 세상, 고난과 악이 있는 세상 속에서 그들과 함께한다면 어떨까? 아아, 진정으로 자유로운 우주 속에서는 그 우주가 어떤 모습일지 나도 알 수가 없구나. 사랑을 위해 그렇게까지 위험을 감수해야 할까?"[2]

왜 아담과 하와는 거역하고 싶었을까? 그들은 낙원과 같은 동산에 살고 있었고, 불평이 있다면 친구에게 말하듯 하나님께 말하면 될 일이었다. 하지만 동산에는 딱 하나 금지된 나무가 있었으니, '선과 악을 알게' 한다는 매혹적인 이름이 붙은 나무였다. 분명히 하나님은 그들에게 금지한 것이 있었다. 그렇다면 이 이름 뒤에 숨어 있는 비밀은 무엇일까? 그걸 따먹어 보지 않고서야 어떻게 알 수 있겠는가? 그래서 아담과 이브는 그들만의 '창의적인' 선택을 했다. 선악과를 먹은 것이다. 그러자 지구는 이전과 완전히 달라졌다.

창세기 3장에서는 아담과 하와가 하나님께 불순종했을 때 하나님이 어떤 느낌이었는지를 정확히 보여 준다. 깨어진 관계로 인한 슬픔. 하나님을 부인하는 그들에 대한 분노. 비상벨처럼 불안한 경각심. "이 사람이 선악을 아는 일에 우리 중 하나같이 되었으니 그가 그의 손을 들어 생명나무 열매도 따먹고 영생할까 하노라."

순수하게 자유로운 활동처럼 보이는 창조에는 제한이 따른다. 그리고 아담과 하와가 곧 배운 것처럼, 자유로운 선택처럼 보이는 거역에도 역시 제한이 따른다. 아담과 하와는 스스로 하나님과 거리를 두기로 선택했다. 전에는 하나님과 함께 걷고 함께 이야기했다. 하지만 이제는 하나님이 다가오는 소리를 듣고 덤불 뒤에 숨는다. 친밀함을 해치는 이상한 분리가 슬며시 끼어들었다. 우리가 하나님과의 관계에서 느끼는 모든 실망감은, 그들이 처음 거역한 그 일의 후폭풍이다.

위험을 감수하시는 하나님

아마도 우리는 그 문제를 제대로 깨닫지 못할 것이다. 하나님의 전능하심과 유한한 인간의 자유 의지가 공존할 수 있다는 문제 말이다. 그러기 위해서는 매 순간 '하나님 편에서의 포기'가 수반된다.

C. S. 루이스

1_ Loren Eiseley, *The Star Thrower*, p. 64 – 65.
2_ William I. Thompson, *The Time Falling Bodies Take to Light*, p. 24 – 25.

성경 참조 창세기 1 – 3장, 욥기 38장, 잠언 8장.

7
부모가 되는 법

나는 콜로라도에서 돌아온 후에도 창세기를 읽고 또 읽었다. 하나님이 이 세상에 대해 어떤 생각을 갖고 계신지 그 실마리를 찾기 위해, 첫 시작에 관한 이 책을 계속 탐구했다. 이 획기적인 첫 번째 반역 후에도 하나님은 자신의 창조 세계를 버리지 않으셨다. 창세기를 보면 하나님이 계속해서 인간들과 인격적으로 만나시는 놀라운 이야기들이 나온다.

창세기의 '플롯'을 굳이 한 문장으로 요약한다면, '하나님은 부모가 되는 법을 배우는 중'이라고 할 수 있다.* 에덴의 붕괴는 세상을 영원히 바꿔 놓았고, 아담과 하와가 하나님과 누리던 친밀감을 파괴했다. 일종의 역사의 준비 단계로서, 하나님과 인간은 서로에게 익숙해져야 했다. 인간은 모든 규칙을 깸으로써 분위기를 설정했고, 하나님은 각 개인에게

---

* '하나님이 배운다'는 표현이 이상하게 들릴 것이다. 우리는 보통 배움을 정신적 과정, 즉 뭔가를 모르는 상태에서 아는 상태로 진행되는 과정으로 생각하기 때문이다. 물론 하나님은 시간의 제한을 받거나 무지한 분이 아니다. 그분이 '배운다'는 건 새로운 경험을 체득한다는 의미다. 예를 들면 자유로운 인간 존재를 창조하는 경험 같은 것이다. 이 단어를 비슷한 의미로 사용한 히브리서에서는 예수님이 '고난을 통해 순종을 배우셨다'고 말한다.

형벌로 응수하셨다. 하나님이 된다는 건 어떤 느낌일까? 두 살짜리 아이의 부모로 산다는 건 어떤 느낌일까?

하나님이 진작 개입했어야 한다고 비난할 수 있는 사람은 없다. 하나님은 친근하고, 심지어는 늘 아이 주변을 맴도는 부모와 같았다. 아담이 죄를 범했을 때, 하나님은 그를 직접 만나서 그의 선택이 모든 피조 세계에 영향을 줄 거라고 말씀하셨다. 겨우 한 세대 후에 공포스럽고 새로운 일이 지구상에 벌어졌다. 살인이 일어난 것이다. 하나님은 가인을 다그치셨다. "네가 무슨 짓을 했느냐? 네 아우의 피가 땅에서 내게 호소하느니라." 또다시 하나님은 범죄자를 만나 그에게 적절한 형벌을 내리셨다.

지구의 상황, 사실상 인류 전체의 상황은 점점 더 황폐해져서 결국 위기의 절정으로 치달았다. 성경은 그 상황을 가장 통렬한 한 문장으로 요약한다. "[하나님이] 땅 위에 사람 지으셨음을 한탄하사 마음에 근심하시고." 이 한 문장 속에 하나님이 부모로서 느낀 온갖 충격과 슬픔이 들어 있다.

인간 부모 중에 그런 후회의 아픔을 한 번도 겪지 않은 사람이 어디 있겠는가? 십 대 아들이 반항하며 부모의 마음을 찢어 놓는다. "아버지가 미워요!" 이렇게 소리치며 부모의 가슴에 못 박는 소리를 한다. 부모의 심장을 칼로 후벼 파는 것만 같다. 하나님은 자녀 한 명이 아니라 전 인류에게 그런 박대를 당하셨다. 그래서 결국은 자신이 창조한 걸 자기 손으로 허무신다. 창세기 1장의 모든 기쁨은 휘몰아치는 홍수의 물결 속으로 사라졌다.

하지만 노아가 있었다. 그는 유일한 믿음의 사람, "하나님과 동행"한 사람이었다. 창세기 3-7장에는 하나님의 회한이 나타나 있다. 그러다 노아가 다시 땅에 첫발을 디딘 후 그를 구원하신 하나님께 예배드릴 때, 하나님이 안도의 한숨을 쉬는 소리가 들리는 듯하다. '그래도 다시 시작해 볼 인물이 있구나.' (오랜 세월 후에 에스겔에게 주신 메시지 속에서 하나님은 그분을 따른 가장 의로운 사람 세 명 중에 하나가 노아라고 말씀하셨다.) 지구 전체를 다시 쓸고 닦아 새로운 생명을 싹틔우면서, 하나님은 한 가지 언약을 맺으셨는데, 이로써 하나님은 노아뿐만이 아니라 살아 있는 모든 생물체에게 속박당하셨다. 이 언약은 딱 한 가지로, 하나님이 다시는 모든 피조물을 멸망시키지 않겠다는 약속이었다.

노아와의 언약을 관계상 극히 최소한의 언약으로 볼 수도 있다. 한쪽에서 다른 쪽을 멸종시키기 않겠다는 약속이니까. 하지만 그 약속에서도 하나님은 자신을 제한하셨다. 우주의 모든 악의 원수인 하나님이 당분간 이 땅에서 벌어지는 사악함을 견디기로 맹세하신 것이다. 아니, 오히려 전멸이 아닌 다른 방법으로 악을 해결하기로 맹세하신 것이다. 가출한 십 대 자녀의 부모처럼, 하나님은 '자식을 기다리는 아버지'가 되기로 하셨다. (예수님의 '돌아온 탕자' 비유는 이 점을 유려하게 잘 표현해 준다.) 얼마 후 바벨이라는 지역에서 또 한 번 반역 행위가 일어나 하나님의 그 결심을 시험했지만, 하나님은 멸망시키지 않겠다는 약속을 지키셨다.

그 이후 초기 역사 시대에 하나님은 언제든 행동을 개시하셨고, 따라서 아무도 그분이 숨어 계신다거나 침묵하신다고 불평할 수 없었다. 하지만 초기 시대, 하나님의 개입에는 중요한 한 가지 공통점이 있었다. 인간의 반역에 대한 하나님의 반응은 언제나 형벌이었다는 점이다. 하나님의 의도는 자유로운 인간 존재들과 성숙한 관계를 갖는 것이었지만, 하나님은 계속해서 무례한 방해자들을 만났다. 피조물이 계속 어린아이처럼 행동하는데, 어떻게 하나님이 그들을 어른처럼 대우할 수 있겠는가?

계획

창세기 12장은 중대한 전환점이 된다. 아담 이후 하나님은 처음으로 벌을 주기 위해서가 아니라 인간 역사에 새로운 계획을 시행하려고 역사 속에 간섭하신다.

하나님의 생각에는 의문스러운 점이 없다. 그분은 아브라함에게 단도직입적으로 말씀하셨다. "내가 너로 큰 민족을 이루고 네게 복을 주어 네 이름을 창대하게 하리니 너는 복이 될지라." 이 계획은 창세기 13, 15, 16, 17장에서 그리고 구약의 다른 곳에서도 여러 형태로 수십 번 나타난다. 하나님은 지구 전체를 한꺼번에 회복시키는 대신, 개척자를 통한 정착을 계획하신다. 다시 말해, 따로 구별된 새로운 민족으로 그 일을 시작하기로 하셨다. 하나님의 약속에 사로잡힌 아브라함은 고향을 떠나 수백 킬로미터를 이동해 가나안 땅에 도착했다.

하지만 아브라함에게 따라붙은 새로운 민족의 아버지라는 명예를 얻었음에도 불구하고, 그는 하나님께 상당히 실망한 성경의 첫 본보기로 등장한다. 물론 기적도 맛보았다. 그의 집을 방문한 천사들을 대접했고, 불과 연기가 나는 항아리와 같은 신비한 환상도 경험했다. 하지만 한 가지 힘든 문제가 있었다. 약속을 받은 후, 그 불같은 계시 뒤로 침묵이 이어졌다. 당혹스런 침묵이 오랫동안 이어졌다.

"가서 내가 주는 땅을 차지하라"고 하나님은 말씀하셨다. 하지만 아브라함이 가나안 땅에 가서 보니 땅은 완전히 메말랐고, 거주민들은 가뭄으로 죽어 가고 있었다. 그는 살기 위해 이집트로 도망쳤다.

"내가 너에게 하늘의 별과 같이 많은 후손을 주리라"고 하나님은 말씀하셨다. 아브라함에게 이보다 더 기쁜 약속이 있겠는가. 75세의 나이에도 그는 여전히 아이들의 웃음소리가 그의 장막을 가득 채울 날을 고대하고 있었다. 85세 때는 여종과 함께 대안을 마련했다. 99세가 되자 그 약속은 말도 안 되는 웃기는 약속처럼 보였다. 하나님이 나타나 다시 한 번 약속을 다짐해 주자 그는 하나님 앞에서 웃었다. 99세에 아버지가 된다고? 사라가 90세에 임신복을 입는다고? 그 생각에 두 사람 모두 키득거리지 않을 수 없었다.

조롱 섞인 웃음, 고통스런 웃음이었다. 하나님은 불임 부부 앞에 임신이라는 찬란한 꿈을 흔들어 보이시고는, 이 부부가 휘청거리는 노년기로 접어들 때까지 두 손 놓고 지켜보고만 계셨다. 하나님은 도대체 무슨 게임을 하시는 건가? 도대체 뭘 원하시는 건가?

하나님은 믿음을 원하셨다고 성경은 말한다. 그리고 아브라함이 종국에 배운 교훈도 그것이었다. 믿어야 할 이유가 전혀 없을 때 믿는 법을 배웠다. 그리고 아브라함은 그 땅에 히브리인들이 하늘의 별처럼 가득한 걸 눈으로 보지는 못했지만, 사라가 낳은 아이를 살아서 보았다. 그 사내아이는 말도 안 되는 기억을 영원히 품은 아이였다. 그의 이름이 '웃음'이라는 뜻이었으니까.

이 양상은 계속 이어진다. 이삭은 불임 여성과 결혼했고, 그의 아들 야곱도 그랬다. 사라, 리브가, 라헬 같은 언약 관계에 있는 존경 받는 여족장들은 모두 아이를 낳을 수 있는 시기를 절망 속에서 보냈다. 그들 역시 불타는 계시를 경험했지만, 그 후에는 오직 믿음만으로 채울 수 있는 외롭고 어두운 시간을 보냈다.

도박꾼이라면 하나님이 자기한테 안 좋은 패만 몰아 주었다고 말할 것이다. 냉소주의자는 하나님이, 마땅히 사랑해야 할 피조물을 비웃고 있다고 말할 것이다. 성경은 그들이 겪은 일을 수수께끼 같은 '믿음으로' 라는 말로 간단하게 표현한다. 어쨌거나 그 '믿음'이야말로 하나님이 가치 있게 여긴 것이고, 인간이 하나님에 대한 사랑을 표현할 수 있는 최고의 방법임이 곧 여실히 드러났다.

요셉

창세기를 한 번에 끝까지 읽어 보면, 하나님이 자기 백성과 관계 맺는 방식에 변화가 있음을 간파한다. 처음에는 하나님이 그들 옆에 바짝 붙어 계셨다. 에덴동산을 함께 거닐고, 각 사람의 죄를 일일이 처벌하시고, 직접 말씀하시고, 끊임없이 개입하셨다. 심지어 아브라함 시대에도 하나님은 하늘의 사자를 집으로 심방 보내셨다. 그러나 야곱 시대가 되면 사닥다리가 나오는 아리송한 꿈이나 밤늦도록 하나님과 씨름한 사건처럼 메시지가 훨씬 모호해진다. 그리고 창세기 마지막에 가면 요셉이라는 사람이 가장 예측 불가능한 방식으로 하나님의 인도를 받는 이야기가 나온다.

요셉이 등장하면서 이야기의 속도가 느려지고, 하나님은 대부분 무대 뒤에서 일하시는 것으로 그려진다. 하나님은 천사를 통해서 요셉에게 말씀하시지 않고, 이집트의 독재자인 파라오의 꿈과 같은 도구를 통해 말씀하신다.

하나님께 실망할 만한 충분한 이유가 있는 사람을 찾는다면 요셉이야말로 적임자다. 그가 선을 위해 했던 용감한 행동은 결국 그에게 문제만 떠안겼다. 형들에게 꿈을 해석해 주었더니 형들은 그를 우물 속에 던져 버렸다. 성적인 유혹을 거부했더니 이집트의 감옥에 갇혔다. 그곳에서 감방 동료의 꿈을 해석해 목숨을 구하게 해주었더니, 그는 요셉을 금방 잊어버렸다. 요셉이 자신의 선행 때문에 이집트의 감옥에서 고생하고 있을 때, 그도 리처드가 제기한 질문들을 떠올렸을까? 하나님은 불공평하신가? 침묵하시는가? 숨어 계시는가?

여기서 잠시 관점을 부모 되신 하나님께로 옮겨 보자. 하나님은 요셉의 믿음이 새로운 차원으로 성장하도록 일부러 '물러서' 계신 건가? 그래서 창세기는 다른 인물보다 요셉에게 더 많은 지면을 할애하는 걸까? 그 모든 시험을 통해 요셉은 하나님을 신뢰하는 걸 배웠다. 하나님이 어려움을 막아 주실 거라는 신뢰가 아니라, 그 어려움을 구속해 주실 거라는 신뢰를. 자기를 죽이려 했던 형제들에게 믿음을 설명하면서, 그는 목멘 소리로 말했다. "당신들은 나를 해하려 하였으나 하나님은 그것을 선으로 바꾸사…."

구약 성경의 상당 부분에서 중심적으로 다루는 사상은 하나님의 외로움이라는 사상일 것이다.

G. K. 체스터턴

성경 참조 창세기 1-11장, 히브리서 5장, 에스겔서 14장, 창세기 12-21, 25, 30장, 히브리서 11장, 창세기 37, 39-41, 45, 50장.

8
여과되지 않은 햇빛

창세기는 한 가족의 이야기로 끝난다. 그 가족은 아들들의 이름을 다 열거할 수 있을 만큼 적은 수이고, 이들이 호의적인 이집트 땅에 정착하는 것으로 이야기를 마무리한다. 그다음 책인 출애굽기는 엄청나게 불어난 이스라엘 백성이 적대적인 파라오의 치하에서 노예로 고생하는 이야기로 시작된다. 그사이 400년이라는 기간 동안 무슨 일이 있었는지는 성경에 전혀 나오지 않는다.

나는 요셉에 관한 설교를 많이 들었고, 모세와 출애굽의 기적에 관해서는 더 많은 설교를 들었다. 하지만 창세기와 출애굽기 사이의 400년에 대한 설교는 들어본 적이 없다. (우리가 느끼는 실망은 승리에 대한 성경 이야기를 좋아해서 침묵의 시기는 재빨리 건너뛰는 습성에서 비롯되는 건 아닐까?) 우리는 노예에서 해방되는 신나는 이야기로 급히 뛰어드는 경향이 있다. 하지만 생각해 보라! 미국이라는 나라가 존재한 시간의 두 배의 기간 동안, 하늘은 말없이 침묵했다. 이집트에 있던 히브리 노예들은 분명히 하나님께 깊이 실망했을 것이다.

너희는 히브리인, 아브라함의 자손이다. 너희는 하나님이 이 위대한 사람에게 주신 약속의 말씀을 들으며 성장했다. 그것은 "언젠가 너희 족속은 강대국이 될 것이고 자기 땅에서 평화롭게 살 것"이라는 약속이다. 하나님은 먼저 아브라함에게 그리고 이삭과 야곱에게 그렇게 맹세하셨다. 어린 시절에 너는 순종하는 마음으로 이 약속들을 암송했다. 하지만 이제 그 약속은 동화처럼 보인다. 독립국가라고? 너와 네 이웃들은 세상에서 가장 강력한 제국을 섬기고 있다. 날이면 날마다 너는 모욕을 당하고 이집트 감독들의 채찍에 맞았다. 너의 남동생은 아기 때 파라오의 군사들에게 살해당했다.

대망의 약속의 땅은 또 어떤가. 저기 동쪽에 있는 그 땅은 열두 왕의 지배 아래 나뉘어져 있다.

400년 동안 침묵이 흐른 후 모세가 나타났고, 회의주의자가 바랐을 법한 일들이 갑자기 일어났다. 첫째, 하나님이 불타는 떨기나무 속에서 나타나 모세에게 자신의 이름을 소개하셨다. 그분은 큰 소리로 말씀하셨다. "내 백성은 충분히 고통받았다. 이제 너는 내가 행하는 일을 볼 것이다." 다음으로 하나님은 세상이 이제까지 보지 못한 엄청난 신적인 능력을 화려하게 펼쳐 보이셨다. 대규모로 열 번이나 개입하셔서 이집트에 사는 사람이면 누구도 히브리인들의 하나님의 존재를 의심하지 못하게 만드셨다. 수억 마리의 개구리, 이, 파리, 우박 그리고 메뚜기 떼는 만물의 주되신 하나님을 실증적으로 보여 주었다.

그 후 이스라엘 백성이 광야를 방황한 40년 동안, 하나님은 자기 백성을 "마치 아버지가 아들을 이끌어 가듯이" 인도하셨다. 이스라엘 백성을 먹이고 입히고 매일의 여정을 계획하고 그들의 전쟁을 싸워 주셨다.

하나님은 불공평하신가? 침묵하시는가? 숨어 계시는가? 모세가 사는 동안, 하나님이 모습을 드러내실 때까지는 이 질문들이 히브리인들의 마음을 괴롭혔을 것이다. 하나님은 악을 벌하고 선을 보상해 주셨다. 귀에 들리게 말씀하셨다. 그리고 그들 눈앞에 나타나셨다. 처음에는 떨기나무 속에서 모세에게, 다음에는 구름 기둥과 불기둥으로 이스라엘 백성에게 자신을 보이셨다.

그렇게 직접적인 개입에 대한 이스라엘 백성들의 반응은, 모든 힘(power)에 내재된 한계에 관한 중요한 통찰을 제시한다. 힘은 모든 걸 할 수 있지만, 가장 중요한 한 가지를 못한다. 사랑만큼은 조종할 수 없다. 출애굽기의 열 가지 재앙은 하나님의 능력이 파라오보다 강하다는 걸 보여 준다. 하지만 민수기에 기록된 열 가지 반역은 하나님이 가장 원하시는 것, 바로 자기 백성들의 사랑과 신실함을 이끌어 낼 수 있는 힘의 중요성을 보여 준다. 아무리 현란한 전능의 증거들을 보여 주어도 그들이 하나님을 신뢰하고 따르게 할 수는 없었다.

이런 교훈은 굳이 고대의 이스라엘 백성들을 통해서만 알 수 있는 건 아니다. 힘이 난무하는 오늘날의 사회에서도 이런 현상은 충분히 볼 수 있다. 많은 사람들이 증언했듯이, 강제 수용소에서는 간수들이 거의 무제한적인 힘을 갖고 있다. 그들은 사람들에게 강제적인 힘을 사용하여 하나님을 부인하게 할 수 있고, 가족을 저주하게 할 수 있고, 임금을 주지 않고도 일하게 할 수 있고, 인분을 먹게 할 수도 있다. 가장 친한 친구나 심지어 어머니까지 죽이고 매장하게 할 수도 있다. 이 모든 것이 그들의 힘으로 가능하다. 하지만 한 가지만은 할 수 없다. 바로 그들을 사랑하도록 만드는 일이다.

사랑이 힘의 원리에 따라 작용하지 않는다는 사실을 보면, 하나님이 때로 자신의 능력을 행사하기를 꺼리시는 이유도 알 수 있다. 우리는 하나님을 사랑하도록 창조되었지만, 우리가 은근히 바라는 그분의 가장 화려한 기적도 그 사랑을 불러일으키지 못한다. 더글러스 존 홀(Douglas John Hall)은 그것을 이렇게 표현했다. "하나님의 문제는 그분이 **못하는 일이 있다**는 것이 아니라, 하나님이 사랑하신다는 사실이다. 사랑이 모든 사람들의 삶을 복잡하게 만드는 것처럼, 하나님의 삶도 복잡하게 만든다."[1]

그리고 하나님의 사랑이 거절당할 때, 마치 자신이 가장 소중히 여기는 걸 잃어버린 부모처럼 이 우주의 주인조차 어떤 면에서 무력해진다. 성경에는 하나님이 이스라엘 백성과 맺은 사랑의 관계에 대해 일기처럼 쓴 기록이 나온다.

> 네가 태어나던 날, 아무도 너의 태를 잘라 주거나 너를 깨끗하게 씻어 주거나 소금으로 문질러 주거나 천으로 감싸 주지 않았다. 아무도 너를 동정의 눈빛으로 바라보거나 긍휼히 여겨 이런 일을 해주지 않았다. 오히려 너는 넓은 들판에 버려졌다. 네가 태어나던 날 너는 멸시를 받았기 때문이다.

그때 내가 지나가다가, 피투성이가 되어 발길질을 하고 있는 너를 보았다. 네가 피투성이가 되어 누워 있을 때 나는 너에게 "살아나라!"고 말했다. 그렇게 나는 너를 들판의 식물처럼 키웠다. 너는 그렇게 자라 가장 아름다운 보석이 되었다. 천둥벌거숭이였던 너는 유방도 커지고 머리카락도 자랐다.

후에 내가 지나가다가 너를 보고, 네가 이제는 사랑할 만한 나이가 되었기에 내 옷자락을 펼쳐 너의 벗은 몸을 덮어 주었다. 나는 네게 엄숙한 맹세를 하고, 너와 언약을 맺었으며, 너는 내 것이 되었다, 하고 전능하신 주가 선포하신다.

나는 너를 목욕시키고, 네 피를 씻어 주고, 연고를 발라 주었다. 수놓은 옷을 입혀 주고 가죽 샌들도 신겨 주었다. 네게 고운 모시옷을 입히고 값비싼 겉옷을 걸쳐 주었다. 너를 보석으로 치장하고, 팔찌와 목걸이와 코걸이와 귀걸이를 걸어 주었으며, 머리에는 아름다운 왕관도 씌워 주었다.

그러나 모든 것을 보시는 하나님은 이스라엘 백성의 궁극적인 비극적 운명을 알고 계셨다. "나는 그들이 어떤 존재인지, 그들을 약속의 땅으로 들이기 전부터 알고 있었다"고 말씀하셨다. 백성들이 변화를 바라는 뜨거운 분위기 속에서 요단강 옆에 모여 섰을 때, 하나님은 하나님이 된다는 것이 어떤 느낌인지를 엿볼 수 있는 놀라운 기회를 주셨다. 하나님은 한껏 부풀어 오른 이스라엘 진의 기대에 부응하지 않으셨다. 그리고 회막에서 모세를 만나 그 이유를 설명해 주셨다.

무엇보다도 하나님은 언약이 성공하기를 간절히 바라셨다. "오, 그들이 나를 두려워하고 내 모든 명령을 항상 지켜서 그들과 그 자녀들이 영원히 잘되기를!" 하지만 광야에서의 계속된 반역은 경종을 울렸다. 하나님은 끔찍한 불순종을 예견하셨고, 어떻게 그에 응수하실지도 미리 말씀하셨다. "그날에 내가 내 얼굴을 숨길 것이니라." 그분은 후회와 자포자기의 심정으로 말씀하셨다. 마치 마약중독으로 자신을 망치고 있는 자녀를 보며 아무것도 하지 못하고 속수무책인 부모의 심정처럼. 내일은 좀더 잘해 보겠다고 엉엉 울면서 약속하지만, 벌써 그런 약속을 수도 없이 깨버린 알코올중독 아내를 둔 남편의 심정처럼.

그러고 나서 하나님은 모세에게 매우 이상한 과제를 내주신다. "노래를 지으라. 그리고 이스라엘 백성에게 그 노래를 가르쳐서 역사의 증거가 되게 하라." 그 노래는 음악에 대한 하나님의 관점을 보여 준다. 깨어진 사랑을 아파하는 연인의 애가다. 이리하여 이스라엘 백성은 나라가 탄생하는 시점에, 기분 좋게 요단강을 건너면서 일종의 국가(國歌)를 지어 불렀다. 그것은 희망적인 가사는 거의 없고 암울한 가사만 있는 가장 이상한 국가였다.

처음에는 휘몰아치는 황야에서 하나님이 그들을 발견하고 소중하게 품어 주셨던 좋은 시절을 노래했다. 그러고는 그들을 태어나게 해주신 하나님을 잊어버린, 끔찍한 배반을 노래했다. 그들에게 고통을 가져다줄 저주들, 땅을 황폐케 하는 가뭄, 끔찍한 역병 그리고 피로 물든 화살을 노래했다. 이 쓰라린 노래를 들으며 이스라엘 백성은 약속의 땅을 향해 행진했다.

후각이 예민한 블러드하운드 개처럼 나는 뭔가 실마리를 찾아 이스라엘 백성이 광야에서 방황하는 장면을 두루 살펴보았다. 하나님의 임재로 빛나는 성막, 만나를 먹는 기적적인 아침 식사, 광야 사막 길을 터덜거리며 걸어가는 한 떼의 우울한 이스라엘 백성들. 밝은 약속과 그 40년간의 손상된 허무 사이 어딘가에 하나님에 대한 실망감이 자리하고 있었다. 무엇이 잘못되었는가?

나는 하나님이 좀더 직접적으로, 가까이서 행동해 주시기를 갈망할 때가 많았다. 하나님이 직접 나타나시면 오죽 좋을까! 하지만 이스라엘 백성들의 끔찍한 실패를 살펴보면, 하나님이 직접 행동하시는 데 따르는 '불이익'을 감지할 수 있다. 그들이 즉각 직면한 문제는 개인의 자유가 침해당한다는 점이었다. 이스라엘 백성이 거룩한 하나님과 가까이 지내려면, 하나님의 율법의 사소한 조항이라도 어기는 게 있으면 안 되었다. 성생활, 월경, 입은 옷의 옷감, 또는 식습관 등에 있어서 말이다. '선민'이 되는 데는 대가가 따랐다. 하나님이 죄 지은 백성과 함께 사는 게 거의 불가능하듯이, 이스라엘 백성도 거룩한 하나님을 그들 가운데 모시고 사는 게 거의 불가능했다.

이스라엘 백성은 사소한 것들을 가장 힘들어 했다. 음식에 관한 끊임없는 불평을 보라. 몇 번의 예외를 빼면 그들은 40년 동안 매일 똑같은 음식, 만나(직역하면 '이것이 무엇인가?'라는 뜻이다)를 먹었다. 만나는 매일 아침 땅에 이슬처럼 내렸다. 노예에서 해방된 데 비하면 단조로운 음식은 사소한 대가처럼 보이는데, 그들은 이렇게 불평했다. "우리가 이집트에 있을 때는 공짜로 생선과 오이와 참외와 부추와 파와 마늘들을 먹었는데 이제는 이 만나밖에는 보이는 것이 없으니 입맛을 잃어버렸다."

이 일상적인 문제에 더하여, 훨씬 심각한 문제가 발생했다. 하나님이 자기 백성에게 가까이 다가갈수록, 역설적이게도 그들은 하나님과 점점 거리감을 느꼈다. 모세는 하나님께 나아가는 데 필요한 의례를 놀라울 정도로 정교하게 지시했다. 그것을 행하는 데 한 치의 오차가 있어서도 안 되었다. 이스라엘 백성은 지성소에서 하나님의 임재에 대한 분명한 증거를 볼 수 있었다. 하지만 아무도 감히 들어가지 않았다. 이스라엘 백성이 어떤 식으로 '하나님과의 인격적인 관계'를 누렸는지 알고 싶다면 그들이 하는 말을 들어보라. "우리는 죽을 것이다. 우리는 길을 잃었다. 완전히 잃었다! 여호와의 성막 가까이 가는 자는 누구나 죽을 것이다." 그리고 또다시 "우리 주 하나님의 음성도 듣지 말고 거대한 불기둥도 더 이상 보지 말자. 그러다간 우리가 죽을 것이다."

한번은 시험 삼아 위대한 과학자인 아이작 뉴턴(Isaac Newton)이 거울에 반사된 태양의 이미지를 뚫어지게 들여다보았다. 그 빛이 너무 밝아서 그의 망막을 태우는 바람에, 그는 일시적으로 시력을 잃고 고생했다. 그는 3일 동안 방에 틀어박혀 창문의 셔터까지 내리고 지내야 했다. 그런데도 그 밝은 태양점은 그의 시야에서 사라지지 않았다. 그 경험을 그는 이렇게 썼다. "나는 태양을 상상하지 않으려고 수단 방법을 다 썼다. 하지만 생각만 하면, 어둠 속에 있는데도 여전히 태양의 모습이 보였다."

뉴턴이 몇 분만 더 태양을 들여다보았다면, 시력을 영구히 잃었을지도 모른다. 시력을 관장하는 화학적 수용체는 여과되지 않은 태양빛이 온전히 비치는 걸 견디지 못한다.

아이작 뉴턴의 실험을 비유로 생각해 볼 수 있다. 이 비유는 이스라엘 백성이 광야에서의 방황을 통해 궁극적으로 무얼 배웠는지 보여 준다. 그들은 눈에 보이는 모습으로 나타나신 우주의 주인과 함께 살려고 시도해 보았다. 하지만 이집트에서 기쁘게 빠져나온 수십만 명 중에 결국은 두 명만이 하나님의 임재를 견뎌 냈다. 촛불도 못 견뎌 내는데, 어떻게 태양을 쳐다볼 수 있겠는가?

"우리 중에 누가 삼키는 불과 함께 거하겠느냐?" 이사야 선지자는 이렇게 물었다. 그렇다면 숨어 계신 하나님께 실망하기보다는 오히려 감사해야 하지 않을까?

1_ Douglas John Hall, *God and Human Suffering*, p. 156.

성경 참조 출애굽기 1 – 12장, 신명기 1장, 에스겔 16장, 신명기 31, 5, 31 – 32장, 민수기 11, 17장, 신명기 18장, 이사야 33장.

9
빛나는 한순간

레프 톨스토이(Lev Nikolayevich Tolstoy)는 아홉 살 때, 하나님이 자신이 날 수 있도록 도와주시리라 확신하고 3층 창에서 무턱대고 뛰어내렸다. 이 일은 그가 하나님께 처음으로 크게 실망한 사건이었다. 다행히 그렇게 땅에 착륙했는데도 죽지 않고 살았고, 한참 지나서 그때의 어린아이 같은 믿음의 실험에 대해 이야기하며 웃을 수 있었다.

초자연적인 능력에 대해 환상을 품어 보지 않은 어린이가 어디 있을까? '주님, 제가 이 호수 위를 걷게 해주세요.' '저를 괴롭히는 저 녀석을 때려눕히게 해주세요.' '공부를 안 해도 시험을 잘 보게 해주세요.' 하나님이 그런 기도들을 합당하다고 여기시어, 요술 램프에서 나온 지니처럼 우리의 소원을 모두 들어주신다면, 우리도 감사한 마음으로 하나님을 기쁘시게 해드리지 않을까? 어두운 실망의 시간을 보낼 때면, 나는 본능적으로 이런 생각을 자주 한다. 하나님이 나를 여기서 건져 주시기만 한다면… 일들이 잘 처리된다면… 내가 건강해질 수만 있다면… 그러면 하나님을 잘 따를 텐데.

내 친구 리처드는 하나님이 공평하게 행하고, 분명하게 말씀하고, 자신을 확실히 보여 주시기만 한다면, 말 잘 듣는 강아지처럼 누구든지 하나님을 따를 거라고 믿었다. 하지만 광야에서 방황한 이스라엘 백성들은 리처드의 생각이 틀렸음을 방증한다. 그렇게 혹독한 땅에서는 그들의 믿음도 흔들릴 수밖에 없었노라고 반박할 사람도 있을 것이다. 모세도 그 땅을 '광활하고 끔찍한 사막이요 물도 없이 메마르고 독사와 전갈이 있는 땅'으로 기억하지 않았는가. 그런 환경에서 마음을 지킬 수 있는 사람이 어디 있겠는가. 하나님이 그들과 가까이 계시고, **또한** 그들의 소원을 들어주셨을 때에는 그들이 좀더 행복해했던가?

다윗의 이름이 등장하면서 구약 성경의 어조는 밝고 환해진다. 시편 78편은 "그때에 주께서 잠에서 깨어난 것처럼, 포도주를 마시고 고함치는 용사처럼 일어나사"라고 그 당시를 묘사한다. 하나님은 드디어 당신 마음에 합한 자, 한 나라를 세울 만한 사람을 찾으셨다. 정욕의 왕 다윗은 딱 한 가지만 빼고 모든 율법을 범했다. 그 한 가지란 바로 마음과 뜻과 영을 다해 하나님을 사랑한 것이었다. 다윗을 이스라엘의 왕으로 앉히면서, 언약의 꿈이 다시 용솟음쳤다.

그리고 다윗의 아들 솔로몬이 왕위를 이어받을 때, 하나님은 그를 가로막는 모든 방해 요소를 제거하셨다. 솔로몬은 아이들이 꿈꾸는 모든 것을 가졌다. 하나님은 그에게 어떤 소원이든 들어주겠다고 약속하셨다. 장수든, 부든, 무엇이든. 솔로몬이 지혜를 고르자 하나님은 부와 명예와 평화를 덤으로 주셨다. 솔로몬은 히브리인들의 긴 고역의 역사 속에서 잠시 빛나는 평온의 시대, 황금시대를 다스렸다.

솔로몬

그는 십 대 때 이스라엘의 왕위를 물려받았고 곧 당대의 최고 부자가 되었다. 성경에 따르면 당시 예루살렘에는 은이 돌처럼 흔했다. 무역선들이 왕에게 진상될 아프리카 침팬지와 개코원숭이를 비롯해 각종 이국적인 물품들과 상아와 황금을 몇 톤씩 실어 날랐다. 예술적 재능도 소유한 솔로몬은 1,005편의 노래와 3,000편의 잠언을 지었다.

여러 제왕들이 수백 킬로미터 원방에서 찾아와 솔로몬의 지혜를 직접 시험하고 그가 건설한 위대한 도시를 구경했다. 그중 한 사람인 시바의 여왕은 솔로몬에게 이렇게 말했다.

> 내가 내 나라에서 당신의 행위와 당신의 지혜에 대하여 들은 소문이 사실이로다. 내가 그 말들을 믿지 아니하였더니 이제 와서 친히 본즉 내게 말한 것 절반도 못 되니 당신의 지혜와 복이 내가 들은 소문보다 더하도다. 복되도다, 당신의 사람들이여. 복되도다, 당신의 이 신하들이여. 항상 당신 앞에 서서 당신의 지혜를 들음이로다. 당신의 하나님 여호와를 송축할지로다. 여호와께서 당신을 기뻐하사 이스라엘 왕위에 올리셨고 여호와께서 영원히 이스라엘을 사랑하시므로 당신을 세워 왕으로 삼아 정의와 공의를 행하게 하셨도다.

이렇게 감동적인 말을 한 시바 여왕은 솔로몬에게 4.5톤에 달하는 순금을 작별 선물로 주었다.

하나님은 이 평화로운 시절 동안 어떤 느낌이셨을까? 안심, 기쁨, 희락. 성경은 이 모든 것들을 암시한다. 이스라엘의 고질적인 불평은 사라졌고, 솔로몬은 하나님이 사랑받는다는 걸 느끼게 해드리려고 갖은 노력을 다했다. 그는 왕국의 부를 마음껏 사용해 20만 명에 달하는 장인들을 총동원해서 어마어마한 성전을 지었다. 이 성전은 세계 불가사의 중의 하나로 꼽혔다. 멀리서 보면 마치 눈 덮인 산처럼 빛이 났다.

솔로몬이 그 성전을 하나님께 봉헌한 날에 구약의 역사는 절정에 다다랐다. 천상의 존재와의 가장 찬란한 만남을 묘사한 영화의 한 장면을 생각해 보라. 그 비슷한 일이 예루살렘에서 일어났다. 다만 다른 점이라면, 이 장면은 특수효과로 꾸민 환상이 아니라 진짜 현실이었다는 것이다. 수천 명이 이 대규모의 의식을 구경했다. 하나님의 영광이 내려와 성전을 가득 채우자, 제사장들조차 견디지 못하고 뒷걸음쳤다.

하나님은 솔로몬의 성전을 그분이 이 땅에서 하시는 활동의 중심에 두셨고, 백성들은 이 일을 축하하기 위해 그곳에 2주일을 더 머물렀다. 청동 제단에 무릎을 꿇은 솔로몬은 큰 소리로 기도했다. "내가 참으로 주를 위하여 계실 성전을 건축하였사오니 주께서 영원히 계실 처소로소이다." 그러고는 그 자신도 경외감에 사로잡혀 이렇게 기도했다. "하나님이 참으로 땅에 거하시리이까? 하늘과 하늘들의 하늘이라도 주를 용납하지 못하겠거든 하물며 내가 건축한 이 성전이오리이까!"

나중에 하나님은 이렇게 응답하셨다. "네 기도와 네가 내 앞에서 간구한 바를 내가 들었은즉 나는 네가 건축한 이 성전을 거룩하게 구별하여… 내 눈길과 내 마음이 항상 거기에 있으리니." 하나님이 드디어 행동하셨다! 아브라함과 모세에게 하신 약속이 마침내 이루어졌다. 이제 이스라엘은 땅을 소유하고, 안전한 국경이 있는 나라를 이루었으며, 하나님이 그들 가운데 임재하신다는 찬란한 상징까지 갖게 되었다. 그 유명한 성전 봉헌식에 참석한 사람들은 아무도 하나님을 의심할 수 없었다. 모두가 하나님의 임재의 불과 구름을 보았다. 그리고 이 모든 일은 독사와 전갈이 들끓는 혹독한 사막에서가 아니라, 은금이 풍부한 땅에서 일어났다.

모든 것이 하나님의 은총을 받은 것 같았다. 솔로몬도 처음에는 감사한 마음으로 하나님을 따르는 듯했다. 열왕기상 8장에 나오는 그의 성전 봉헌 기도는 가장 장엄한 기도 중의 하나다. 하지만 치세 말기의 솔로몬은 거의 모든 축복을 탕진하고 말았다. 낭만적인 사랑의 노래를 지었던 이 시적인 인물은 음란에 관한 한 신기록을 수립했다. 부인이 700명, 첩이 300명에 달했으니! 그렇게 많은 잠언을 썼던 현자가 전무후무할 징도로 그 잠언들을 어기는 방탕한 삶을 살았다. 그리고 하나님의 성전을 지었던 이 경건한 사람이 이방에서 태어난 아내들의 마음을 사기 위해 종국에는 끔찍한 짓을 저지르고 말았다. 하나님의 거룩한 도시에 우상 숭배를 들여온 것이었다.

하나님께 의지해서 생존하기 급급하던 유약한 왕국을 솔로몬은 한 세대 만에 자급자족할 수 있는 정치적 세력으로 끌어올렸다. 그러나 그 과정에서 그는 하나님이 주신 최초의 비전을 잃어버렸다. 역설적이게도, 솔로몬이 죽을 즈음의 이스라엘은 그들이 벗어난 이집트와 상당히 비슷해졌다. 비대한 관료제와 노예 노동, 통치자의 지배 아래 움직이는 공식 국교를 갖춘 제국이 되어 버린 것이다. 세상 왕국에서 성공하자 하나님

나라에 대한 관심이 사라졌다. 언약 국가에 대한 단순하고 찬란한 비전은 빛이 바래고, 하나님은 그분의 손길을 거두셨다. 결국 솔로몬이 죽은 후 이스라엘은 둘로 나뉘어 파멸로 치달았다.

오스카 와일드(Oscar Wilde)가 한 말은 솔로몬의 묘비에 가장 어울리는 말일 것이다. "이 세상에는 두 가지 비극이 있을 뿐이다. 우리가 원하는 것을 갖지 못하는 비극과, 그것을 가지는 비극이다." 솔로몬은 원하는 걸 다 가졌다. 특히 권력과 지위를 상징하는 모든 걸 가졌다. 그러면서 그는 점차 하나님을 덜 의지하고 자기를 둘러싼 것들을 더 의지했다. 세계에서 가장 규모가 큰 하렘, 성전보다 두 배나 큰 궁전, 병거를 가득 거느린 군대, 탄탄한 경제 기반 등. 성공은 하나님께 실망할 위험성을 없애 주었을지는 모르지만, 하나님을 향한 솔로몬의 갈망마저 완전히 소멸시켜 버렸다. 그가 세상의 좋은 선물들을 누릴수록, 그것을 주신 분에 대한 생각은 줄어들었다.

광야에서 하나님은 불기둥과 구름 기둥 안에 거하셨다. 너무 가까이 계셔서 때로는 그분의 능력이 파괴적인 힘으로 '쏟아져 나왔다.' 솔로몬 시대의 하나님은 자신의 능력은 제한하시고 대신 왕에게 하나님을 대신하여 백성들을 다스릴 수 있는 권위를 주셨다. 이스라엘 백성들의 경우, 광야에서는 하나님이 두려워 움츠러들었지만, 일단 하나님의 임재가 성전 안에 자리잡자 그것을 너무나 당연하게 여겼다. 하나님은 왕국의 일부가 되고 말았다.

이런 변화에 맞서 하나님은 조용히 다른 데로 마음을 돌리셨다. 구약 성경이 기술하는 어조의 변화를 보면 이 점을 쉽게 감지할 수 있다. 이스라엘에 등장한 처음 세 왕, 즉 사울, 다윗, 솔로몬에 대해서는 성경이 길게 기술하지만, 솔로몬 이후의 왕들에 관해서는 많은 것을 생략했다. 그들 대부분은 잊혀지고 만다. 대신에 하나님은 선지자들에게로 관심을 돌리셨다.

성경 참조 신명기 8장, 사무엘하 7장, 열왕기상 8 – 10장.

10
불과 말씀

많은 이들이 하나님의 보복이라고 여겼지만 그것은 사실 거룩하지 않은 우연의 일치였다. 2주일 전에 59세가 된 대성당 참사회 의원인 데이비드 젠킨스(David Jenkins)는 동정녀 탄생이나 부활을 문자 그대로 믿을 필요가 없다고 공공연히 주장했다. 그런 그가 요크 대성당(York Minster)에서 디럼의 주교(Bishop of Durham)로 공식 임명되었다. 물론 반대의 목소리가 높았다. 그로부터 3일이 채 시나시 않은 이른 아침에, 13세기 건축물인 이 대성당의 남쪽 주랑(십자형 교회의 좌우역주)에 벼락이 떨어졌다. 이 중세의 걸작품은 새벽 2시 30분까지 불길에 휩싸였다. 이 성당은 북유럽에서 가장 큰 고딕 양식 건물이었다.… 젠킨스를 비방하는 사람들은 이때다 싶었다. 이 사건이야말로 그들의 주장의 정당성을 입증한다는 것이었다.… 새 주교의 임명을 반대하는 바람에 쫓겨난 한 사제는 이 화재가 "하나님의 간섭하심"일 수 있다고 말했다. 어떤 이들은… 하늘에서 불을 내려 바알의 선지자들이 보는 앞에서 그가 쌓은 제단을 불살랐던 엘리야 선지자의 사건을 인용했다.

"타임", 1984년 7월 23일

문제는 요크 대성당에 벼락이 떨어진 사건이 너무 예외적이라는 것이다. 하늘에서 불이 내려와 유명한 성당 건물을 내리쳤다면, 무슬림의 모스크와 힌두교 성전은 말할 것도 없고, 정통 기독교 교리를 함부로 부인하는 모든 유니테리언 교회 건물은 왜 건재한가? 노골적으로 하나님을 모독한 버트런드 러셀(Bertrand Russell)은 벌도 안 받고 까탈스런 노인이 될 때까지 살았는데, 왜 데이비드 젠킨스는 하나님의 진노를 샀을까? 하나님이 잘못된 교리를 주장하는 사람들에게 일일이 벼락을 내리신다면, 지구는 매일 밤 크리스마스 트리처럼 불빛으로 번쩍거릴 것이다.

물론 거의 3천 년 전에 하늘에서 불이 내린 적이 있긴 했다. 그리고 그 후로 목회자들은 갈멜 산에서의 그 장면에 계속 관심을 기울인다. 이 이야기에는 톨킨의 판타지 같은 신비스러운 특성이 있다. 모르도르를 향해 떠나는 사명을 띤 프로도처럼, 엘리야는 이스라엘을 가로질러 험준한 사막 산으로 길을 떠났다. 850명의 거짓 선지자들을 상대로 전투를 치르기 위해 단신으로 떠난 것이다.

이스라엘에서 가장 거칠고 도전적인 선지자였던 엘리야는 마치 거장 마술사와도 같은 작업을 진행했다. 그는 제단에 열두 통의 물을 가득 뿌렸다. 이 물은 3년간이나 가물었던 당시에는 아주 소중한 생필품이었다. 엘리야가 온 나라를 상대로 엄청난 장난을 치는 것처럼 보일 때, 정말 일이 일어났다. 마른하늘에서 마치 유성처럼 불벼락이 떨어진 것이다. 그 열기가 어찌나 강했던지 돌과 흙이 녹았고, 불길은 제단에 뿌린 물을 마치 연료처럼 모두 핥아 버렸다. 군중은 두려움과 경외심으로 땅에 납작 엎드렸다. "여호와는 하나님이십니다! 여호와는 하나님이십니다!" 그들은 이렇게 소리쳤다.

대중 앞에서의 극적인 연출을 통해 하나님은 악의 세력을 때려눕히셨다. 이 장면이 믿음의 대표적인 기록으로 여기저기 등장하는 것도 놀랄 일이 아니다. 예수님 시대의 사람들이 예수님을 엘리야의 환생이라고 생각한 것도 당연하다. 심지어 이 시대에도 벼락이 성당을 내리쳤을 때 갈멜 산의 사건을 떠올리는 사람들이 있지 않은가.

하지만 콜로라도의 산장에 틀어박혀 성경을 한 번에 읽어 내려가는 동안, 나는 엘리야의 삶을 전혀 다른 각도에서 보게 되었다. 엘리야 그리고 그와 더불어 기적을 일으킨 선지자 엘리사는, 구약 시대 선지자의 전형으로서가 아니라 유별난 예외적 인물로 등장했다. 이들 이후에 등장한 선지자들은 그런 기적을 행한 흔적조차 찾아보기 힘들다. 우리가 그들의 능력을 갈망한다면, 잘못된 것을 갈망하는 것이다. 엘리야 시대의 표적과 이적은 역사 속에서 일시적인 현상일 뿐, 이스라엘 백성들에게 장기저인 효력을 미치지 못했다. 들불처럼 번지는 부흥도 일어나지 않았고, 잠시 종교적 열정이 불타올랐을 뿐, 이스라엘 국가는 장기적으로 꾸준히 하나님으로부터 멀어져 침체되었다. 갈멜 산의 목격자이기도 했던 아합 왕은 이스라엘에서 가장 사악한 왕이라는 오명을 남겼다.

갈멜 산에 내린 불은 엘리야에게도 그리 지속적인 영향력을 끼치지 못했다. 목숨을 잃을까 봐 겁에 질린 이 선지자는 아합의 아내 왕비 이세벨을 피해 40일 길을 도망쳤다. 그리고 하나님이 다음번에 엘리야에게 나타나셨을 때, 하나님은 불꽃 속이나 크고 강력한 바람 속이나, 지진 가운데 나타나시지 않았다. 그보다는 속삭임 속에서, 거의 침묵에 가까운 작고 가냘픈 소리 가운데 임하셨다. 이것은 다가올 놀라운 변화에 대한 예고였다.

선지자

엘리야 선지자를 따르는 건 힘든 일이었음이 분명하다. 갈멜 산에서의 한판 승부 이후 얼마 지나지 않아서, 또 한 명의 선지자 미가가 이와 아주 비슷한 상황에서 아합 왕 앞에 섰다. 엘리야처럼 그도 400명의 거짓 선지자들을 무릎 꿇리고 하나님께 받은 따끔한 메시지를 전했다. 하지만 하늘에서 불이 내려오기는커녕, 미가는 따귀를 맞고 감옥에 갇혔다.

엘리야와 엘리사 이후로 하나님은 자신의 초자연적인 능력을 조절하시고, 화려한 기적에서 말씀으로 옮겨 가신 것 같다. 이사야, 호세아, 하박국, 예레미야, 에스겔 등 대부분의 선지자들은 청중들 앞에 전능자의 놀라운 능력을 펼쳐 보인 일이 없었다. 그들에게는 오직 말씀의 능력만 있었다. 그리고 하나님이 더 멀어질수록 이 선지자들은 질문을 던지기 시작했다. 그것은 감정이 실린 질문들, 도저히 떨쳐 버릴 수 없는 질문들, 고통 속에서 내뱉는 질문들이었다. 그들은 하나님한테 버림받았다고 느끼는 백성들의 울부짖음을 소리 높여 하나님께 아뢰었다.

나는 언제나 선지자를 잘못 생각해 왔다. 그들이 엘리야처럼 이교도들에게 심판을 외치는, 손가락이나 까딱거리는 곰팡내 나는 늙은이들이라고 생각했다. 그러나 놀랍게도 선지자들의 글이 성경 어느 책보다 훨씬 '현대적'임을 발견했다. 그들은 우리 세대를 구름처럼 따라다니는 주제와 매우 동일한 주제들을 다루었다. 하나님의 침묵, 악이 실세인 듯한 현상, 해결되지 않은 세상 속의 고난 등. 사실 선지자들도 이 책에서 제기하는 질문, 즉 하나님의 불공평함, 침묵, 숨어 계심을 이야기한다.

이스라엘 선지자들은 역사상 누구보다도 열정적으로 하나님에 대한 실망감을 대놓고 표현했다. 그들은 물었다. 왜 불경한 나라들이 번영합니까? 세상에는 왜 그렇게 가난과 결핍이 있습니까? 왜 기적은 그렇게 드물니까? 하나님, 당신은 어디 계십니까? 왜 항상 우리를 잊으십니까? 왜 우리를 이렇게 오랫동안 버려두십니까? 당신을 보여 주십시오. 침묵을 깨고 말씀하십시오. 제발 행동 좀 취하시죠!

귀족이며 왕의 조언자였던 이사야는, 윈스턴 처칠이 간디와 다른 것만큼이나 엘리야와는 다른 모습을 보여 준다. 그는 고상하고 개인적인 어조로 목소리를 냈다. "진실로 주는 스스로 숨어 계시는 하나님이시니이다"라고 이사야는 말했다. "주는 하늘을 가르고 강림하시고 주 앞에서 산들이 진동"한다고 했다.

예레미야는 '성공 신학'에 소리 높여 저항했다. 그 시대에는 선지자들이 구덩이와 우물에 갇히고 심지어는 톱으로 켬을 당하기도 했다. 예레미야는 하나님을 유약한 사람에 비유했다. "놀란 자 같으시며 구원하지 못하는 용사" 같다고 말했다. 볼테르(Voltaire)도 이보다 더 잘 표현하지는 못했을 것이다. 전능하고 사랑 그 자체이신 하나님이 어떻게 세상이 이 지경이 되도록 내버려둘 수 있단 말인가?

하박국은 하나님께 왜 "공의가 편만하지 않은지" 설명해 달라고 도전했다.

> 여호와여 내가 부르짖어도 주께서 듣지 아니하시니
> 어느 때까지리이까?
> 내가 강포로 말미암아 외쳐도
> 주께서 구원하지 아니하시나이다.
> 어찌하여 내게 죄악을 보게 하시며

패역을 눈으로 보게 하시나이까?

모든 이스라엘 백성들과 마찬가지로, 선지자들도 승리의 이야기를 들으며 자랐다. 어린 시절에 그들은 하나님이 어떻게 그들을 노예 생활에서 해방시켰고, 하늘에서 내려와 그들과 함께 거하셨으며, 그들을 약속의 땅으로 인도하셨는지를 배웠다. 하지만 이제 그들이 보는 미래의 환상을 천천히 돌아가는 영상처럼 자세히 보면, 그 모든 승리들이 허사가 되었다. 잊지 못할 솔로몬 시절의 영광과는 철저히 대조적이다. 에스겔 선지자는 하나님의 영광이 일어나 성전 위를 맴돌다 사라지는 걸 지켜보았다.

에스겔이 환상으로 본 것을 예레미야는 가혹한 현실 속에서 보았다. 바빌론의 병사들이 성전에 들어와 노략질하고 모조리 불태웠다. 이교도가 지성소에 들어오다니! (역사가들은 성전에 들어온 병사들이 보이지 않는 히브리의 신을 찾느라 허공을 창으로 마구 찔러댔다고 기록한다.) 예레미야는 충격을 받아 예루살렘의 버려진 거리를 방황했다. 마치 히로시마 원폭의 생존자가 폐허 위에서 비틀거리는 모습과도 같았을 것이다. 이스라엘의 왕은 차꼬에 묶이고 눈이 뽑혔으며, 왕자들은 살육당했다. 예루살렘이 마지막으로 포위당했을 때 그곳의 고상한 여인들은 자기 자녀를 잡아먹었다.

그럴 때 선지자는 어떤 심정이었을까? 예레미야는 이렇게 말한다.

> 딸 내 백성이 상하였으므로 나도 상하여
> 슬퍼하며 놀라움에 잡혔도다.…

어찌하면 내 머리는 물이 되고
내 눈은 눈물 근원이 될꼬.
죽임을 당한 딸 내 백성을 위하여
주야로 울리로다.…
내 마음이 상하며
내 모든 뼈가 떨리며
내가 취한 사람 같으며
포도주에 잡힌 사람 같으니.

하지만 선지자들의 '현대적인' 관점이나 실망감을 열렬히 부르짖는 태도는 그들의 가장 놀라운 특징이 아니다. 이 열일곱 권의 예언서들을 자세히 살펴보는 이유는, 선지자들의 탄탄한 질문에 대한 하나님의 답변이 들어 있기 때문이다.

성경 참조 열왕기상 17 – 19, 22장, 예레미야 애가 5장, 이사야 45, 64장, 예레미야 14장, 하박국 1장, 예레미야 8 – 9, 23장.

11
상처 입은 연인

하나님은 자신이 세상을 운행하는 방식을 변호하면서 되받아 말씀하셨다. 그분은 화를 폭발하고 호통 치고 우셨다. 그리고 이렇게 말씀하셨다.

나는 침묵하고 있지 않다. 나는 선지자들을 통해 말해 왔다.

우리는 하나님의 계시를 극적인 효과에 따라 등급을 매기는 경향이 있다. 현란하게 나타나시는 것이 최고점을 차지하고, 초자연적인 기적이 그다음 등급, 선지자들의 말은 가장 낮은 등급이다. 예를 들면 갈멜 산에 불이 내린 사건은 예레미야의 애절한 설교보다 더 설득력이 높다. 하지만 하나님은 그런 등급을 인정하시지 않는다. 역설적이지만, 하나님은 그분의 침묵에 질문을 던진 선지자들 자체가, 그분이 우리에게 관심이 있다는 증거라고 명확히 말씀하신다. 에스겔과 예레미야와 다니엘과 이사야 같은 이들이 있는 나라가 어떻게 하나님이 침묵하신다고 불평할 수 있단 말인가?

하나님은 '단순한 말'을 기적보다 열등한 증거로 보시지 않았다. 어쨌든 기적도 이스라엘 백성의 믿음에 그리 지속적인 영향력을 끼치지 못했다. 하지만 선지자들은 백성을 향한 하나님의 제안들을 영구히 기록하여, 다음 세대에게 전수할 것이었다. 때로는 하나님도 과거의 기적이 자신의 사랑의 증거라고 하셨지만, 대체로는 분통을 터뜨리는 부모의 마음과 비슷한 어조로 이렇게 말씀하셨다. "너희 조상들이 애굽 땅에서 나온 날부터 오늘까지 내가 내 종 선지자들을 너희에게 보내되 끊임없이 보내었으나 너희가 나에게 순종하지 아니하며 귀를 기울이지 아니하고." 하나님은 백성들이 정말로 여호와의 말씀을 원하는 게 아니라는 결론을 내리셨다. 그리고 백성들은 하나님의 생각이 옳음을 증명했다. 그들이 이사야에게 한 경고를 보라. "우리에게 바른 것을 보이지 말라. 우리에게 부드러운 말을 하라. 거짓된 것을 보이라.… 이스라엘의 거룩하신 이를 우리 앞에서 떠나시게 하라."

내가 진정으로 내 임재를 거두어 들였노라.

선지자들이 "하나님, 왜 숨어 계십니까?" 하고 소리 높여 불평할 때 하나님은 반박하시지 않았다. 그들의 말에 동의하셨고, 왜 그렇게 거리를 둘 수밖에 없는지를 설명하셨다.

하나님은 자신이 이스라엘 백성에게서 보신 것들이 역겹다고 예레미야에게 표현하셨다. 부정한 이득, 무고한 자들의 피 흘림, 압제, 강탈 등. 예레미야는 그들이 기도한답시고 두 손을 내민 것도 보기 싫어서 하나님이 눈을 가리셨다고 말했다. 그들의 손이 피로 물들어 있기 때문이다.

에스겔에게는 이스라엘의 반역이 도를 넘었고, 그래서 "그들을 자기 죄에 넘겨" 주었다고 설명하셨다. 하나님은 한발 물러섰고, 그 백성이 스스로 자기 길을 선택하고 그 결과도 책임지게 하셨다.

스가랴에게는 "내가 불러도 그들이 듣지 아니한 것처럼 그들이 불러도 내가 듣지 아니하리라"고 말씀하셨다.

내가 더디 행동하는 것은 나약하기 때문이 아니라 긍휼 때문이다.

하나님이 즉각 벌을 내리시지 않으면 이스라엘 백성은 하나님이 능력을 잃었다고 생각했다. "하나님은 아무 행동도 안 하실 거야! 우리는 아무 해도 입지 않을 거야. 절대로 전쟁이나 가뭄을 겪지 않을 거야." 하지만 그들의 생각은 틀렸다. 하나님이 스스로에게 가하신 제한은 막간에 그들에게 베푸신 긍휼로, 이스라엘에게는 근신 기간이 주어진 셈이었다. 더 이상 대안이 없는 부모처럼, 하나님은 마지못해 벌을 내리신 것이다.

이스라엘은 이방 민족의 침략을 받는 형태의 처벌을 받았다. 하지만 선지자들은 또한 마지막 때에 임할 '주의 날'에 대해서도 말했다. 새 하늘과 새 땅에 대한 찬란한 기사 사이에 끼인 기간은 이제까지 표현되었던 그 어떤 종말론적 환상보다 가장 끔찍했다. 디트리히 본회퍼(Dietrich Bonhoeffer)는, 마지막 말을 듣기 전에 그 바로 직전의 말을 들어야 한다고 말했다. 나는 마지막 날에 대한 선지자들의 기록을 공부하면 할수록, 하나님이 인간사에 간섭하시는 걸 분명히 '꺼려하셨음'을 확신하게 된다.

나도 하나님께 실망한 기간 동안, 하나님께 능력으로 역사해 달라고 간구했다. 정치적 압제와 불공평과 불의에 대항하는 기도도 했다. 하나님이 살아 계신다는 증거로 기적을 일으켜 달라고도 기도했다. 하지만 하나님이 마침내 모든 걸 떨치고 일어서실 날을 묘사한 선지자의 글을 읽다 보니, 한 가지 기도가 다른 모든 기도보다 중요해진다. 바로 "하나님, 그때 저는 그 자리에 없었으면 좋겠습니다"라는 기도다. 하나님은 자신의 능력을 행사하기를 유보하고 계신다. 그 유보된 제한은 바로 우리의 유익을 위해서다. 하늘로부터 직접적인 행동을 요구하는 냉소적인 사람들에게 선지자들은 심상치 않은 충고를 한다. '기다리라'는 것이다.

내 심판이 혹독해 보이지만, 사실 나는 너희들과 함께 고통받고 있다.

하나님은 가장 깊은 감정을 선지자들에게 드러내셨다. 예를 들면, 이스라엘의 적국이었던 모압이 멸망할 때 하나님이 어떻게 느끼셨는지를 이렇게 표현하셨다.

> 내가 모압을 위하여 울며
> 온 모압을 위하여 부르짖으리니…
> 나의 마음이 모압을 위하여 피리같이 소리하며….

이스라엘은 하나님의 택한 백성이었기 때문에 그들이 수치와 굴욕을 당하면 하나님도 같이 당하셨다. 이스라엘 백성은 성전의 향나무 기둥을 마구 난도질하는 바빌론 군대를 공포에 떨며 바라보았다. 그들이 침략한 곳은 하나님의 집이었고 하나님은 그 침략을 하나님 자신에 대한 신성모독으로 여기셨다. 성전이 파괴되었을 때 하나님의 집이 파괴되었다. 유대인들이 사로잡혀 갔을 때 하나님도 사로잡혀 가셨다. 그리고 정복자들은 이스라엘의 전리품을 나누면서 이스라엘 백성이 아니라 그들의 유약한 하나님을 조롱했다. "그들이 이른바 그 여러 나라에서 내 거룩한 이름이 그들로 말미암아 더러워졌나니 곧 사람들이 그들을 가리켜 이르기를 이들은 여호와의 백성이라도 여호와의 땅에서 떠난 자라 하였음이라."

이사야의 유려한 말 한마디가 하나님의 시각을 요약해 준다. "그들의 모든 환난에 동참하사." 하나님은 얼굴을 가리셨을지 모르지만, 그 얼굴에서는 눈물이 흐르고 있었다.

이 모든 것에도 불구하고 나는 언제든지 너희를 용서할 준비가 되어 있다.

때로 하나님은 이스라엘 백성을 혹독하게 꾸짖다가 잠시 멈추고는 (문자 그대로 중간에) 회개하라고 애원하셨다. 이스라엘에서 가장 사악한 왕이었던 아합은 갈멜 산 사건 이후에도 회개할 기회가 있었고, 그 후에도 기회는 계속 열려 있었다. 하나님은 에스겔에게 말씀하셨다. "나는 악인이 죽는 것을 기뻐하지 아니하고 악인이 그의 길에서 돌이켜 떠나 사는 것을 기뻐하노라. 이스라엘 족속아 돌이키고 돌이키라. 너희 악한 길에서 떠나라. 어찌 죽고자 하느냐." 하나님은 예루살렘에 정직한 사람이 한 명만 있어도 예루살렘을 멸망시키지 않겠다고 예레미야에게 말씀하셨다.

요나서는 하나님이 인간을 얼마나 용서해 주고 싶어 하시는지를 가장 잘 보여 준다. 요나서에는 예언이 단 한 가지밖에 없다. "사십 일이 지나면 니느웨가 무너지리라"는 예언이다. 하지만 재앙에 대한 이 한마디 선포로 요나에게는 정나미 떨어지는 일이 벌어졌다. 니느웨에 영적 부흥의 불길이 일어나서 니느웨를 벌하려던 하나님의 계획이 변경된 것이다. 말라빠진 박 넝쿨 아래서 시무룩해 있던 요나는 자기가 하나님의 온유한 마음을 줄곧 의심했음을 인정했다. "주께서는 은혜로우시며 자비로우시며 노하기를 더디 하시며 인애가 크시사 뜻을 돌이켜 재앙을 내리지 아니하시는 하나님이신 줄을 내가 알았음이니이다." 고집 센 선지자, 바다의 풍랑, 큰 물고기 뱃속에서의 3일 밤낮 등 온갖 무모한 일들이 일어난 것은, 모두 요나가 하나님을 신뢰하지 못했기 때문이다. 그는 하나님이 니느웨에 대해 혹독하고 가차 없이 행하실 거라고 신뢰하지 못했다.

로버트 프로스트(Robert Frost)가 이 사건을 요약한 대로, "요나 이후로 우리는 하나님이 다시는 자비를 베풀지 않는 냉정한 분이라고 믿지 않게 되었다."

열심

하나님이 선지자들의 질문에 직접 답하셨음에도, 이스라엘은 그 답에 만족하지 못했다. 재난 뒤에 숨은 이유를 알았다고 해서 고통과 배신감이 줄어드는 건 아니다. 그리고 사실 하나님의 이성적인 '변론'은 거의 항상 무시되는 것 같다. 선지자들은 지적인 질문들보다는 하나님의 마음에 가장 큰 관심을 두었다. 하나님이 된다는 건 어떤 느낌일까? 이것을 알려면 선지자들이 계속해서 하나님을 비유로 설명한 이미지, 즉 부모로서의 하나님, 연인으로서의 하나님을 생각해 보면 된다.

처음으로 부모가 된 사람들의 말을 들어보라. 온통 한 가지 주제밖에 이야기하지 않는다. 바로 아기에 관해서다. 그들은 아직 쭈글쭈글하고 불그스레한 자기 아기가 세상에서 가장 예쁘다고 난리다. 아기가 처음 옹알이한 때, 처음으로 걸음마 한 장면을 찍느라 야단이다. 사실은 지구상에 살았던 수십억 인구가 모두 거쳐 간 지극히 평범한 기술인데도 말이다. 하지만 인간관계 속에서는 처음 부모가 된 사람의 기쁨과 자부심을 그런 이상한 행동으로 표현한다.

하나님도 이스라엘을 선택하면서 그런 관계를 추구하셨다. 그분은 모든 부모가 원하는 관계, 바로 부모의 사랑에 자녀가 보답하는 화목한 가정을 원하셨다. 하나님이 초창기 시절을 회상하면서 부르는 노래에는 자부심이 담겨 있다. "에브라임은 나의 사랑하는 아들, 기뻐하는 자식이 아니냐?" 하지만 하나님이 부모에서 연인으로, 상처받은 연인으로 갑자기 시각을 바꾸면서부터 이 기쁨은 사그라진다. '내가 뭘 잘못했단 말이냐?' 하나님은 슬프고 두렵고 화난 어조로 이렇게 주장하신다.

> 내가 그들을 배불리 먹인즉
> 그들이 간음하며
> 창기의 집에 허다히 모이며
> 그들은 두루 다니는 살진 수말같이
> 각기 이웃의 아내를 따르며 소리 지르는도다.
> 내가 어찌 이 일들에 대하여 벌하지 아니하겠으며.

예언서들을 읽다 보면 마치 상담가가 하나님을 내담자로 상대하고 있는 모습이 떠오른다. 상담가가 전형적인 질문을 하나 던진다. "지금 기분이 어떠신지 한번 말씀해 보세요." 그러자 하나님이 말씀하신다.

"제 기분요? 저는 거부당한 부모가 된 기분입니다. 구덩이에 빠져 거의 죽게 된 여자 아기를 집에 데려와 제 딸로 삼았어요. 아기를 씻겨 주고, 학교도 보내 주고, 먹여 살렸죠. 그 애를 너무나 사랑해서 옷도 사 입히고 보석으로 치장도 해주었어요. 그런데 어느 날 이 녀석이 집을 나가 버렸어요. 완전히 망가진 인생을 살고 있다는 말이 들려요. 제 이름이 거론되면 저를 저주한다네요."

"제가 어떤 기분인지 더 말씀드리죠! 저는 실연당한 느낌이에요. 제 애인이 바짝 말라 쇠약하고 학대당하고 있는 걸 보고 집으로 데려와 보듬어 주고 빛나는 미녀로 만들었죠. 그녀는 내게 소중한 사람이며 세상에서 가장 아름다운 여인이었어요. 저는 그녀에게 선물과 사랑을 쏟아 부었어요. 그런데 그녀가 저를 버리고, 제 절친한 친구든 원수든 가리지 않고 닥치는 대로 쫓아다니는 거예요. 길거리에 서 있질 않나, 나무 그늘 아래 누워 있질 않나. 게다가 창녀보다도 못한 게, **돈까지 주어 가면서** 성관계를 맺는다니까요. 저는 배신당하고 버림받고, 부정한 여자의 남자가 된 기분이에요."

하나님은 자신의 상처를 숨기지 않으신다. 그분은 이스라엘에 대해 충격적인 표현을 쓰신다. "발이 빠른 암낙타가 그의 길을 어지러이 달리는 것과 같았으며 너는 광야에 익숙한 들암나귀들이 그들의 성욕이 일어나므로 헐떡거림 같았도다."

하나님은 말로는 그 심정을 다 표현할 수 없다는 듯이, 용감한 선지자 호세아에게 직접 행동으로써 생생한 비유를 보여 주라고 부탁하셨다. 호세아는 하나님의 명령에 따라, 평판이 가장 나쁜 고멜과 결혼했다. 그 때부터 이 가련한 남자는 한 편의 드라마 주인공 같은 삶을 산다. 고멜은 시시때때로 집을 나가 방황하며 다른 남자를 사랑했다. 그리고 믿기 어렵지만, 그때마다 하나님은 호세아에게 고멜을 다시 데려와 용서해 주라고 지시하셨다.

하나님은 호세아의 불행한 이야기를 통해 자신의 쓰라린 감정을 보여 주셨다. 하나님은 이스라엘을 처음 발견했을 때는 마치 사막에서 포도송이를 발견한 것 같았다고 말씀하셨다. 하지만 이스라엘이 계속적으로 신뢰를 깨뜨리는 바람에, 하나님은 상처 입은 연인이 겪는 끔찍한 수치심을 견뎌야만 했다. 그분의 말투는 거의 자기 연민에 가깝다. "내가 에브라임에게는 좀 같으며 유다 족속에게는 썩이는 것 같도다."

버림받은 연인이라는 강력한 이미지를 생각해 보면, 하나님이 선지자들에게 말씀하실 때 왜 몇 초마다 '마음을 바꾸시는' 것처럼 들리는지 이해할 수 있다. 하나님은 이스라엘을 완전히 쓸어 버릴 준비를 하신다. 그러다 잠깐 멈추고는 또다시 막 울면서 두 팔을 활짝 벌리신다. 그러다 또다시 단호한 심판을 선포하신다. 이런 변덕은 연인에게 버림받은 사람에게서만 볼 수 있는 지극히 비이성적인 행동이다.

선지자들의 말은 마치 얇은 아파트 벽을 타고 들려오는 연인들의 말다툼처럼 들린다. 내 이웃 한 사람은 그런 갈등을 2년 동안 겪었다. 11월에는 불성실한 남편을 당장이라도 죽일 태세였다. 2월이 되자 그를 용서하고 다시 집으로 불러들였다. 4월에는 이혼 소송을 시작했다. 그러다 8월에는 소송을 철회하고 남편에게 다시 돌아오라고 부탁했다. 그녀의 사랑이 영원히 거부당했다는 끔찍한 현실을 인정하기까지는 2년이 걸렸다.

하나님은 이렇게 분노, 슬픔, 용서, 질투, 사랑, 고통의 순환을 고스란히 겪으셨다. 선지자들은 하나님이 무슨 말로 그 백성의 난난한 마음을 뚫고 들어갈지 갈등하는 모습을 보여 준다. 우리 이웃집 여자가 마음이 멀어진 남편과 전화 통화를 하다 전화를 끊어 버리듯이, 하나님은 선지자들에게 말씀하신다. 더 이상 이스라엘 백성들의 기도를 듣지 않겠노라고. 그러다가 그 이웃의 마음이 누그러지듯이, 하나님도 마음이 누그러져서 자기 백성들에게 다시 한 번 노력해 보라고 애걸하신다. 때로는 하나님의 사랑과 분노가 충돌하는 것 같다. 하지만 마침내 그분은 어떤 대안도 소용이 없고, 포기해야만 한다는 결론을 내리셨다. "내 백성의 죄에 대해 내가 달리 어찌하랴?"

내 친구 리처드는 하나님이 그를 '실망시켰을 때' 느낀 깊은 배신감에 대해 말했다. 그의 약혼녀가 갑자기 그와 절교했을 때도 정확히 그런 느낌이었다. 하지만 선지자들, 특히 호세아는 무엇보다도 가장 중요한 메시지 하나를 전달한다. 하나님이야말로 배신당한 쪽이었다. 바람을 피운 건 하나님이 아니라 이스라엘이었다. 이스라엘의 선지자들은 하나님에 대한 깊은 실망감을 드러내면서, 하나님은 멀리 계시고 무관심하며 침묵하신다고 비난했다. 하지만 하나님이 말씀을 시작하시자, 수세기 동안 억눌렸던 감정을 쏟아내신다.

"내가 달리 어찌하랴?" 예레미야에게 던지신 하나님의 이 질문은, 자유의 여지를 주신 전능하신 하나님의 딜레마를 첨예하게 보여 준다. 하늘을 나는 황새는 계절을 알고, 바다에 일렁이는 파도는 시간을 알며, 철이 되면 흰 눈은 늘 산머리를 덮건마는, 인간은 자연과 전혀 다르다. 하나님은 인간을 조종할 수 없다. 그렇다고 인간을 내버려 둘 수도 없다. 인류를 마음에서 지울 수가 없는 것이다.

성경 참조 예레미야 7장, 이사야 30장, 예레미야 5장, 에스겔 20장, 스가랴 7장, 예레미야 5, 48장, 에스겔 36장, 이사야 63장, 에스겔 33장, 요나서 3–4장, 예레미야 31, 5, 2장, 호세아 9, 5장, 예레미야 9장.

12
믿을 수 없을 만큼 아름다운 진실

슬픔이 녹아지네

오월의 흰 눈처럼

그토록 차가운 건 세상에 없다는 듯

조지 허버트, "꽃"

스코틀랜드의 위대한 설교가이자 작가인 조지 맥도널드(George MacDonald)가 어느 날 아들과 대화를 나누고 있었다. 주제가 하늘나라와 선지자가 본 마지막 때의 환상으로 옮겨 가자, 그의 아들은 이렇게 말했다. "너무 아름다워서 진실이라고 믿기 어렵네요." 수염이 덥수룩한 맥도널드의 얼굴에 미소가 번졌다. 그가 대답했다. "아니란다. 그렇게 아름다우니까 반드시 진실이어야만 하지!"[1]

소망만큼 깊이 흐르는 인간의 감정이 또 있을까? 동화는 수세기에 걸쳐서 해피엔딩에 대한 확고한 소망을 이야기해 왔다. 결국 사악한 마녀는 죽고, 용감하고 순수한 아이들은 어떻게든 피할 길을 찾아낼 것이다. 토요일 아침마다 방영되는 십수 편의 만화 영화들은 그 영화에 넋이

나간 아이들에게 이와 비슷한 메시지를 주입한다. 현실에서는 도저히 찾아볼 수 없을 만큼 재미있는 결말을 냉소적인 시선으로 보기에는 아이들이 너무 어리다. 하지만 현실을 보면 폭격이 점점 가까워지는 전쟁 구역 한가운데에서 어머니가 아기를 가슴에 꼭 끌어안고 머리를 쓰다듬으며 말도 안 되는 소리를 속삭인다. "아가야, 괜찮아질 거야."

그런 소망은 어디서 오는가? 시대를 막론하고 동화에 끌리는 양상을 톨킨은 이렇게 설명한다.

> [동화는] 슬픔과 실패가 존재하는 걸… 부인하지 않는다. 구원받는 기쁨이 있으려면 슬픔과 실패는 꼭 필요하기 때문이다. 하지만 동화는 (증거를 찾으려면 얼마든지 찾을 수 있는) 보편적인 최후의 실패를 부인하고… 덧없는 순간의 기쁨을 준다. 깊은 슬픔만큼이나 통렬한, 세상의 벽 너머에 있는 기쁨을.[2]

선지자들의 메시지는 마지막 부분을 빼면 완전하지 않다. 그들이 소리 높여 주장하는 그 마지막 메시지는, 세상이 결국 '보편적인 실패'가 아니라 기쁨으로 끝날 것이라는 점이다. 그들은 불길한 시기에 두려움에 사로잡힌 청중들에게 말했고, 때로 가뭄과 메뚜기로 인한 역병과 적국에게 포위될 거라는 무시무시한 예언은 그 두려움에 불을 질렀다. 하지만 열일곱 권의 예언서를 보면 구약의 선지자들은 모두가 한결같이 소망의 말을 빼놓지 않았다. 상처 입은 연인은 고통에서 회복될 거라고 이사야는 약속한다. "내가 잠시 너를 버렸으나 큰 긍휼로 너를 모을 것이요."

마침내 선지자들이 어조를 바꾸어 세상의 벽 너머에 있는 기쁨을 묘사할 때, 그들의 목소리는 노래하는 새처럼 날아오른다. 하나님은 세상을 양탄자처럼 말아 버리고 새롭게 짜실 것이다. 늑대와 양이 같은 들판에서 양식을 먹을 것이며, 사자가 소 옆에 평화롭게 누워 풀을 뜯을 것이다.

말라기는, 그날에는 사람들이 우리에서 놓여난 송아지처럼 뛸 것이라고 말한다. 그때는 두려움도 고통도 없을 것이다. 영아가 죽는 일도 없고, 눈물 흘릴 일도 없을 것이다. 열방 가운데 평화가 강물처럼 흐를 것이며 군대는 무기를 녹여 농기구를 만들 것이다. 그날에는 하나님이 숨으셨다고 불평하는 사람도 없을 것이다. 그분의 영광이 온 땅에 가득할 것이며, 그분의 영광에 태양조차 빛을 잃을 것이다.

선지자들은 인간 역사를 그 자체로 끝이 아닌 전환기로 보았다. 하나님이 조성하실 새 하늘과 새 땅 그리고 에덴동산 사이에 끼여 있는 중간기로 보았다. 모든 것이 통제를 벗어난 것처럼 보일 때도, 하나님은 통제하고 계시며, 언젠가는 자신을 확실히 드러내실 것이다.*

---

* 선지자들이 보는 미래 세계에 대한 비전에서 전혀 위로를 얻지 못하는 사람들도 있다. 그들은 '뜬구름 잡는 소리'라고 말한다. "교회는 이 구절을 이용해서 수세기 동안 노예 제도와 압제 그리고 온갖 형태의 불의를 정당화했다. 그들은 가난한 자들이 이 땅에서 너무 많은 걸 요구하지 않도록 하늘에 대한 소망을 계속 불어넣었다." 교회가 선지자들의 비전을 남용했기 때문에, 이런 비판도 일리는 있다. 그러나 선지자들 자신을 보면 '뜬구름 잡는 소리'라는 논리는 통하지 않는다. 아모스, 호세아, 이사야, 예레미야는 과부와 고아와 나그네를 돌보아야 하며, 부패한 법정과 종교 제도를 청산해야 한다고 사정없이 질타했다. 하나님의 백성은 하나님이 개입하셔서 잘못된 걸 모두 바로잡을 날을 기다리며 그저 시간만 재고 앉아 있는 자들이 아니다. 그들은 새 하늘과 새 땅의 본이 되어, 하나님이 언젠가 이루실 것들에 대한 갈망을 일깨우는 자들이다.

중간기

그렇다면 지금은 어떻게 해야 하는가? 하나님께 실망한 문제들에 대해 의미 있는 답변을 얻으려면 죽을 때까지 기다려야 하는가? 선지자들이 죽은 후에 유대인들은 그런 질문을 제기하기 시작했다. 왜냐하면 하늘이 다시 한 번 침묵에 들어갔기 때문이다. "우리에게는 기적도 일어나지 않고, 선지자들도 남아 있지 않습니다. 이 침묵이 얼마나 오래갈지 아무도 모릅니다. 오, 하나님, 원수가 얼마나 오랫동안 우리를 조롱하겠습니까?"

고향에서 쫓겨나 또다시 노예가 된 유대인들은 구원자와 평화로운 미래를 약속한 선지자들의 약속에 매달렸다. 수십 년, 심지어 수백 년이 흐르는 동안 바빌론, 페르시아, 이집트, 그리스, 시리아, 로마 등 여러 제국이 융성했다 스러지고, 군사들은 팔레스타인의 평원에서 서로 쫓고 쫓기는 각축전을 벌였다. 이 제국들은 매번 식은 죽 먹기보다 쉽게 이스라엘을 복속시켰다. 때로는 이스라엘 족속이 멸망할 위기도 겪었다.

그런 압제에서 유대인들을 이끌어 낼 모세 같은 인물은 나타나지 않았다. 하늘에서 불을 내리는 엘리야도 없었다. 예루살렘 성전에는 아무 빛도 비치지 않았다. 헤롯 왕이 허세를 부려 다시 성전을 짓기 전까지만 해도 성전은 반쯤 짓다 만 상태였고, 한 무더기 쌓여 있는 잡석은 영광은커녕 그들의 수치를 드러냈다.

구약 마지막 부분에서 하나님은 숨어 버리셨다. 당신의 얼굴을 가려 버리겠다고 으름장을 놓으셨고, 정말 그렇게 하셨다. 그러자 온 세상에 어두운 그늘이 짙게 깔렸다. 그로부터 25세기 이후 현재 우리가 하나님께 느끼는 실망감은, 하나님이 등을 돌렸을 때 유대인들이 느꼈던 충격에 비하면 희미한 사후 충격에 불과하다. 오늘날 우리는 과거의 교훈을 돌아보며 약간의 위로를 얻을 수도 있다. 하나님이 너무 가까이 개입하시면 오히려 '불이익'이 생긴다는 점을 생각해 볼 수도 있다. 그분의 임재는 너무도 밝아서 우리에게 화상 자국을 남기고, 거리감을 형성하며, 설상가상으로 그 개입이 믿음을 키워 주는 것 같지도 않다는 것이다. 또한 눈물과 고통이 없는 영원한 생명을 고대하며 위로를 찾을 수도 있다. 새로운 차원의 어딘가에서 하나님의 임재를 충분히 견뎌 낼 수 있는 존재로 변화된 그때를 말이다. 하지만 그사이 중간기에는 어떻게 해야 하는가? 유대인들처럼 우리도 숨어 계시는 하나님께 실망하고, 가슴에 통증을 느끼며, 절대 완전히 사라지지 않는 의심을 품게 된다.

400년이라는 기간은 구약의 말라기에 나온 마지막 말씀과 신약의 마태복음에 등장한 첫 번째 말씀을 구별한다. '침묵의 400년'이라고 부르는 이 시기는 하나님에 대한 실망으로 특징 지어진다. 과연 하나님은 우리에게 관심이 있으신가? 도대체 살아 계시기나 한가? 유대인들이 아무리 기도해도 하나님은 귀가 먹은 것 같았다. 하지만 이 모든 상황에도 불구하고 유대인들은 메시아를 기다렸다. 다른 소망이 없었으니까.

"내가 달리 어찌하랴?" 하나님은 물으셨다. 그런데 뭔가 다른 게 있었다. 힘으로 얻을 수 없는 것을 그분은 고난으로 얻으실 생각이었다.

하나님은 우리와 함께 우신다. 언젠가는 우리가 하나님과 함께 웃을 수 있도록.

위르겐 몰트만

1_ Greville MacDonald, *George MacDonald and His Wife*, p. 172.
2_ J. R. R. Tolkien, *The Tolkien Reader*, pp. 68-69.

성경 참조 이사야 54장, 말라기 4장, 시편 74편.

PART THREE

더 가까이: 아들

13
내려오심

키르케고르는 비천한 하녀를 사랑한 어느 왕에 대한 이야기를 썼는데 내용은 이렇다.

그 왕은 여느 왕들과는 달랐다. 모든 신하들이 그의 권세에 벌벌 떨었다. 한마디라도 감히 왕의 말을 반대하는 사람은 아무도 없었다. 그에게는 모든 반대자를 짓밟아 버릴 능력이 있었기 때문이다. 그런데 이 강력한 왕의 마음이 비천한 하녀에 대한 사랑으로 녹아 버렸다.

어떻게 그녀에게 사랑을 표현할 수 있을까? 묘하게도, 왕이라는 그의 신분이 그의 손발을 묶어 버렸다. 물론 그녀를 왕궁으로 데려가 보석으로 치장한 왕관을 씌우고 왕족의 옷을 입혀 주면 그녀는 거부하지 않을 것이다. 아무도 감히 그를 거부하지 못하니까. 하지만 그녀는 정말 그를 사랑할까?

물론 사랑한다고 말은 하겠지만, 정말로 사랑할까? 혹시 두려움 때문에 그와 살기는 하지만, 예전의 삶을 남몰래 그리워하며 슬퍼하지는 않을까? 그녀가 왕과 함께 있는 걸 행복해 할까? 왕은 그걸 어떻게 알 수 있을까?

그가 왕실 전용 마차를 타고 무장한 호위병을 거느리고 깃발을 나부끼며 숲 속에 있는 그녀의 오두막집에 간다면, 그녀는 겁을 먹을 것이다. 그는 움츠러든 신하가 아니라, 동등한 자격의 연인을 원했다. 그녀가, 그는 왕이고 자신은 미천한 하녀라는 사실을 잊은 채, 두 사람 사이의 신분의 차이를 넘어서기를 원했다.

"왜냐하면 오직 사랑만이 불평등한 관계를 평등하게 만들 수 있기 때문이다." 키르케고르는 이렇게 결론을 내렸다. 그 하녀의 자유를 짓밟지 않고는 그녀를 끌어올릴 수 없음을 깨달은 왕은 자기가 **내려가기로** 결심했다. 그래서 낡고 허름한 외투 자락을 펄럭이는 거지꼴을 하고 그녀의 오두막을 찾아갔다. 그것은 단순한 변장이 아니라 그가 취한 새로운 정체성이었다. 그는 그녀의 마음을 얻기 위해 자기의 왕좌를 버렸다.[1]

예수 그리스도에 관해서 키르케고르가 비유로 표현한 것을 사도 바울은 다음과 같이 표현했다.

> 그는 근본 하나님의 본체시나
> 하나님과 동등됨을 취할 것으로 여기지 아니하시고
> 오히려 자기를 비워
> 종의 형체를 가지사
> 사람들과 같이 되셨고
> 사람의 모양으로 나타나사
> 자기를 낮추시고

죽기까지 복종하셨으니

곧 십자가에 죽으심이라.

인간을 다룰 때 하나님은 때로 자신을 겸손히 낮추셨다. 나는 구약성경을 하나님의 '낮아짐'(condescensions, 같이 있으려고 내려옴)에 대한 장구한 기록이라고 본다. 하나님은 아브라함, 모세, 이스라엘 백성 그리고 선지자들에게 말씀하시기 위해 여러 형태로 자기를 낮추셨다. 하지만 400년 동안 침묵하신 후에 그분이 스스로를 낮추신 것과 비교할 수 있는 것은 아무것도 없다. 키르케고르의 비유에 나오는 왕처럼, 하나님은 새로운 형태의 옷을 입으셨다. 스스로 인간이 되신 것이다. 그것은 상상을 초월하는 가장 충격적인 낮아짐이었다.

두려워 말라

해마다 성탄절 발표회 때면 주일학교 아이들이 예수님의 탄생을 연극으로 꾸며 발표한다. 그때 천사 역을 맡은 아이가 하는 말이 있다. "두려워 말라!" 여섯 살짜리 아이가 침대보를 둘둘 말고 나와 바닥을 질질 끌면서 말한다. 옷걸이로 만든 날개가 달달 떠는 아이의 몸에서 살짝 흔들린다. 아이는 소매 속에 감추어 둔 대사를 슬쩍 들여다본다. "두려워 말라. 내가 큰 기쁨의 소식을 전하러 왔노라." 그 아이는 이미 사가랴와(이 역할은 그의 형이 맡았는데, 테이프로 솜을 붙여 수염을 만들었다) 마리아에게도(주근깨가 다닥다닥한 2학년짜리 여자아이가 분했다) 나타났다. 그 둘에게도 동일한 인사말을 했다. "두려워 말라…."

이 말은 하나님이 아브라함과 하갈과 이삭에게도 처음으로 하신 말씀이었다. "두려워 말라!" 천사는 기드온과 선지자 다니엘에게도 이렇게 인사했다. 초자연적인 존재에게 있어서 이 말은 마치 "안녕, 잘 지냈어?"에 해당하는 말이었다. 놀랄 일도 아니다. 초자연적인 존재가 말을 하면, 인간은 대체로 얼굴을 땅에 대고 엎드려 강직증 환자 상태가 되기 마련이었다. 하나님이 지구라는 행성과 접촉하실 때, 때로 그 초자연적인 만남은 천둥소리처럼 들리기도 했고, 회오리바람처럼 대기를 뒤흔들기도 했으며, 때로는 불꽃이 튀는 것처럼 환하게 밝아지기도 했다. 대부분은 늘 두려움을 자아냈다. 하지만 사가랴와 마리아와 요셉을 방문한 천사는, 하나님이 이제는 사람들이 두려워하지 않을 모습으로 나타나실 거라는 소식을 전했다.

팔다리를 버둥거리며 눈은 제대로 초점도 못 맞추는 신생아보다 만만한 존재가 있을까? 창고인지 동굴인지 분간할 수 없는 곳에서 태어나 짐승의 먹이통에 누워 있는 예수 안에서, 하나님은 마침내 인간들이 두려워할 필요 없는 접근 방식을 찾아내셨다. 왕이 왕복을 벗어 버린 것이다.

이 낮아짐에 관련된 일들을 살펴보자. 역사를 두 부분으로 나눈 성육신은(마지못해서이긴 하지만 이 사실은 달력에서조차 인정하고 있다) 인간보다 동물이 더 많이 목격했다. 그에 따르는 위험도 생각해 보자. 하나님은 성육신을 통해, 자신과 피조물인 인간 사이에 있는 거대한 간격을 메우셨다. 하지만 그 장애물을 치우기 위해 예수님은 매우 연약해지셨다. 엄청나게 연약해지셔야만 했다.

아기는 한밤중에 동물들 사이에서 태어났다. 아기의 연약한 숨소리와 짐승들의 똥냄새가 뒤엉켰다. 그리고 모든 게 이전과 완전히 달라졌다.

하나님을 믿는 사람들은 어떤 면에서 그분을 다시는 확신할 수 없게 되었다. 일단 그분을 마구간에서 보고 난 후에는, 그분이 어디서 나타나실지 어디로 갔다가 언제 다시 오실지 또는 그분이 인간을 간절히 찾느라고 얼마나 말도 안 되게 자기를 낮추어 내려오실지 알 수 없었다.…

이 탄생이 하나님을 믿는 사람들에게 의미한 바는, 하나님이 절대로 우리에게서 안전하지 않다는 것이었다. 이 사실이야말로 성탄절의 어두운 면이요, 침묵이 주는 공포인지도 모른다. 하나님은 우리가 언제든지 그분을 거부할 수 있는 방식으로 오셨다. 우리는 그 아기의 머리를 달걀 껍질처럼 부숴 버릴 수도 있고, 그러기 어려울 만큼 자랐을 때는 그를 못 박아 버릴 수도 있었으니까.²

하나님께는 성탄절이 어떤 느낌이었을까? 당신이 다시 아기가 된다고 상상해 보라. 말도 못하고 몸도 제대로 못 가눈다. 단단한 음식도 못 먹고 대소변도 못 가린다. 하나님이 태아가 되다니! 또는 당신이 해삼이 되었다고 생각해 보라. 어쩌면 이 비유가 좀더 비슷할 것이다. 그날 베들레헴에서 만유의 창조주는 무력하고 의존적인 신생아가 되셨다.

그리스도가 신성을 포기하고 자기를 비운 것을 신학 용어로는 '케노시스'(kenosis)라고 한다. 역설적이게도, 자기를 비우는 데는 엄청난 겸손이 따르지만, 일종의 자유도 주어진다. 나는 무한성(infinity)의 '불리함'에 대해 말한 바가 있다. 육신을 가짐으로써 그리스도는 그런 '불리함' 없이 인간의 차원에서 행동할 자유를 갖게 되었다. 그분은 떨기나무를 불태우지 않고도 하고 싶은 말을 할 수 있었다. 분노를 표현할 때도, 그 폭풍 같은 임재 때문에 온 지구를 뒤흔들지 않고 대신 헤롯을 여우라고 부르거나 성전에서 채찍을 휘두름으로써 분노를 표현할 수 있었다. 또한 "두려워하지 말라!"는 말부터 하지 않아도 아무에게나 말을 걸 수 있었다. 창녀든 장님이든 과부든 문둥병자든.

전에는 인간이 하나님처럼 지음 받았다니, 그건 과하다.
그런데 하나님이 인간처럼 지음 받았으니, 이건 더 과하다.

존 던, "거룩한 송가" 15편

---

1 _ 쇠렌 키르케고르의 글을 다시 풀어 씀. *Philosophical Fragments*, p. 31 - 43, 「철학적 조각들」(집문당).
2 _ Frederick Buechner, *The Hungering Dark*, p. 13 - 14.

성경 참조 빌립보서 2장.

14
위대한 유산

성탄절 무렵이면 온 세상이 메시아의 탄생을 축하하는 대곡이나 성가 메들리를 준비하느라 바쁘다. 대형 교회의 성가대에서는 웅장한 오르간과 함께 헨델의 오라토리오 "메시아"를 연주하기도 한다. 이 곡은 특히 마지막 곡인 "할렐루야"를 연주할 때 모든 청중이 자리에서 일어나는 게 관례가 되어 더욱 유명하다.

그렇다면 이 "메시아"의 내용은 과연 무엇인가? 헨델이 성경의 예언에서 따온 노랫말은 다음과 같다.

> 골짜기마다 돋우어지며 산마다, 작은 산마다 낮아지며 고르지 않은 곳이 평탄케 되며 험한 곳이 평지가 될 것이요.
> 흑암에 행하던 백성이 큰 빛을 보고
> 사망의 그늘진 땅에 거하던 자에게 빛이 비춰도다.
> 이는 한 아기가 우리에게 났고 한 아들을 주신 바 되었는데
> 그 어깨에는 정사를 메었고 그 이름은 기묘자라, 모사라, 전능하신 하나님이라, 영존하시는 아버지라, 평강의 왕이라 할 것임이라.

하나님이 침묵하신 동안 신실한 유대인들은 위와 같은 말씀들을 늘 입에 달고 살았다. 실망, 심지어는 절망이 온 이스라엘에 퍼졌고, 어느 때보다 잔인한 역사가 모든 소망을 파괴해 버렸을 때, 오직 한 가지 선지자의 약속, 왕의 왕에 대한 소망만 남았다. 메시아가 오시면, 그때는 마침내 정의가 강같이 흐를 것이다. 유대인들은 이 약속에 처절하게 매달렸다. 마치 배가 뒤집어져 물에 빠진 선원이 구명정에 매달리듯이.

성경의 마지막 선지자 이후 4세기가 지나자 이상한 소문이 돌기 시작했다. 처음에는 광야에 있는 요한이라는 선지자에 관해서였고, 다음에는 나사렛에서 온 목수의 아들 예수라는 사람에 관해서였다. 기적을 행하는 예수님의 능력에 대한 소문과 함께 여러 가지 억측이 퍼졌다. 혹시 메시아가 아닐까? 메시아가 정말로 오셨다고 주장하는 사람들도 있었다. 예수님이 장님을 고치고 절름발이를 걷게 하는 걸 직접 보았으니까. 예수님이 죽은 청년을 살리시자, 그들은 "하나님이 자기 백성을 도우러 오셨다!"고 선포했다. 반면에 회의적인 사람들도 있었다. 예수님이 메시아에 관한 약속을 성취한 건 분명 맞다. 그러나 중요한 건 아무도 예측하지 못한 방식으로 성취하셨다는 점이다.

하나님께 실망한 표식들을 찾으며 성경을 읽는 동안, 나는 복음서에 이르면 뭔가 결정적인 변화를 찾을 수 있으리라 기대했다. 헨델의 노랫말에서 볼 수 있듯이, 선지자들이 예언한 메시아는 그런 실망감을 일시에 불식시켜 줄 것 같았다. 하지만 그와 반대로 예수님이 살던 당시에도 실망감은 이 땅에서 사라지지 않았다. 그리고 2천 년이 지난 지금도 역시 사라지지 않았다. 뭐가 잘못된 것일까? 다른 식으로 질문하자면, 예수님의 삶은 이 책에서 다루는 세 가지 질문과 어떤 관련이 있는가?

하나님은 침묵하시는가? "나를 따르라!" "너희는 이렇게 기도하라." "우리가 예루살렘으로 올라가야 하리라." 이런 말씀들을 하신 예수님은 어떤 면에서 하나님의 뜻을 이전보다 훨씬 명쾌하게 드러내셨다. 그분은 사람들이 자신을 과학적인 방법으로 탐구하도록 놀라울 만큼 열어 보이셨다. 바리새인과 사두개인을 비롯한 다른 회의주의자들은 그런 식으로 철저히 예수님을 탐색했다. 누구든지 하나님의 아들에게 접근해 질문하거나 그와 논쟁할 수 있었다. 복음서에서 말하듯이, 예수님이 이 땅에 사신 동안 하나님은 확실하게 침묵을 깨셨다. **말씀**이 육신이 되신 것이다.

하나님은 숨어 계시는가? 예수님을 통해 하나님은 실제로 이 세상 속에서 일정한 형체를 취하셨다. 얼굴과 이름과 주소를 가지신 것이다. 그분은 우리가 만지고 냄새 맡고 듣고 볼 수 있는 하나님이었다. "나를 본 자는 아버지를 본 것이다"라고 예수님은 담담하게 말씀하셨다.

하지만 시내 산과 갈멜 산 이야기를 들으며 자란 유대인들에게는 예수님을 눈으로 볼 수 있다는 사실, 바로 그 평범한 사실이 새로운 문제를 야기했다. 연기는 어디 있고, 불과 천둥 벼락은 어디 있는가? 하나님이 어떤 모습이어야 하는지 그들이 생각한 이미지와 예수님의 이미지는 들어맞지 않았다. 세상에! 그는 조그만 시골 동네인 나사렛 출신에다, 마리아의 아들이며 평범한 목수가 아닌가. 예수가 자기 자식들과 골목에서 함께 뛰놀며 크는 걸 본 동네 사람들은 절대로 그를 메시아로 인정할 수 없었다. 그리고 마가는 예수님의 가족들조차 한때는 그분을 "정신나간 사람"으로 생각했다고 기록한다. 예수님의 친어머니와 형제들이 말이다! 천사 가브리엘을 만나고 자기도 모르게 찬양의 노래를 불렀던 마리아, 누구보다도 예수님과 많은 시간을 함께 보낸 형제들이 아니던가. 가족들조차 기적과 평범함이 기묘하게 어우러진 상황을 납득할 수 없었다. 예수님이 인간이라는 점이 오히려 방해가 되었다.

하나님은 불공평하신가? 어쩌면 이 질문은 예수님에 대한 가장 큰 의심을 유발했을 것이다. 유대인들은 메시아가 오시면 잘못된 세상을 완전히 바로잡을 거라고 믿었다. 선지자들은 주님이 죽음을 영원히 삼키시고 모든 이의 눈물을 닦아 줄 거라고 하지 않았던가? 물론 예수님은 사람들을 고쳐 주셨다. 하지만 치유 받지 못한 사람들도 많았다. 나사로를 죽음에서 살리셨지만, 예수님 당시 지구상에 있는 많은 사람들은 여전히 죽어 갔다. 그분은 모든 이의 눈물을 닦아 주지도 않으셨다.

불공평의 문제는 많은 사람들을 주저하게 만들었다. 이 문제만 아니었다면 많은 이들이 예수님의 삶에 이끌렸을 것이다. 예를 들면 위대한 신학자인 아우구스티누스는 복음서에서 치유가 너무나 임의적으로 일어난 점을 당혹스러워했다. 예수님이 충분히 능력 있다면, 왜 모든 사람을 고쳐 주지 않으셨는가? 특히 요한복음에 나오는 한 가지 이야기가 아우구스티누스의 관심을 사로잡았다.

예루살렘에 있던 장애인들은(장님, 절름발이, 중풍병자들) 그 도시에 있는 한 연못가에 모여들었다. 당시의 루르드 성지(프랑스 남서부에 있는 마을로 마리아가 기적적으로 병을 고쳐 준다는 곳역주)였던 셈이다. 가끔 연못에 파문이 일면 이들은 뛰든 절룩거리든 기어서든 물속으로 들어가려 했다. 어느 날 예수님이 그곳에 누워 있던 중풍병자와 대화를 나누었다.

그는 38년 동안 병을 앓았지만 아직도 연못에 들어가지 못했다. 물이 움직일 때마다 늘 다른 사람이 먼저 들어갔기 때문이다. 예수님은 눈 하나 깜빡하지 않고 그에게 즉시 일어나 걸으라고 명령하셨다. "그 사람이 곧 나아서 자리를 들고 걸어가니라." 38년 동안 누워만 지냈는데 드디어 걷게 된 것이다! 그날 그는 예루살렘에서 가장 행복한 사내였다.

하지만 이 이야기를 기록한 요한은 한 가지 중요한 사실을 덧붙인다. 그러고 나서 예수님이 무리 속으로 사라져 버렸다는 것이다. 그분은 엄청나게 많이 모여 있는 나머지 장애인들은 그냥 내버려 두셨다. 딱 한 사람만 고쳐 주고 나머지는 내버려 두신 것이다. 왜 그랬을까? 아우구스티누스는 의아했다. "사람이 그렇게 많았는데 단 한 명만 고쳐 주시다니. 말 한마디면 그들을 전부 일으켜 세울 수 있는데 말이다."[1]

예수님의 사촌도 불공평의 문제로 고심했던 사람이다. 세례 요한이야말로 참된 신자로서, 온 나라에 예수님을 향한 희망의 불을 지른 사람이었다. 초창기에 사람들이 요한에게 "당신이 메시아냐?"고 물을 때마다 그는 단호하게 말했다. "내 뒤에 오시는 그이라. 나는 그의 신발 끈을 풀기도 감당하지 못하겠노라." 그 언약의 주인공인 나사렛 예수가 요한에게 세례를 받으러 왔다. 요한은 하나님의 영이 하늘에서 비둘기 형체로 내려오는 걸 놀란 표정으로 바라보았다. 예수님에 관한 모든 의심을 불식시키려는 듯, 하늘에서 우레와 같이 큰 소리로 말씀하셨다.

그러나 2년 뒤에 세례 요한은 회의에 사로잡혔고, 실망감이라는 위기를 겪었다. 하나님을 신실하게 섬긴 결과로 그는 헤롯의 감옥에 갇혔다. 죽음에 직면해 고뇌하면서, 그는 예수님께 메시지 하나를 전달했다. "오실 그이가 당신이니이까? 아니면 우리가 다른 이를 기다리리이까?" 세례

요한이 던진 이 질문이 예수님을 둘러싸고 있던 애매모호함, 바라기는 하지만 아직은 불확실한 그 무엇을 여실히 보여 준다.

너희 안에 있는 하나님의 나라

정서적으로 많은 의미를 함축하는 '**나라**'(kingdom)라는 단어만 예수님이 사용하지 않았어도 모든 게 달라졌을 것이다. 그분이 이 단어를 말하는 순간, 청중들의 마음속에는 온갖 이미지가 생생하게 되살아났다. 현란한 깃발들, 번쩍거리는 군대, 솔로몬 시대의 황금과 상아, 웅비하는 국가의 이미지. 하지만 그런 기대를 박살낼 일이 일어날 것이고, 온갖 실망감이 다시 몰려들 것이었다. 나중에 밝혀졌듯이, 청중들이 생각한 **나라**의 의미는 예수님이 생각한 것과 사뭇 달랐다.

대중은 찔끔찔끔 기적을 행하는 것 이상을 원했다. 그들은 눈에 보이는 강력하고 영광스런 나라를 원했다. 하지만 예수님은 보이지 않는 나라, '하늘나라'를 말씀하셨다. 물론 그분은 주변 세상의 몇 가지 문제는 해결해 주셨지만, 대체로는 보이지 않는 세력과 싸우는 데 에너지를 쓰셨다. 예수님은 한번은 치유 받기를 간절히 원하는 어느 중풍병자를 만나셨다. 그 중풍병자는 자신의 네 친구에게 지붕을 뚫고 자기를 예수님께 내려보내 달라고 부탁했다. 그를 만난 예수님은 이렇게 말씀하셨다. "중풍병자에게 네 죄 사함을 받았느니라 하는 말과 일어나 네 상을 가지고 걸어가라 하는 말 중에서 어느 것이 쉽겠느냐." 그러고는 뭐가 더 쉬운지를 분명히 밝혀 주셨다. 육체의 결함은 그분의 손길로 얼마든지 치유될 수 있었다. 진정한 싸움은 눈에 보이지 않는 영적 세력과의 싸움이었다.

믿음, 죄 사함, 사악한 자의 세력, 이런 것들이야말로 예수님이 아버지께 나아가 기도하신 주요 관심사였다. 이것을 강조하자 군중은 혼란스러워했다. 그들은 물리적인 세상에서 가난, 질병, 정치적 압제와 같은 자기들의 문제에 대한 해답을 찾는 게 우선이었다. 사실 예수님은 그들이 왕에게 바라는 기대치에 부응하지 못했다. (지금이라고 달라진 게 있는가? 육체의 치유, 번영 등을 강조하는 사역은 많지만, 예수님을 무척 괴롭혔던 문제들, 예를 들면 교만, 위선, 율법주의와 같은 인간의 만성적인 문제에 집중한 사역은 보기 힘들다.)

예수님께 이스라엘을 회복하는 새롭고 강력한 솔로몬에 대한 기대를 품었던 예수님의 추종자들은 예루살렘에서 일어난 일을 보고 기운이 빠졌다. 로마의 화려한 행진에 비하면 우스운 촌극에 불과하지만 '승리의 행진'을 한 며칠 뒤에 예수님은 체포되어 재판에 회부되었다. 예수님은 로마 총독에게 자기가 왕이라고 말했지만, 그에 덧붙여서 "내 나라는 이 세상에 속한 것이 아니니라. 만일 내 나라가 이 세상에 속한 것이었더라면 내 종들이 싸워 나로 유대인들에게 넘겨지지 않게 하였으리라. 이제 내 나라는 여기에 속한 것이 아니니라"고 말씀하셨다.

예수님이 왕이라고? 그 말이 맞는다면 그는 비웃음을 당한 왕이다. 매 맞아 흘린 피가 엉겨 붙은 자색 옷을 입고 머리에는 가시로 만든 면류관을 쓴 왕. 코앞에 닥친 위험에 두려움을 느낀 제자들의 충성심은 온데간데없이 사라졌고 결국 그들은 도망치고 말았다. 자신도 보호하지 않으시는 예수님이 왜 그들을 보호해 주시겠는가? 눈에 보이는 로마의 힘의 세상이, 보이지 않는 하늘나라의 세상을 만나 당분간은 하늘나라를 날려 버리는 것 같았다.

「고양이의 요람」(*Cat's Cradle*)이라는 소설에서 현대 소설가 커트 보네거트(Kurt Vonnegut)는 원자폭탄을 만드는 데 일조한 한 물리학자가 성탄절 무렵 자기 실험실에 나온 장면을 보여 준다. 사무실 직원들이 말구유에 누운 아기 예수님 상 주변에 둘러서서 성탄절 노래를 부른다. "온 세상의 소망과 두려움이 오늘밤 아기 안에서 만나네." 이 장면은 첨예한 역설의 현장이다. 예수님 당시 유대인들이 느꼈던 환멸감의 현대판이다. 성탄 노래를 부르는 이 사람들은 세상의 모든 소망과 두려움이, 33년밖에 살지 못할 운명을 타고난 이 베들레헴의 신생아에 대한 믿음에 달려 있다고 정말로 믿었을까? 누가 단추 하나만 잘못 누르면 한순간에 다 날아갈 소망과 두려움인데.

---

1 _ Colin Brown, *Miracles and the Critical Mind*, p. 10.

성경 참조 누가복음 7장, 요한복음 14장, 마가복음 3장, 요한복음 5장, 1장, 마태복음 11장, 요한복음 18장.

15
머뭇거리시는 하나님

> 내 프로젝트는 하나님의 존재에 관한 의문을 단번에 해결하고자 역사상 처음으로 시도하는 과학적 실험이다. 현재 일어나는 일들 속에는 하나님의 존재를 보여 주는 신호들이 있을지도 모르지만, 그 신호들은 양쪽 견해를 다 뒷받침하기 때문에 애매모호하고, 따라서 아무것도 증명하지 못한다. 예를 들어 우주의 경이로움은 그것에 가장 정통한 과학자들에게도 하나님에 대한 확신을 주지 못한다. 이것이 과학자들의 어리석음을 증명하는지 아니면 하나님이 용케 잘 숨어 계심을 증명하는지는 중요하지 않다.
>
> 워커 퍼시, 「재림」

하나님의 존재 여부에 관한 질문을 해결하기에 가장 무르익은 때는 바로 예수님이 지상에 계신 때였다. 예수님은 비평가들의 입을 영원히 막아 버릴 절호의 기회를 얻으셨다.

예를 들어, 내 친구 리처드가 예수님 당시에 살았다면, 그는 예수님 면전에서 이렇게 요구했을지도 모른다. "당신이 하나님의 아들이라고요?

그렇다면 증거를 보여 주세요!" 그랬다면 어떤 일이 일어났을지 굳이 고민할 필요도 없다. 예수님은 그와 비슷한 도전을 자주 받으셨으니까. 예수님은 기적을 요구하는 종교인들에게 화를 내시며 그들을 "악하고 음란한 세대"라고 하셨다. 호기심 많은 왕이 예수님한테 기적을 보여 달라고 했지만, 예수님은 그 요구를 거절하셨다. 그렇게 했더라면 목숨을 구할 수도 있었을 텐데 말이다.

왜 그렇게 신성을 제한하신 걸까? 그 실마리는 예수님의 사역에서 첫 번째 '사건'이었던 광야의 유혹에서 찾을 수 있다. 이 유혹은 예수님의 공생애 준비 단계에서 일종의 마지막 시험이었다.

이보다 더 극적인 대결이 있을까? 팔레스타인의 구불구불한 언덕을 배경으로, 예수님과 최고의 회의주의자인 사탄이 마주 섰다. 사탄은 뭔가 증거를 원했다. "네가 하나님의 아들이어든…" 사탄은 예수님께 돌로 떡을 만들라, 자기를 보호할 능력을 증명하라, 하고 도전했으며, 세상 모든 나라를 다스리는 권세를 주겠다고 제안했다.

사탄의 도전은 연출된 것이 아니라 예수님께 정말 유혹이었을 것이다. 40일을 금식한 사람이라면 누구나 먹는 것에 유혹을 느낄 것이다. 고문과 처형을 앞둔 사람에게 신변의 안전 보장은 귀가 솔깃했을 것이다. 또 지구상의 모든 나라를 소유하는 그 찬란한 영광이라니. 선지자들도 메시아에 관해 그 정도는 예언하지 않았던가? 이 세 가지 '유혹'은 모두 예수님의 코앞에 있었고, 또 그 모든 것들은 예수님의 특권이었다. 사실 사탄은 예수님께 메시아적 목표를 성취하는 지름길을 제시한 것이다.

러시아의 소설가인 표도르 도스토예프스키(Fyodor Dostoyevsky)는 그의 명작 「카라마조프 가의 형제들」에서 이 유혹의 장면을 소설의 중심에 놓았다. 이반 카라마조프는 이 유혹을 지구상에서 가장 놀라운 기적이라고 본다. 그것은 바로 제한(restraint)의 기적이다. 예수님이 이 유혹에 굴복했더라면 사탄뿐만이 아니라 이스라엘 백성 전체의 신임을 얻었을 것이며, 그 자신에 관한 어떤 논쟁의 여지도 불식시켰을 것이다. 도스토예프스키의 시각에 따르면, 사탄은 믿음을 불러일으키는 쉬운 방법 세 가지, 즉 기적, 신비, 권위를 제시했다. 하지만 그리스도는 이것을 모두 거절했다. 이반 카라마조프는 이렇게 말했다. "그대는 기적으로 인간을 노예로 삼기를 원하지 않았소. 기적에 얽매이지 않는 인간의 자유로운 믿음을 갈망했지."[1]

마태가 간결하게 기록한 광야의 유혹 사건과, 도스토예프스키가 길고 유려하게 재구성한 그 사건을 연구하던 중, 불현듯 한 가지 질문이 떠올랐다. 좀 불편한 질문이었다. 광야에서 일어난 유혹 사건은 리처드의 아파트에서 일어난 일과 어떻게 다른가? 리처드도 초자연적인 증거를 보여 달라고 간구했다. 빛이든, 목소리든, 하여튼 하나님의 능력을 여실히 보여 줄 **뭔가**를 갈구했다. 좀더 개인적으로 접근하자면, 내가 곤경에 처해서 하나님께 나를 구해 달라고 애걸하다 못해 거의 요구하는 상황과 이 광야의 유혹 사건은 어떻게 다른가?

물론 다른 점이 있다. 나는 그렇게 얼른 자기 방어를 한다. 생각건대 리처드는 성실했고, 나는 절실했다. 우리는 둘 다 하나님의 도우심을 구했지만, 하나님을 조롱하거나 우리한테 경배하라고 요구하지는 않았다. 하지만 "내게 절하라!"는 사탄의 말과 "내게 보여 주세요!"라는 리처드의 말 사이에는 비슷한 점이 있다. 두 경우 다 도전의 내용은 동일하다. 하나님은 숨어 있지 말고 나와서 자신을 증명하라는 것이다. 그리고 하나님은 이 두 가지 요구를 다 거부하신다.

　하나님이 스스로를 제한하신 또 하나의 사건이 있다. 그 사건은 사탄의 세 번째 도전이 있었던 장소와 매우 가까운 예루살렘에서 일어났다. 예수님은 높은 언덕에서 예루살렘을 내려다보며 우셨다. "예루살렘아, 예루살렘아! 선지자들을 죽이고 네게 파송된 자들을 돌로 치는 자여, 암탉이 그 새끼를 날개 아래에 모음같이 내가 네 자녀를 모으려 한 일이 몇 번이더냐. 그러나 너희가 원하지 아니하였도다." 예수님이 예루살렘을 향하여 흘린 비통한 눈물은 하나님의 머뭇거리는 속성을 보여 준다. 말 한마디로 예루살렘을 무너뜨릴 수도 있었던 예수님, 천사들을 몇 영이나 불러내 복종을 강요할 수도 있었던 예수님은, 그저 예루살렘을 내려다보며 우셨다.

　하나님이 뒤로 물러서신다. 숨으신다. 그리고 우신다. 왜? 왜냐하면 그분이 바라시는 것은 절대 힘으로 얻을 수 없기 때문이다. 그분은 굴종이 아니라 사랑을 원하시는 왕이다. 그래서 예루살렘과 로마와 세상적인 모든 권력을 힘으로 밀어붙이기보다는, 성육신과 사랑 그리고 죽음이라는 느리고도 힘든 길을 택하셨다. 바로 안으로부터의 정복이었다.

　조지 맥도널드는 그리스도의 접근 방식을 이렇게 요약했다. "신적인 능력으로 악의 세력을 짓밟지 않으셨다. 공의를 강요하며 사악한 자들을 멸하시지 않고, 완벽한 왕의 다스림으로 지구상에 평화를 가져오지도 않으셨다. 예루살렘 자녀들의 뜻과는 상관없이 그들을 자신의 날개 아래 강제로 모아들여 선지자의 영을 가지신 그분을 괴롭게 만드는 온갖 참상에서 그들을 구해내지도 않으셨다. 오히려 예수님은 악이 살아 있는 동안 악이 제멋대로 활개 치도록 내버려 두셨다. 그분은 느리고 달갑잖은 방식으로 본질적인 것들, 즉 인간을 선하게 만드는 일, 사탄을 단순히 통제하는 게 아니라 아예 쫓아내는 일을 돕는 것에만 만족하셨다. 의를 사랑한다는 것은 의가 자라게 하는 것이지, 복수가 아니다.… 그리스도는 이 땅에서 사는 동안, 저차원의 선을 위해 성급히 일하려는 충동을 참으셨다. 노년의 삶과 순수와 의가 짓밟히는 걸 보았을 때에도 그 성급한 충동을 거부하셨다."[2]

기적

물론 여기서 예수님에 관한 모든 이야기를 다 한 건 아니다. 그분의 인간성은 일종의 위장이었다. 적어도 구약 성경에 나타난 하나님의 영광에 비하면 그랬다. 물론 예수님은 사람들을 제압하려고 함부로 능력을 행사하지 않으셨다. 스스로의 능력을 제한하셨다. 그렇다면 예수님이 행하신 기적은 어떻게 보아야 할까? 복음서에만도 최소한 30가지 이상의 기적이 기록되어 있지 않은가. 그분이 5천 명을 먹이시고, 죽은 나사로를 무덤에서 살리시고, 한여름의 폭풍우를 잠잠케 하시는 걸 본 사람은 '머뭇거리시는 하나님'을 쉽게 말하지 못할 것이다.

그렇지만 예수님은 원하면 언제든지 기적을 행하실 수 있었을 텐데, 흥미롭게도 기적에 대해서는 양면적인 태도를 보이셨다. 제자들에게는 자신의 정체를 증명하는 도구로 기적을 사용하셨다("내가 아버지 안에 거하고 아버지께서 내 안에 계심을 믿으라. 그렇지 못하겠거든 행하는 그 일로 말미암아 나를 믿으라"). 하지만 예수님은 기적을 행하면서도 그것을 대수롭지 않게 여기셨다. 유대인 귀족의 딸을 살려 주시고는 그 일을 절대 발설하지 말라고 엄히 명하셨다. 마가는 예수님이 사람을 고쳐 주시고 "아무에게도 말하지 말라!"고 말씀하신 경우를 일곱 번이나 기록하고 있다.

예수님은 모세와 엘리야 시대에 기적이 별반 효과가 없었다는 걸 잘 알고 계셨다. 물론 기적이 군중들을 끌어 모으긴 했지만, 장기적으로 신실한 믿음을 이끌어 내지는 못했다. 예수님은 순종과 희생이라는 어려운 메시지를 전하러 오셨지, 멍청한 구경꾼과 신나는 사건을 쫓아다니는 자들에게 여흥거리나 주러 오신 게 아니었다. (당시 진정한 회의주의자들은 요즘 사람들과 마찬가지로 예수님의 능력을 그럴듯한 논리로 부정했다. 하늘에서 들려온 하나님의 음성을 천둥소리로 치부하는 사람이 있는가 하면, 예수님의 능력을 사탄의 힘으로 보는 자들도 있었다. 또 예수님을 가장 극렬히 반대한 적들은 눈앞에 확실한 증거가 있는데도 그분을 거부하고 신뢰하지 않았다. 그들은 치유 사건에 관한 보고를 받자 그걸 심사하기 위해 공식적인 재판을 연 적도 있었다. "한 가지 분명한 것은 예전에는 내가 맹인이었지만 지금은 본다는 사실입니다"라는 당사자의 증언조차 무시한 채 고침 받은 사람을 오히려 꾸짖고 법정에서 내쫓아 버렸다. 마찬가지로, 나사로가 나흘 동안 무덤 속에 있다가 살아 나왔을 때도 예수님의 적들은 나사로를 다시 죽일 음모를 꾸몄다.)

성경은 우리가 지금도 그토록 고대하며, 극적이고도 열렬히 환영받는 기적이 절대로 깊은 믿음을 낳지 않는다는 사실을 놀라울 정도로 일관성 있게 보여 준다. 변화산 사건만 봐도 알 수 있다. 그때 예수님은 얼굴이 해같이 빛나고 옷이 "빛과 같이 희어졌다." 제자들은 오래전에 죽은 유대 역사의 영적 거장인 모세와 엘리야가 구름 속에서 그들 옆에 나타난 것을 보고 깜짝 놀랐다. 하나님은 또렷이 귀에 들리는 음성으로 말씀하셨다. 너무나 엄청난 일이라 제자들은 엎드려 심히 두려워하였다.

그런데 이 놀라운 사건이 예수님의 가장 가까운 친구였던 베드로,

야고보, 요한에게 어떤 영향을 주었는가? 이 사건이 그들의 질문을 영구히 잠재우고 그들을 믿음으로 가득 채워 주었던가? 몇 주 후에 예수님이 그들을 가장 필요로 하실 때, 그들은 다 예수님을 저버렸다.

〰️

나는 기사와 표적에 관한 책을 여러 권 읽었는데, 그 저자들은 그 책들을 통해 의심하는 자들의 입을 막을 수 있다고 생각했다. 마치 예수님이야말로 세상의 문제들에 대한 답변임을 기적들이 증명한다는 듯했다. 하지만 솔직히 말해서 이런 논쟁 대부분이 하나님께 실망한 사람들에게는 부적절하다는 생각이 든다. 그들은 예수님이 행치 **않으신** 기적들에 더 관심이 많다. 하나님은 잘못된 걸 바로잡을 능력이 있다면서 왜 때로는 바로잡지 않으시는가? 아니, 왜 예수님은 굳이 선가시게 기적을 행하셨는가? 왜 베데스다 연못가에 있던 중풍병자 한 사람만, 유독 그 사람만 고치셨는가?

성경에는 전혀 기록되지 않은, 예수님의 생애에 관해 환상적으로 묘사한 글 속에서 그 힌트를 찾을 수 있다. 「예수 그리스도의 유아 시절 복음」은 알려지지 않은 예수님의 어린 시절을 알려 준다고 주장한다. 그 책에는 사람들이 **바랄 법한** 예수님의 모습이 나온다. 이 고대 문헌에 따르면, 예수님은 친구들에게 깊은 인상을 심어 주려고 자주 '장난'을 치셨다. 그것은 진짜 예수님이 항상 거부하셨던 것들이다. 이 가짜 예수님은 알라딘 램프의 지니나 이웃집의 마술사 분위기를 풍긴다. 아버지 요셉이 목수 일을 하다 중요한 부분을 망치면, 그때마다 예수님이 끼어들어 마술처럼 모든 실수를 해결해 준다.

이 신비한 예수는 자기 능력을 이용해 복수도 서슴지 않는다. 이웃집의 여인이 예수의 친구에게 상처를 주자, 신기하게도 그녀는 우물에 빠져 두개골이 박살나 죽는다. 예수가 어느 마을에 들어서자, 그 마을의 우상들이 다 부서져 모래 둔덕을 이룬다.

이런 성급한 행동들은 복음서에 기록된 예수님의 성품과는 전혀 맞지 않는다. 예수님이 능력을 사용하신 건 인간의 필요를 채워 주려는 긍휼의 마음 때문이지 깜짝쇼를 위해서가 아니었다. 누구든 예수님께 직접 요청하면 그를 치유해 주셨다. 무리가 배고파 할 때는 먹이셨고, 혼인잔치의 하객들이 목말라 할 때는 포도주를 만드셨다. 진짜 예수님은 그분을 거부하는 도시에 불을 내려 복수하자는 제자들을 꾸짖으셨다. 그리고 군인들이 예수님을 체포할 때도 예수님은 초자연적인 능력을 딱 한 번만 사용하셨다. 그것도 체포하러 온 사람 중에 한 사람의 귀가 칼에 베였을 때 그 귀를 붙여 주기 위해서였다. 간단히 말해서, 정경 복음서에 기록된 기적들은 모두 능력이 아니라 사랑과 관련된 것들이었다.

예수님의 기적들은 너무 선택적이어서 인간의 모든 실망감을 해결하기에는 역부족이었지만, 그분의 사명을 보여 주는 **표적**으로서의 기능, 장차 언젠가 하나님이 하실 일에 대한 예고편으로서의 기능은 충분히 다했다. 헬무트 틸리케(Helmut Thielicke)의 말을 빌리자면, 기적들은 "장차 임할 하나님의 나라를 알리는 신호탄"이었다. 치유를 받기 위해 지붕에서 샹들리에같이 침상을 내렸던 중풍병자처럼, 기적을 경험한 사람들에게 치유는 하나님이 몸소 지구를 방문하신 확실한 증거가 되었다. 나머지 사람들에게는, 최후의 회복이 이루어져 모든 고통과 죽음이 끝나기 전까지는 실현되지 않을 갈망을 일깨워 주었다.

기적은 예수님이 예견한 바로 그 역할을 했다. 예수님을 믿기로 작정한 자에게는 믿을 이유를 더 굳건히 해주고, 예수님을 부인하기로 결심한 자에게는 기적도 별 의미가 없었다. 어떤 것들은 믿음의 눈으로만 보이는 법이다.

---

1 _ Fyodor Dostoyevsky, 「카라마조프 가의 형제들」.
2 _ George MacDonald, *Life Essential: The Hope of the Gospel*, p. 24.

성경 참조 마태복음 12, 17장, 누가복음 4장, 마태복음 23장, 누가복음 13장, 요한복음 14, 9장, 마가복음 9장.

16
기적을 미루다

프랑크의 왕이었던 샤를마뉴 대제는 예수님의 체포와 처형에 관한 이야기를 처음 듣고 분노를 터트렸다. 그리고 칼집에서 칼을 빼내 휘두르며 소리쳤다. "오, 내가 그 자리에 있었더라면. 내 군대를 데리고 가서 그 자들을 모조리 쳐 죽였을 텐데!" 우리는 샤를마뉴 대제의 이 단순한 충성심에, 또는 실제로 예수님을 보호하려고 칼을 빼들었던 시몬 베드로의 태도에 미소 지을 수밖에 없다. 하지만 그들의 분노 뒤에는 어둡고도 어두운 질문이 숨어 있다. 어쨌거나 샤를마뉴는 겟세마네 동산에 없었으니 예수님을 도울 수도 없었다. 하지만 예수님을 도울 수 있었던 하나님 아버지는 저주받은 아들을 위해 손가락 하나 까딱하지 않으셨다.

왜 하나님은 행동하지 않으셨는가? 하나님께 실망했다고 생각하는 사람이라면 누구나 겟세마네 동산, 빌라도의 궁정, 갈보리에서 잠시 멈추어야 한다. 이 장소들은 예수님이 체포되고, 재판받고, 처형당한 곳이다. 그 자리에서 예수님도 하나님께 실망 비슷한 감정을 경험하셨다.

예수님이 조용하고 시원한 감람나무 아래서 기도할 때부터 역경은 시작되었다. 제자들은 밖에서 졸며 기다리고 있었다. 동산 안은 모든 게 평화로워 보였지만, 밖에서는 지옥의 권세가 활개를 치고 있었다. 제자 한 명은 반역자로 돌아섰고, 사탄이 주변을 서성거렸으며, 칼과 곤봉으로 무장한 폭도들은 겟세마네를 향해 전진했다.

"내 마음이 매우 고민하여 죽게 되었으니"라고 예수님은 세 제자들에게 말씀하셨다. 그분은 천사를 몇 군단이라도 보내 자신을 방어할 권세가 있었지만 그렇게 하지 않으셨다. 그분은 육신을 입은 인간으로 세상에서 살기 위해 오셨고, 그 세상의 법칙에 따라 죽기로 하셨다. 어느 순간은 얼굴을 땅에 대고 엎드려서 기도하셨다. 피할 길을, **어떤** 식으로든 피할 길을 허락해 달라고, 땀방울이 핏방울이 되도록 힘써 기도하셨다.

그러나 하나님은 침묵하셨다.

빌라도의 궁정에서도 기적은 계속 제한되었다. 문자 그대로 하나님이 예수 안에서 손이 묶이셨다. 몇몇 사람은 그분한테 기적을 일으켜 보라며 외쳤다. 그들은 눈을 가린 예수님의 얼굴을 주먹으로 치고는 "누가 때렸는지 알아맞혀 보슈!"라며 놀렸다. 그들이 뱉은 침이 예수님의 수염을 타고 흘러내렸지만, 하나님의 아들은 저항하지 않았다.

그다음 갈보리 언덕의 장면은 예수님의 수난에 관한 영화와 설교와 그림을 통해 너무도 많이 보아 온지라, 뭔가 다른 독창적인 장면을 상상해 내기도 힘들 정도다. 당신이 가장 크게 실망했던 순간의 기억을 떠올려 보라. 모든 게 하나님의 능력에 달려 있다고 믿고 매달렸다. 암이 낫기를, 건강한 아기가 태어나기를, 또는 부부 관계가 회복되기를. 하지만 모든 게 어그러졌다. 당신의 기도에도 불구하고 암은 죽음을 불러왔다. 아기는 뇌손상을 입었다. 편지로 이혼을 통보받았다. 갈보리를 그때와 비교해서 생각해 보라. 또는 리처드가 아파트 바닥에 무릎 꿇고 앉아 하나님께 호소하던 그날 밤과 비교해 보라. 기적을 바랐지만 일어나지 않았던 순간을 떠올려 보라.

그때는 누구나 기적을 갈망했다. 흥미로운 소문을 들은 빌라도와 헤롯도, 갈릴리에서부터 예수님을 따라온 여인들도, 그늘 속으로 움츠러든 제자들도, 옆에서 죽어 가던 한 강도까지. 다른 강도는 예수님을 조롱했고, 구경꾼들은 소리쳤다. "지금 십자가에서 내려올지어다. 그리하면 우리가 믿겠노라.… 하나님이 원하시면 이제 그를 구원하실지라."

그러나 구원도 기적도 없었다. 침묵만이 감돌았다. 찰스 윌리엄스(Charles Williams)는 그 장면을 돌이켜 보며 이렇게 말한다. "누가 보아도 그리스도가 가장 무력했던 그 순간, 그에게 쏟아진 비난은 '그가 남은 구원하였으되 자기는 구원할 수 없도다'라는 말이었다. 그 말은 중세의 신학자가 내린 정의(definition)만큼이나 정확한 정의였다."[1]

예수님은 마침내 "나의 하나님, 나의 하나님, 어찌하여 나를 버리셨나이까?"라고 울부짖으셨다. 이것은 시편에서 인용한 말로써, 실망감에서 나온 최후의 통곡이었다. 아버지가 등을 돌리셨다. 확실히 그렇게 보였다. 어떤 궤도 수정도 없이 역사는 그냥 그대로 흘러가는 것 같았다. 세상의 모든 잘못된 것들이 옳은 것을 삼키도록 내버려 두는 것 같았다. 자연계는 뒤집혔다. 땅은 지진이 난 듯 흔들렸고 무덤들이 열렸다. 태양계가 으스스 떨었다. 해가 빛을 잃고 하늘이 캄캄해졌다.

주일 아침

이틀 후에 부활 사건이 일어났다. 지진이 나고 벼락이 치듯, 굉음과 섬광을 동반한 부활이었다. 이 사건은 하나님을 옹호하고 실망에 관한 문제를 단번에 해결해 줄까?

이런, 기회를 놓치다니! 부활하신 예수님이 빌라도의 궁정에 다시 나타나 원수들에게 회오리바람을 일으키셨더라면, 그러면 뭔가 확실히 보여 주었을 텐데. 하지만 부활 후 십여 차례 있었던 예수님의 출현에는 일종의 유형이 있었다. 그리스도는 이미 그분을 믿는 자들에게만 나타나셨다. 예수님이 죽으신 이후로 불신자 중에 그분을 본 자는 한 명도 없었다.

자리에 좀더 오래 머물렀더라면 두 명은 부활하신 그리스도를 보았을지도 모른다. 그들은 바로 험악한 로마 경비병들이었다. 이 기적 중의 기적이 일어날 때 무덤을 지키고 있었던 그들은 벌벌 떨며 죽은 자와 같이 되었다. 그리고 인간의 반사 작용을 보였다. 윗사람한테 달려간 것이다. 그날 오후, 부활 사건이 일어날 때 현장에서 지켜본 유일한 증인인 이 두 사람은, 사건을 꾸미는 데 동의했다. 하나님 아들의 부활보다 갓 찍어낸 은화 한 꾸러미가 훨씬 더 중요했던 것이다. 그리하여 그 위대한 날을 직접 본 두 증인은, 부활절 사건에서 잊혀져 결국 불신자로 죽었을 것이다.

오늘날 예수님의 생애에서 중요했던 사건들은 달력에 다 표시되어 있다. 성탄절, 성 금요일, 부활절 등. 이 세 날 중에서 가운데 날, 즉 성 금요일의 십자가 사건만이 온 세상이 보도록 공개적으로 진행되었다. 하나님이 가장 무력해 보일 때에 역사의 카메라는 계속 돌아가며 모든 장면을 기록했다. 많은 무리가 고통스런 순간순간을 다 지켜보았다. 그리고 예수님의 생애를 기록한 네 명의 제자들은 모두가, 그 명백한 실패의 사건을 기록하는 데 복음서 각 권의 3분의 1을 할애했다.

예수님의 생애에서 가장 공공연한 사건이었던 십자가 사건은, 권세를 통해 자신을 증명하는 신과, 사랑을 통해 자신을 증명하는 하나님 간에 큰 차이가 있음을 보여 준다. 다른 신들, 예를 들면 로마의 신들은 예배를 강요했다. 예수님 생전에도 카이사르에게 절하지 않아 죽임을 당한 유대인들이 여럿 있었다. 하지만 예수 그리스도는 절대로 자신을 믿으라고 강요하지 않았다. 그분은 사람들이 스스로 예수님께 나아오도록 호소하셨다.

역설적이게도, 그 약함의 장면이 새로운 소망을 불러일으켰다. "만일 하나님이 우리를 위하시면 누가 우리를 대적하리요?"라고 사도 바울은 결론 내렸다. 그리고 "자기 아들을 아끼지 아니하시고 우리 모든 사람을 위하여 내주신" 하나님의 무한하신 사랑에 믿음을 걸었다. 사랑은 희생이 따를 때 가장 설득력이 있다. 복음서는 예수님이 죽으러 오셨음을 분명히 보여 준다. 예수님도 "사람이 친구를 위하여 자기 목숨을 버리면 이보다 더 큰 사랑이 없다"고 말씀하셨다. 영원한 행복을 위해서는 이런 침묵과 깊은 실망의 시간이 필요했다.

1_ Charles Williams, *He Came Down from Heaven*, p. 115.

성경 참조 마태복음 26 – 27장, 로마서 8장, 요한복음 15장.

17
전진

"부인, 만일 우리 하나님이 이교도의 신이거나 또는 지식인의 신이라면—저로서는 둘 중 어느 것이니 마찬가지지만—그분은 가장 먼 하늘 끝으로 날아가실 겁니다. 그리고 슬픔을 겪는 우리를 보며 다시 이 땅에 내려오실 수밖에 없겠죠. 하지만 우리 하나님은 이미 이 땅에 내려와 우리와 함께하신다는 걸 부인도 아실 겁니다. 그분한테 주먹을 휘두르고 침을 뱉고 매질을 하고 종국에는 십자가에 못 박아 보십시오. 그게 무슨 의미가 있습니까? 자매여, 그분은 이미 그걸 다 겪으셨습니다."

조르주 베르나노스, 「어느 시골 신부의 일기」

단도직입적으로 말해 보자. 예수님은 우리가 하나님께 느끼는 실망에 어떤 변화를 일으키시는가? 예수님도 실망감을 맛보셨다는 사실이 우리에게 무슨 도움이 되는가?

사도 바울의 견해를 따르는 신학자들은 대체로 그리스도가 기여한 바를 법정 용어로 설명한다. 칭의, 화목, 속죄 등. 하지만 이런 단어들은 이미 일어난 일들에 대한 암시일 뿐이다. 실망이라는 문제와 관련해 예수님이 가져오신 변화를 이해하려면, 이 단어들 저변에 깔린, 인간을 간절히 찾으시는 하나님의 이야기를 살펴보아야 한다.

예언서에 나타난 하나님의 이미지 중 하나를 다시 한 번 생각해 보자. 바로 집 나간 자식 때문에 슬퍼하며 근심하는 아버지의 이미지다. 돌아온 탕자에 관한 예수님의 비유는 결국 행복한 결말로 끝난다. 아버지는 충분히 오래 기다리셨다. 그리고 가출한 아들이 돌아오자 대문을 활짝 열고 **달려 나가** 맞이한다. 아무것도 묻지 않고.

찢어진 휘장

예수님은 어떤 변화를 가져오셨는가? 하나님과 우리를 위해 예수님은 이전에 전혀 존재하지 않던 **친밀감**을 조성해 주셨다. 구약 시대 때는 거룩한 언약궤를 건드린 자는 그 자리에서 쓰러져 죽었다. 하지만 육체로 오신 하나님의 아들인 예수님을 만진 자들은 치유 받고 돌아갔다. 하나님의 이름을 입에 담지도, 발설하지도 않던 유대인들에게, 예수님은 하나님의 새로운 호칭을 가르쳐 주셨다. 바로 아바(Abba), 즉 '아빠'였다. 예수님 안에서 하나님은 더욱 가까이 오셨다.

아우구스티누스는 이 친밀함이 그에게 어떤 영향을 주었는지를 「고백록」에서 설명한다. 그는 그리스 철학을 통해 완벽하고 시간을 초월하는 불멸의 존재인 하나님에 대해 배웠지만, 자기처럼 방탕한 삶을 살고 훈련되지도 않았던 사람이 어떻게 그런 하나님과 관계를 맺을 수 있는지는 몰랐다. 그는 다양한 이방 종교들을 접해 보았지만 모두 만족하지 못하다가, 결국 복음서를 통해 평범한 인간과 완벽한 하나님 사이의 가교가 되신 예수님을 만났다.

히브리서는 이렇게 놀랍도록 새롭게 진보한 친밀감을 깊이 탐구한 책이다. 먼저 저자는 구약 시대에 하나님께 나아가려면 무엇이 필요했는지를 상세히 설명한다. 지성소는 일 년에 단 한 번의 속죄일인 욤 키푸르(Yom Kippur)에 대제사장 한 사람만이 들어갈 수 있었다. 대제사장은 목욕재계하고, 특별한 옷을 입고, 희생 제물 다섯 마리를 각각 준비했다. 그러고도 두려움에 떨며 지성소에 들어갔다. 옷에는 방울을 달고 발목에는 줄을 매어서, 만약 그가 죽어 방울 소리가 멈추면 다른 제사장들이 줄을 잡아당겨 시체를 끌어낼 수 있게 했다.

히브리서는 이와는 매우 생생한 대조를 이루는 이미지를 보여 준다. 이제 우리는 두려움 없이 "은혜의 보좌 앞에 담대하게 나아가게" 되었다. 이렇게 대범하게 지성소에 들어가는 이미지는 유대인 독자들에게 무엇보다 큰 충격이었다. 하지만 예수님이 돌아가시는 순간 성전에 있던 두꺼운 휘장이 문자 그대로 위에서 아래로 찢어지면서 지성소가 활짝 열렸다. 히브리서는 결론적으로 말한다. 그러므로 "하나님께 가까이 나아가자"고.

하나님께 대한 실망의 문제에서 예수님은 최소한 이런 기여를 하셨다. 그분 덕택에 우리는 하나님께 직접 나아갈 수 있게 되었다. 하나님 자신이 중보자가 되셨기에, 우리는 더 이상 인간 중보자가 필요 없다.

얼굴

구약 시대 때는 하나님의 얼굴을 안다고 주장할 수 있는 사람이 아무도 없었다. 사실 하나님을 대면하면 살아남을 수가 없었다. 하나님의 영광을 슬쩍 보기만 한 몇몇 사람도 마치 다른 행성에서 온 외계인처럼 얼굴이 빛나서, 그들을 보는 사람들은 두려움에 숨어 버렸다. 하지만 예수님은 하나님의 얼굴을 천천히 오랫동안 볼 수 있게 해주셨다. 그분은 "나를 본 자는 아버지를 보았다"고 말씀하셨다. 예수님이 곧 하나님이셨다. 마이클 램지(Michael Ramsey)가 말했듯이, "하나님 안에는 그리스도 같지 않은 모습이 하나도 없다."

사람들은 하나님이 어떤 분이신가에 대해 나름대로 각양각색의 개념을 받아들이며 성장한다. 어떤 사람은 하나님을 적으로, 경찰로, 또는 자녀를 학대하는 부모로 볼 수도 있다. 어떤 이들은 하나님을 전혀 못본 채, 다만 하나님의 침묵만 경험할 수도 있다. 하지만 예수님 덕분에 우리는 하나님이 어떤 분이시고 어떻게 느끼시는지 더 이상 궁금해 할 필요가 없다. 의심이 들면 예수님을 바라보며 우리의 희미한 생각을 바로잡으면 된다.

하나님이 장애우나 신체에 결함이 있는 자들을 어떻게 보시는지 궁금하다면, 저는 자, 맹인, 문둥병자와 함께 있던 예수님을 보면 된다. 하나님이 가난한 사람들을 비참하게 살아가도록 버려두셨는지 궁금하다면, 예수님이 산상수훈에서 하신 말씀들을 읽어 보면 된다. 그리고 고통과 고난을 대하는 적절한 '영적' 태도는 어떠해야 하는지 궁금할 때는, 예수님이 자신의 고통과 고난을 어떻게 받아들이셨는지를 살펴보면 된다. 예수님은 근심하며 고민하셨고, 크게 울부짖으며 눈물 흘리셨다.

아직은 아니다

사도행전에서 성경의 분위기는 급격히 바뀐다. 그 이후의 신약 성경에서는 욥의 분노나 전도서의 절망이나 예레미야 애가서의 고뇌 같은 걸 전혀 찾아볼 수 없다. 확실히, 신약의 저자들은 예수님이 우주를 영원히 바꾸셨다는 걸 확신했다. 예를 들어 사도 바울이 서신서 곳곳에 적은 기도들을 보면 최상급 표현들이 넘쳐난다. "만물이 그 안에 함께 섰느니라.… 만물 곧 땅에 있는 것들이나 하늘에 있는 것들이 그로 말미암아 자기와 화목하게 되기를 기뻐하심이라.… 하늘에서 자기의 오른편에 앉히사 모든 통치와 권세와 능력과 주권과 이 세상뿐 아니라 오는 세상에 일컫는 모든 이름 위에 뛰어나게 하시고."

하지만 그가 이 말씀을 쓸 때에도 로마 제국에서는 무자비한 전쟁과 폭압이 그치지 않았고, 사람들은 도처에서 거짓말과 도둑질과 살인을 일삼았으며, 질병은 계속 번지고 있었다. 그리스도인들은 여전히 채찍에 맞고 감옥에 갇혔다. 의심하고 실망할 만한 이유들은 얼마든지 있었지만, 언젠가는 예수님이 약속대로 능력과 큰 영광 가운데 다시 오시리라는 사도들의 확신은 흔들리지 않았다. 다만 시간문제일 뿐이었다. 그들노 예전에는 예수님을 의심했지만, 그분의 부활을 목격한 후에는 다시 의심하지 않았다.

하지만 신약 성경 저자들의 확실하고 안정된 어조는 문제를 야기한다. 사도 바울이 글을 쓴 지 2천 년이 지난 오늘날에 와서 왜 나는 굳이 하나님께 대한 실망이라는 주제에 관한 책을 써야 하는가? 그리고 자기의 고통스런 이야기를 들려준 사람들은 왜 신약의 저자들이 보여 준 담대한 확신을 갖지 못했을까? 왜 아직도 우리의 모든 실망감은 사라지지 않았는가?

이런 생각들을 하다 보면, 불공평의 문제로 돌아오게 된다. **하나님은 불공평하신가?** 예수님은 놀라운 방식으로, 하나님의 숨어 계심과 침묵의 문제에 대해 직접 응수하셨다. 하지만 불공평의 문제는 더 악화된 것만 같다. 예수님 자신의 삶이야말로 역사상 가장 큰 불공평의 문제로 끝났으니 말이다. 역사상 가장 선하신 분이 가장 심한 징벌의 고난을 받으셨다. 잔인한 세상에서 또 한 명의 희생자가 나왔을 뿐이다. 그분이 죽으신 후에도 상황은 별반 나아지지 않았다. 예수님의 제자들은 투옥, 고문 그리고 순교라는 '상급'을 받았다. 불공평의 문제는 사라지지 않았다.

놀랍게도, 히브리서 기자는 바로 그런 상황을 예측했던 것 같다. 사람들이 계속 하나님께 실망할 것을 에둘러 인정했으니까. 히브리서 2장은 하나님이 만물을 예수님의 발아래 두셨다는 시편 말씀을 고상하게 인용하면서 시작된다. 그러다가 다음과 같은 의미심장한 문장이 나타난다. "지금 우리가 만물이 아직 그에게 복종하고 있는 것을 보지 못하고."

작가로서 나는 그런 기분이 어떤 건지 너무나 잘 안다. 옳다고 믿는 바를 써 놓고도 그 내용을 쓰기 무섭게 '그런데 난 정말로 이걸 믿고 있을까?' 하는 생각이 들 때가 있다. 시편을 인용해 가며 거창한 신학적 논지를 적어 나가던 히브리서 기자는, 잠시 멈추서 재고하는 것 같다. 물론, 예수님이 만물을 통제하신다는 말은 맞지만, 정말 그런 것처럼 보이지 않는다. "지금 우리가 만물이 아직 그에게 복종하고 있는 것을 보지 못하고." 이 한 문장이 이 혼탁한 세상에서 벌어지는 모든 전쟁과 폭력, 모든 미움과 정욕, 악이 선을 이기는 모든 상황, 모든 질병과 죽음, 모든 눈물과 신음, 모든 실망과 절망, 이 모든 불공평함을 아우른다. 이 말이 성경에서 '가장 진실한' 문장일 수도 있다.

그 단락은 계속된다. "곧 죽음의 고난받으심으로… 예수를 보니… 하나님의 은혜로 말미암아 모든 사람을 위하여 죽음을 맛보려 하심이라." 정확하게도, 히브리서는 변화산에서의 예수님의 모습이나 부활의 몸으로 나타나신, 승리한 예수님의 이미지를 거론하지 않는다. 오히려 십자가의 예수님을 보여 준다. 그러고 나서 저자는 신약 성경에서 가장 의문스러운 표현을 사용한다. 그는 그리스도께서 고난을 통하여 '온전하게' 되시고 '순종함을 배웠다'고 말한다. 주석가들은 종종 이 구절을 피한다. 왜냐하면 이 표현은, 불변하며 감정이 없는 분으로 여겨지는 하나님의 전통적인 개념과 맞추기가 쉽지 않기 때문이다. 하지만 나는 이 표현을 그냥 지나칠 수 없다. 이 표현이야말로 하나님에 대한 계속되는 실망의 문제와 관련해, 예수님이 직접적으로 연관되어 있음을 히브리서가 제시하고 있기 때문이다.

히브리서를 통해서 볼 때, 성육신은 우리에게뿐만 아니라 하나님께도 의미가 있음이 분명하다. 성육신은 하나님이 우리와 동화되신 궁극적인 방식이었다. 영이신 하나님은 전에 한 번도 물질 세계에 갇힌 적이 없으셨다. 부드러운 인간 육체의 연약함을 한 번도 경험하지 않으셨고, 고통을 느끼는 세포의 요란한 경고음을 한 번도 감지한 적이 없으셨다. 그런데 예수님이 그 모든 걸 바꾸셨다. 탄생의 출혈과 고통부터 죽음의 출혈과 고통까지, 인간의 경험을 온전히 겪으셨다.

구약 성경을 통해서 우리는 하나님이 된다는 게 어떤 '느낌'인지 상당한 깨달음을 얻는다. 하지만 신약 성경에서는, 인간이 된다는 게 어떤 느낌인지를 하나님 편에서 배우실 때 어떤 일이 일어났는지를 기록하고 있다. 우리가 느끼는 걸 하나님도 모두 느끼셨다. 우리는 고통에 관해 알 뿐만 아니라 우리와 함께 고통을 나눌 하나님을 본능적으로 원한다. 우리의 고통에 영향 받으시는 하나님을 원한다. 젊은 신학자 디트리히 본

회퍼가 나치의 감옥 안에서 쪽지에 메모한 것처럼, "오로지 고난당하는 하나님만이 우리를 도우실 수 있다." 예수님 덕택에 우리는 그런 하나님을 갖게 되었다. 히브리서는 말한다. 이제 하나님은 우리의 연약함을 공감하실 수 있다고. 어떻게 그렇게 되는지는 단어 자체가 설명해 준다. '공감'(sympathy)이라는 단어는 그리스어의 *sym pathos*에서 온 말로서, '함께 고난받다'라는 의미다.

예수님 덕택에, 하나님에 대한 우리의 실망감을 하나님도 이해하신다고 말하면 너무 지나친 표현일까? 예수님의 눈물, 또는 십자가에서의 울부짖음을 달리 어떻게 표현할 수 있겠는가? 이 책에서 다루는 세 가지 질문을 예수님은 처절한 부르짖음 한마디에 다 쏟아 부으셨다. "나의 하나님, 나의 하나님, 어찌하여 나를 버리셨나이까?" 하나님의 아들은 고난을 통해서 '순종함을 배웠다'고 히브리서는 말한다. 사람은 불순종하고 싶을 때 순종을 배우고, 도망치고 싶을 때 용기를 배우는 법이다.

왜 예수님은 겟세마네 동산에서 칼을 빼들거나 열두 영이나 되는 천사를 부르시지 않았는가? 왜 세상을 현혹시키라는 사탄의 도전을 거부하셨는가? 이유는 이렇다. 그렇게 하셨더라면, 그분의 가장 중요한 사명, 즉 우리와 같이 되시는 것, 우리 중 하나가 되어 살다 죽는 사명을 이루지 못하셨을 것이다. 그것만이 하나님이 창조 세계 속에 세우신 '규칙 안에서' 일하실 수 있는 유일한 방법이었다.

성경 전체를 통해서, 특히 예언서들을 통해서, 우리는 하나님 안에서 일어나는 갈등을 본다. 하나님은 한편으로는 자신이 지으신 사람들을 뜨겁게 사랑하셨지만, 다른 한편으로는 사람을 사로잡고 있는 악을 멸하고 싶은 강렬한 충동을 느끼셨다. 그리고 십자가에서 이 내적인 갈등을 해결하셨다. 십자가에서 하나님의 아들은 파괴력을 흡수하여 그것을 사랑으로 변화시켰다.

악을 정복하는 궁극적인 방법은, 의지적이고 살아 있는 인간 속에서 그 악을 질식시키는 것이다. 마치 피가 스펀지에 흡수되거나 창이 사람의 심장을 뚫고 들어가듯이, 악이 사람 속에서 흡수될 때 악은 힘을 잃고 더 이상 나아가지 못한다.

게일 웹, 「밤 그리고 허무」

성경 참조 히브리서 4장, 10장, 요한복음 14장, 골로새서 1장, 에베소서 1장, 히브리서 2-5장.

PART FOUR

사명의 위임: 성령

18
변화

당신은 새 일을 시작한 첫날의 긴장감으로 위가 뒤틀린다. '제대로 해낼 수 있을까? 직장 상사가 과연 나를 좋아할까?' 이런 생각을 하며 다른 사람들을 둘러본다. 다들 눈부신 햇빛 때문에 눈을 가늘게 뜬 채, 초조하게 발을 옮겨 가며 샌들 굽으로 모래에 이런저런 모양을 새기고 있다. 특별한 과제가 있으니 모이라는 지시를 받고 70명이 모였다.

예수님은 완벽한 설교를 하고 계신다. 약간 걱정스런 표정으로 경고의 말씀을 전하신다. "내가 너희를 보냄이 어린 양을 이리 가운데로 보냄과 같도다. 전대나 배낭이나 신발을 가지지 말며 길에서 아무에게도 문안하지 말며." 마지막 말씀을 하실 즈음에는 목소리가 격앙되며 떨려서 경각심이 생긴다. "너희 말을 듣는 자는 곧 내 말을 듣는 것이요, 너희를 저버리는 자는 곧 나를 저버리는 것이요, 나를 저버리는 자는 나 보내신 이를 저버리는 것이라." 이 말은 무슨 의미인가? 사람들은 흩어지기 시작했고, 당신은 불안감을 삼키고 당신과 짝이 된 동역자와 맡은 임무를 완수하러 떠난다.

그로부터 며칠 후 예수님을 다시 만났을 때 예수님은 완전히 딴 얼굴이 되어 있다. 엄격하고 경계를 늦추지 않던 표정은 사라지고, 당신의 이야기에 싱글벙글 웃으며 좀더 자세히 말해 달라고 부추기신다. 치유와 축사와 변화된 삶에 대한 이야기들을 더 듣고 싶어 어쩔 줄 모르신다. 언덕 많은 동네에서 행한 위험천만한 사역이 매우 잘 끝나서 예수님은 환희에 찼다. 승리의 잔치다. 그분의 말씀을 진득하게 오래 듣다 보면, 뭐든지 할 수 있다는 믿음이 생긴다. 독사든 전갈이든 뭐든지 밟아 버릴 수 있을 것 같다.

　당신이 열심히 보고하는 중간에, 예수님이 손을 들어 말을 막으신다. 가만히 기다릴 수가 없기 때문이다. 그분이 그렇게 흥분하는 모습은 본 적이 없다. "사탄이 하늘로부터 번개같이 떨어지는 것을 내가 보았노라!"고 선언하신다. 그 말씀이 무슨 의미인지 도통 알 수 없지만, 당신도 갑자기 열광의 도가니에 휩싸인다. 뭔가 대단한 일이 벌어진 게 틀림없다. 예수님이 허리를 굽혀 나직한 목소리로 말씀하신다. "많은 선지자와 임금이 너희가 보는 바를 보고자 하였으되 보지 못하였으며 너희가 듣는 바를 듣고자 하였으되 듣지 못하였느니라."

마지막 시험

약 6개월 후, 다른 상황이 전개된다. 이번에는 예수님이 예루살렘의 작은 방에서 열두 제자들과 식사를 하고 있다. 답답하고 꽉 막힌 듯한 분위기가 온 방에 감돌고, 음식과 포도주를 먹고 나자 머리가 약간 어지럽다. 일들이 너무 빨리 진행되고 있다. 이번 주 초에 예수님은 의외로 대중들의 환호를 허락하시며 승리의 행진으로 예루살렘에 입성하셨다. 그때는 모든 꿈이 이루어질 것만 같았다. 하지만 오늘밤은 자못 불길한 분위기다.

 우선 발을 씻기는 사건이 있었는데, 이때 예수님은 베드로를 당혹스럽게 만들었다. 그리고 지금도 예수님은 말씀하시는 동안 감정이 사뭇 흔들리신다. 한순간 향수에 젖어 느긋해지는 듯하다가, 다음 순간 갑자기 당신이 무디고 믿음이 부족하다고 꾸짖으신다. 누군가 자신을 배신할 거라는 암시도 주신다. 어떤 말씀은 이해가 안 된다. 하지만 온갖 저항에도 불구하고 한 가지만은 분명하게 주장하신다. 자신이 제자들을 떠나신다는 것이다. 그리고 누군가 예수님 대신 올 거라고 주장하신다. 바로 보혜사라는 분이다.

 방 안이 갑자기 동요한다. 마치 잔디 위로 바람이 불듯이. 몇 달 동안 당신은 예수님이 그분의 나라를 일으키기를 기다렸다. 그런데 지금 그분은 모든 걸 당신에게 넘겨준다고 말씀하신다. 당신들, 열두 제자들에게! 그분이 좌중을 둘러보며 마지막으로 말씀하신다. "내 아버지께서 나라를 내게 맡기신 것같이 나도 너희에게 맡기노라."

떠남

맞다, 당신은 실패했다. 당신들 모두가, 심지어 몇 시간 전만 해도 충성을 맹세했던 베드로조차 예수님을 부인했다. 그날 밤 다락방에서 예수님은 "내가 세상을 이기었노라"고 말씀하셨다. 하지만 그 말은 그다음에 일어난 일을 생각하면 도저히 납득이 되지 않는다. 24시간이 채 못 되어 당신은 예수님이 벌거벗은 채 십자가에 달리는 걸 목격한다. 그분의 연약한 육신이 횃불에 비쳐 아른거린다. 이분이 당신의 나라를 구할 구세주요, 왕 중 왕이시라고? 아무도 그 말을 믿을 수 없을 것이다.

그때가 금요일이었다.

그리고 일요일. 믿을 수 없는 이상한 소문이 옹기종기 모여 앉은 추모객들의 귀에 들려왔다. 그리고 그 주 후반에 당신은 그분을 보았다. 그 소문은 사실이었다! 당신은 손으로 그분을 직접 만져 보았다. 예수님이다! 아무도 못한 일을 그분은 하셨다. 자청해서 죽음으로 걸어 들어갔다가 다시 걸어 나오신 것이다. 다시는 그분을 의심하지 않을 것이다.

40일 동안 예수님은 신출귀몰하셨다. 그분이 나타나시면, 그분이 설명하시는 일들을 열심히 귀 기울여 들었다. 그분이 사라지시면, 당신과 다른 이들은 새로운 나라를 계획했다. 드디어 예루살렘이 로마의 지배에서 자유로워진다! 생각만 해도 가슴이 벅찼다.

친구들은 당신이 이 시골 선생한테 외곬으로 푹 빠졌다고 조롱했었다. 이제는 그들에게 뭔가를 보여 줄 테다. 더 이상 아무도 당신을 괴롭히지 않을 것이다. 더 이상 아무도 이스라엘을 괴롭히지 않을 것이다. 베드로, 야고보, 요한이 당연히 가장 높은 자리를 차지하겠지만, 나라에는 많은 리더가 필요한 법이다. 어쨌든 당신은 3년 동안 예수님을 따라다니지 않았던가. 메시아, 진정한 메시아는 당신을 가장 가까운 제자 중에 하나로 인정해 주셨다.

40일 동안 그 찬란한 꿈은 한 번도 빛이 바래지 않았다. 어떻게 바랠 수 있겠는가? 예수님의 출현은 매번 새로운 기적이었다. 마침내 누군가가 예수님께 그 질문을 던졌다. 당신들 모두가 열심히 논의했던 뜨거운 질문이었다. "주께서 이스라엘 나라를 회복하심이 이때입니까?" 당신은 숨죽인 채 뭔가 표적을 원했다. 군대를 집결한다든가 전쟁 계획을 짠다든가. 로마가 싸워 보지도 않고 제 발로 나갈 리는 만무할 테니까.

아무도 예수님의 대답에 마음의 준비가 되어 있지 않았다. 처음에는 예수님이 질문을 못 알아들으신 줄 알았다. 그분은 그 질문에는 아랑곳하지 않고, 이스라엘에 대해서가 아니라 그 이웃 나라들과 먼 데 있는 장소들에 관해 말씀하셨다. 당신도 결국은 예수님의 증인으로서 그곳에 가게 될 거라고도 하셨다. 하지만 지금은 그냥 예루살렘으로 돌아가 성령을 기다리라고만 하셨다.

그리고 나서 가장 놀라운 일이 일어났다. 당신이 그 자리에 서서 예수님의 말씀을 듣고 있는데, 갑자기 예수님의 몸이 땅에서 공중으로 솟아올랐다. 그리고 잠시 공중에 떠 있더니 구름에 가려 보이지 않게 되었다. 그 후로는 예수님을 영영 보지 못했다.

세 장면

70인의 제자 파송부터 최후의 만찬과 승천까지 이 세 장면은 모두 예수님이 왜 이 땅에 오셨는지, 왜 이 땅을 떠나셨는지를 말해 준다. 사실 예수님은 하나님의 공의를 정착시키고 하나님이 어떤 분이신지를 우리에게 보여 주러 오셨다. 하지만 그분은 또한 교회를 세우기 위해, 하나님의 영이 거하실 새로운 장소를 세우기 위해 오셨다.

70인이 돌아와서 사역 보고를 할 때, 예수님이 무척 기뻐하신 것도 그래서다. "너희 말을 듣는 자는 곧 내 말을 듣는 것"이라고 말씀하셨고, 사실 그 계획은 잘 진행되었다. 그분의 사명이, 아니 그분의 삶이 평범한 70명의 인간들을 통해 이루어졌다.

제자들과의 최후의 만찬에서 예수님은 좀더 절박하게 말씀하셨다. 그들은 이 세상에서 예수님의 가장 가까운 친구들이었고, 이제 예수님의 사명 전체를 그들에게 넘겨주어야 할 시간이었다. 그들은 쉽게 충성을 맹세하고, 또 나중에 쉽게 부인할, 악의 없는 친구들이었다. "아버지께서 나를 세상에 보내신 것같이 나도 그들을 세상에 보내었다"고 예수님은 말씀하셨다. 그게 무슨 말인지 제자들이 이해하지 못한다는 것도 아셨다. 이 적은 무리가 그분의 메시지를 예루살렘과 유대와 사마리아로 그리고 예수님은 가 보지도 못한 곳으로, 결국 온 세상 끝까지 들고 갈 것이었다.

예수님의 몸은 놀란 제자들의 눈앞에서 지구를 떠나 하늘로 올라가셨다. 하지만 곧, 아주 빠른 시일 내에, 오순절 날, 하나님의 영이 다른 육체에 거하시리라. 바로 그들의 몸에.

성경 참조 누가복음 10장, 요한복음 13 – 17장, 사도행전 1장.

19
바람 속의 변화

공영 방송에서 하는 종교에 관한 다큐멘터리 시리즈가 있다. 멋지군. 숙제 내주기 좋아하는 사람이 또 하나 있네. 주제는 "각 시대마다 나타난 신의 이미지를 조사해 보시오" 같은 추상적인 주제. 그것도 좋다. 그런데 누가 이런 생각을 해냈을까? 이 과제를 처음 해보는 사람 눈에는 주인공이 안 보인다.

글쎄…. 누가 하나님과 직접 인터뷰할 방법을 알아내지 않는 한, 하나님에 관한 간략한 사실로 만족해야 할 것 같다.

기원 전 14세기. 화면은 헬리콥터에서 시내 산 정상을 찍은 사진으로 시작된다. 사람이 살지 않는 지역이므로 텔레비전 안테나를 치울 필요도 없다. 카메라가 고대 히브리인들로 분장한 한 무리의 베두인 족(천막 생활을 하는 아랍 유목민역주) 엑스트라들을 가까이에서 비춘다. 그리고 이들이 뭘 먹고 뭘 입고 어떻게 사는지 내레이터가 대략적으로 설명한다. 열두 살쯤 된 유대인 소년에게 바짝 다가가 취재한다. 놀고 있는 아이를 한쪽으로 따로 불러낸다.

"너희 신에 대해서 이야기 좀 해 줄래? 그분은 어떤 분이니?" 내레이터가 묻는다.

소년의 눈이 휘둥그레진다. "그러니까… 그러니까…." 아이는 차마 신의 이름을 입에 올리지 못한다.

"그래, 야훼 말이야. 네가 섬기는 신."

"그분이 어떤 분이시냐고요? 그분은요, 저기 저 산 보이죠?" [카메라가 화산을 비춘다. 엄청난 수증기와 연기, 마그마를 클로즈업한다.] "그분은 저기 사시는데, 우리들은 거기 가까이 가면 안 돼요. 갔다간 당장 죽어요! 그분은… 그분은… 으음, 그러니까 겁나요. 진짜 무서워요."

기원 후 1세기. 카메라가 수평으로 이동하며 광대한 팔레스타인을 비춘다. 앞에 나왔던 베두인 족들이 떼 지어 광야에서 서성거리고, 뒤로는 오아시스가 보인다. 카메라가 한 무리의 구경꾼들을 가까이 비추고, 이어서 무리의 가장자리에 있는 한 여인을 비춘다. 여인, 광야의 관목에 기대어 앉아 있다. 그녀에게도 같은 질문을 했다.

"하나님이요? 잘 모르겠어요. 이해하려고 노력 중이죠. 저는 하나님을 잘 알고 있다고 생각했어요. 하지만 새로 나타난 이 선생님을 따라다니면서부터 혼란스러워졌어요. 그분은 자기가 메시아래요. 제 친구들은 말도 안 된다고 코웃음 치죠. 하지만 저는 그분이 보리떡 다섯 개와 생선 두 마리로 5천 명을 먹이실 때 그 자리에 있었거든요. 저는 생선을 좀 먹었죠. 메시아가 아니면 어떻게 그런 일을 할 수 있겠어요? 그분이 장님을 고치시는 것도 직접 봤어요."

"뭐랄까, 하나님은 저기 있는 예수라는 저 사람과 비슷한 것 같아요."

기원 후 20세기. 카메라 팀은 미국의 작은 마을에 있는 그림 같은 교회로 이동했다. 회중석에 앉아 있는 사람들의 면면을 카메라가 좌우로 이동하며 비춘다.

내레이터: "그렇다면 오늘날 하나님은 어떤 분일까요?"

신약 성경은, 이 질문에 대한 대답이 이 평범한 교회 속에, 회중석에 앉아 있는 이 평범한 사람들 속에 있음을 믿으라고 주장한다. 그리스도 안에 있는 하나님은 그렇다 치고, **우리** 안에 계신 하나님이라니? 그 충격을 가늠할 수 있는 유일한 방법은, 콜로라도에 눈이 내린 며칠 동안 내가 창세기부터 요한계시록까지 단번에 성경을 읽어 내려갔듯이, 그렇게 성경을 읽는 거다.

우주의 주인이신 능하고 놀라운 하나님, 열정과 불과 거룩이 가득한 하나님이 성경의 처음 900페이지를 장악하고 있다. 그 뒤로 약 100페이지에 걸쳐 사복음서가 이어지면서 지상에서의 예수님의 생애를 설명한다. 하지만 사도행전 이후로는 개인적인 서신이 이어진다. 서신서는 그리스인, 로마인, 유대인, 노예, 노예주인, 여성, 남성, 아이들 등 다양한 계층을 대상으로 쓰였지만, 또한 이 모든 사람들이 전체를 아우르는 하나의 새로운 정체성을 가지고 있다고 본다. 그것은 바로 "그리스도 안에" 있다는 정체성이다.

디트리히 본회퍼는 말했다. "교회란 그리스도가 실제 형체를 취하신, 인간들의 모임일 뿐이다." 바울이 말한 '그리스도의 몸'이라는 표현도 이와 매우 비슷한 사상이다. 그는 새로운 인류가 이 땅에 나타나고 있는데, 그들 안에 하나님 자신, 즉 성령이 살고 계시다고 보았다. 그들은 이 세상에 하나님의 팔과 다리와 눈을 확장시켰다. 바울은 더 나아가서, 이것이야말로 하나님의 꾸준한 목표인 것처럼 행동했다.

그는 다루기 힘든 고린도교회 교인들에게 "너희는 너희가 하나님의 성전인 것과 하나님의 성령이 너희 안에 계시는 것을 알지 못하느냐?"라고 썼다. 물론 유대인들에게 성전은 실제적인 건물이었고, 하나님이 임재하시는 이 세상의 중심 장소였다. 그렇다면 쉽게 말해서, 바울은 하나님이 '이사하셨다'고 주장하는 건가?

성경에는 세 종류의 성전이 나오는데, 이것을 종합해 보면 그 진행 과정을 볼 수 있다. 하나님은 자신을 처음에는 아버지로, 그리고 아들로, 마지막으로 성령으로 계시하셨다.* 첫 번째 성전은 웅장한 건축물로서 솔로몬이 짓고 헤롯이 재건했다. 두 번째 성전은 예수님의 몸으로서의 '성전'이었다("이 성전을 헐라, 내가 삼일 만에 다시 짓겠다"고 하신 그 성전이다). 그리고 이제 세 번째 성전이 그 모습을 갖추었으니, 각 사람을 통해 드러나는 성전이다.

위임

하나님은 피조물에게 위임할 수 있는 일은 절대 직접 행하시지 않는 것 같다. 그분이 하시면 눈 깜짝할 새에 완벽하게 해내실 것을, 느리고 엉성할 망정 우리더러 하라고 명하신다.

---

* 나는 삼위일체가 절대 단순한 교리가 아님을 깨달았다. 그리고 성자와 성령의 활동은 구약에서도 그 흔적을 찾을 수 있다. 하지만 성육신과 오순절을 완전히 배제한 채로 삼위일체를 논할 수는 없다. 각 사건은 이전에는 전혀 몰랐던 하나님에 관해 뭔가를 드러냈고, 사람들이 하나님을 보는 시각에 대 격변을 일으켰다.

창조는 계속되는 위임인 것 같다. 왜냐하면 그분은 주는 분(giver)이기 때문이다. [1]

이렇게 아버지, 아들, 성령으로의 진행은 상당히 진보된 친밀감을 보여 준다. 시내 산에서 백성들은 하나님을 피했고, 모세에게 자기들 대신 하나님께 나아가 달라고 부탁했다. 하지만 예수님 시대의 사람들은 하나님의 아들과 직접 대화할 수 있었다. 그분을 만질 수 있었고, 심지어 그분에게 상처 줄 수도 있었다. 그리고 예수님이 재판받을 때는 도망갔던 그 허물 많은 제자들이, 오순절 이후에는 살아 계신 하나님을 모신 자들이 되었다. 엄청난 위임을 통해, 예수님은 하나님의 나라를 제자들에게 그리고 우리에게 맡기셨다.

하지만 이걸로 충분하다. 성령에 관한 이 모든 희미한 사상들은 실제 교회에서 확연히 나타나는 현실과 어느 정도 부합되어야 한다. 그런데 교회 회중석에 앉아 있는 사람들을 보자. 이들이 과연 하나님이 생각하신 그런 사람들인가?

위임에는 항상 위험이 따른다. 고용주라면 누구나 이 점을 알 것이다. 당신이 일을 맡기는 순간 그 일은 당신의 손에서 떠난다. (바울이 표현한 것처럼) 하나님이 "우리를 통해 자신을 드러내실 때도" 하나님은 엄청난 위험을 감수하시는 것이다. 우리가 하나님을 완전히 잘못 드러낼 위험이 있기 때문이다. 노예제도, 십자군 전쟁, 유대인 집단 학살, 식민주의, 전쟁, KKK, 이 모든 운동들이 그리스도의 징벌을 대의명분으로 내걸었다. 하나님이 사랑하고 싶어 하는 세상, 하나님이 관심을 끌고 싶어 하는 세상이 하나님을 전혀 못 볼 수도 있다. 우리의 얼굴이 오히려 하나님의 얼굴을 가릴 수 있다.

그래도 하나님은 위험을 감수하셨고, 그렇기 때문에 세상은 무엇보다도 그리스도인들을 통해서 하나님을 알 수밖에 없다. 성령의 교리는 '교회'의 교리다. 하나님이 우리 안에 사신다는 것이다. 바울은 이런 방식을 '하나님의 어리석음'이라고 말했다. 작가 프레더릭 뷰크너는 이런 어리석음에 경탄했다. "하나님은 세상에서 그분의 거룩한 일을 위해…바보와 사회 부적응자, 트집쟁이와 고고한 척하는 자, 격식 차리는 자와 괴짜, 지독한 이기주의자와 쑥맥, 호색가를 택하셨다."[2]

이어서 바울은 "하나님의 어리석음이 인간보다 지혜롭다"고 말한다.

허물 많고 평범한 교회 사람들 가운데 살고 있는 우리들, 교회의 바보요 부적응자이며 괴짜인 **우리들은**, 성경이 그리스도의 몸에 관해 풍성하게 표현한 것을 희석시키고 싶을 것이다. 우리가 얼마나 그리스도를 제대로 체화시키지 못하는지 잘 알기 때문이다. 하지만 성경은 단호하다. 다음 두 가지 실례만 생각해 보자.

1. **우리는 이 땅에서 하나님의 거룩하심을 대변한다.** 하나님과 인간 사이의 큰 거리감은 무엇보다도 거룩함에서 비롯된다. 지성소가 금지 구역이 된 것도 거룩함 때문이다. 하지만 신약 성경은, 대지진 같은 변화가 일어났다고 강조한다. 이제는 완전하신 하나님이 불완전한 인간 안에 사신다. 그리고 그분은 우리의 자유를 존중하시기 때문에, 사실 성령도 우리의 행동에 '굴복하신다.' 신약 성경은 우리가 성령께 거짓말할 수도 있고, 근심시킬 수도 있고, 성령을 소멸할 수도 있다고 한다. 그렇게 잘못된 선택을 함으로써 우리는 말 그대로 우리의 잘못된 선택에 하나님을 굴복시키는 것이다.

고린도전서 6장은 이렇게 이상한 진리를 가장 강력하게 시사한다. 여기서 바울은 성적으로 흥분해서 창녀를 돈으로 산 음란한 고린도교회의 교인들을 꾸짖으면서, 그들이 합리화시키는 근거를 하나하나 깨뜨린다. 그리고 마지막으로 가장 심각한 경고를 한다. "너희 몸이 그리스도의 지체인 줄을 알지 못하느냐?" 바울은 이 말의 의미를 문자 그대로 믿은 것 같다. 그는 거침없이 다음과 같은 놀라운 결론을 말한다. "내가 그리스도의 지체를 가지고 창녀의 지체를 만들겠느냐? 결코 그럴 수 없느니라."

굳이 성경학자가 아니어도 이 차이점을 알 수 있다. 구약 시대에 음행한 자는 하나님의 법에 불순종했기 때문에 돌에 맞아 죽었다. 하지만 성령 시대에 와서 하나님은 자신의 평판을, 심지어는 자신의 본질을 우리에게 위임하신다. 우리는 세상 속에서 하나님을 성육신한다. 우리에게 일어난 일은 하나님께도 일어난다.

2. **인간은 지상에서 하나님의 일을 한다**. 또는 더 정확히 말하자면, 하나님은 우리를 통해서 자신의 일을 하신다. 이것을 말로 표현하는 순간 긴장이 발생한다. "우리는 하나님 없이 행할 능력이 없고, 하나님은 우리 없이 행하실 마음이 없다"라고 아우구스티누스는 말했다. 비슷한 맥락에서 바울은 "두려움과 떨림으로 너희 구원을 이루라"고 썼는가 하면, 그다음 구절에서는 "너희 안에서 역사하시는 이는 하나님이시니"라고 썼다. 이 말이 어떤 의미이든 간에, 적어도 "하나님께 맡기라"는 태도와는 확연히 대조된다.

하나님은 시내 광야를 방황하는 이스라엘 백성들에게 기적적으로 먹을 것을 제공하셨고 그들의 신발이 닳지 않게 하셨다. 예수님도 배고픈 자들을 먹이셨고, 그들의 필요를 직접 채워 주는 사역을 하셨다. 그렇게 흥미진진한 이야기들을 읽은 많은 그리스도인들이 향수에 젖어, 심지어는 실망에 가득 차서 그때를 회상하며 의아해 한다. "왜 하나님이 지금은 그때처럼 역사하시지 않는가?" "왜 하나님은 내 필요를 기적적으로 채우시지 않는가?"

하지만 신약 성경은 이와는 다른 형태로 역사가 이루어짐을 보여 준다. 차가운 동굴 감옥에 갇힌 바울은 오랜 지기인 디모데에게 자기의 육체적 필요를 채워 줄 것을 부탁한다. "내가 드로아 가보의 집에 둔 겉옷을 가지고 오고 또 책은 특별히 가죽 종이에 쓴 것을 가져오라." 그리고 "네가 올 때에 마가를 데리고 오라. 그가 나의 일에 유익하니라"고도 썼다. 성경 다른 곳에서 바울은 디도의 방문을 통해 "위로를 받았다"고 말한다. 그리고 예루살렘에 기근이 들었을 때, 바울은 그가 세운 모든 교회들을 동원해 헌금 모금을 했다. 하나님은 이스라엘 백성들의 필요를 채우셨듯이 어린 교회의 필요를 채워 주셨다. 이번에는 간접적으로, 그분의 몸 된 지체들을 통해 그 필요를 채우셨다. 바울은 "교회는 이걸 하고, 하나님은 저걸 하셨다"는 식으로 구분 짓지 않았다. 그런 구분은 그가 그렇게 자주 지적한 핵심을 놓치는 것이다. 교회는 그리스도의 몸이다. 따라서 교회가 한 일은 하나님이 하신 일이다.

바울이 왜 그렇게 이 진리를 강조했는지는, 그가 하나님을 처음 극적으로 만난 사건으로 돌아가 보면 알 수 있다. 당시 그는 그리스도인들을 박해하기로 악명 높은 그리스도인 사냥꾼이었다. 하지만 다메섹으로 가는 길에서 본 밝은 빛 때문에 3일 동안이나 눈이 멀어 있었다. 그 밝은 빛과 함께 하늘에서 음성이 들렸다. "사울아, 사울아, 네가 어찌하여 나를 핍박하느냐?"

'누구를 핍박했다고요? 당신을요? 저는 다만 이교도들인 저 그리스도인들을 찾아다녔을 뿐인데요.'

"주여, 누구시니이까?" 드디어 사울이 땅에 엎드러져 물었다.

"나는 네가 박해하는 예수라"는 대답이 들려왔다.

이 한 문장은 성령으로 말미암아 일어난 변화를 정확히 요약해 준다. 예수님은 몇 개월 전에 처형되었다. 사울이 뒤쫓던 자들은 예수님이 아니라 그리스도인들이었다. 하지만 다시 사신 예수님은, 사실 그들이 예수님의 몸이라고 사울에게 말씀하신 것이다. 그들을 아프게 하면 바로 예수님을 아프게 하는 것이다. 이것은 바울이 잊으려야 절대로 잊을 수 없는 교훈이었다.

✍

이 의미를 가장 개인적인 방식으로 적용해 보자. 성령의 교리는 이 책에서 다루는 질문들과 관련해 엄청난 의미를 갖는다. 내 친구 리처드는 물었다. "하나님이 어디 계십니까? 저한테 보여 주세요. 저는 그분을 봐야 해요." 그 질문에 대한 대답은 부분적으로 이렇다. "당신이 하나님을 보기 원한다면, 그분께 속해 있는 자들을 보시오. 그들이 바로 하나님의 '몸'이오. 그들은 바로 그리스도의 몸이오."

그런 도전에 대해 니체는 이렇게 말했다. "내가 구세주를 믿으려면 그의 제자들이 좀더 구원받은 사람다워야 할 것이다." 혹시 리처드가 마더 테레사처럼 사랑과 은혜를 체현한 성도를 발견했더라면, 그도 믿었을지 모른다. "저기 마더 테레사 보이지? 하나님은 바로 그녀와 같아. 그녀는 하나님의 일을 하고 있어."

리처드는 마더 테레사는 모르지만, 나를 알고 있다. 이 점이야말로 성령의 교리와 관련해서 우리를 가장 겸손하게 만드는 대목이다. 리처드는 아마 모든 질문을 잠재울, 폭풍우 속에서 들려오는 목소리 같은 건 절대 듣지 못할 수도 있다. 이생에서 하나님을 직접 보기도 어려울 것이다. 다만 그는 나를 볼 것이다.

1_ C. S. Lewis, *The World's Last Night*, p. 9.
2_ Frederick Buechner, *A Room Called Remember*, p. 142.

성경 참조 고린도전서 3장, 요한복음 2장, 고린도후서 5장, 빌립보서 2장, 디모데후서 4장, 고린도후서 7장, 로마서 15장, 사도행전 9장.

20
정점에서

잠시 성경에 관한 모든 선입견을 내려놓고, 이 두꺼운 책을 그저 한 가지 이야기를 풀어 낸 책으로 생각하고 읽는다면, 다음과 같은 이야기로 요약할 수 있다.

태초에 영이신 하나님은 거대한 물질세계를 창조하셨다. 하나님이 만드신 모든 근사한 작품 중에 오직 인간만이 '하나님의 형상'이라고 부를 만한, 하나님을 닮은 속성을 지녔다. 이 하나님의 형상은 엄청난 선물인 동시에 엄청난 부담이었다. 영-적인(spirit-ual) 존재인 남자와 여자는 하나님과 직접 교제할 수 있었다. 반면에 모든 피조물 중에 그들만이 하나님을 거역할 자유가 있었다.

결국 그들은 하나님을 거역했고, 그 운명의 날, 아담과 하와 안에 있던 뭔가가 죽었다. 그들의 육체는 오래 살았지만, 영은 하나님과의 자유롭고 열린 교제를 상실했다.

성경은 그 타락한 영을 회복하기 위해 하나님이 얼마나 애쓰셨는지를 말해 준다. 하나님은 각 가정 단위로 일하셨다. 처음에는 아담의 가정, 다음에는 노아의 가정 그리고 마침내 구약 대부분의 초점이 되는 아브라함의 가정에 역사하셨다. 성경은 하나님을 묘사할 때 때로는 자녀를 기르는 부모로, 때로는 사랑하는 자를 열렬히 찾는 연인으로 묘사한다. 하지만 늘 일관된 것이 있다. 잃어버린 것을 회복하기 위해 인간에게 다가갈 '돌파구를 찾으려고' 애쓰시는 하나님의 모습을 보여 준다는 것이다.

구약 성경은 몇 가지 찬란한 예외를 빼면, 대부분은 실패를 말하고 있다. 하지만 신약 성경은 하나님이 취하신 획기적인 움직임으로 시작된다. 그것은 예수님의 탄생을 통한 일종의 '침노'였다. 예수님은 완전히 새로운 시작을 대변하신다. "두 번째 아담"으로 불린 그분은 새로운 인종의 리더시다. 그분은 마침내 장애물을 무너뜨리고 하나님과 인류 사이에 휴전 협정을 맺게 하셨다.

예수님이 떠나신 후, 오순절에 하나님의 영이 내려와 각 사람을 충만히 채우셨다. 이리하여 그들의 타락한 영이 마침내 회복되었다. 이제 하나님은 인간들과 함께 정원을 거니는 수준을 넘어서서 인간들 속에 살아 계신다.

신약 성경을 한참 뒤까지 읽지 않아도 그 흥분을 금방 느낄 수 있다. 사도 바울은 그 어떤 표현보다 더 강력하게 이 흥분감을 표현했다. "피조물이 고대하는 바는 하나님의 아들들이 나타나는 것이니." 그는 이 세상에서 이 사건이 일어나는 것을 온 우주가 멈추어 지켜보는 모습을 그린다. "이는 이제 **교회로 말미암아** 하늘에 있는 통치자들과 권세들에게 하나님의 각종 지혜를 알게 하려 하심이니." 베드로도 숨 막히는 표현으로 "천사들도 살펴보기를 원하는 것이니라"고 덧붙였다.

그 와중에 적은 무리의 그리스도인들은 사마리아, 그리스, 에티오피아, 로마, 스페인 등 사방으로 퍼져 나갔다. 신약 성경에 따르면, 그들은 하나님을 위해 모든 피조 세계를 다시 살리는 일에 참여하고 있었는데, 그것은 역사를 뒤바꾸는 엄청난 일이었다.

왜 더 나은가?

나는 이 책의 시작부터 솔직해지겠다고 결심했다. 어쨌든 과분한 약속과 성급한 기대감의 희생자들을 위해 이 책을 쓰고 있으니까. 솔직히, 실망한 사람들이 신약 저자들의 열심을 공유하기는 매우 어렵다. 예를 들면, 내 친구 리처드는 하나님이 너무 미묘하게 행동하시기 때문에 믿음을 잃었다고 주장한다. 그는 좀더 확실한 걸 갈망했다. 불타는 떨기나무나 홍해가 갈라지는 기적과 같은 세상에 있는 뭔가를 기대했다. 그런데 고작 교회를 통해 알게 하신 "하나님의 분명한 지혜"라? 최근에 교회에 가보기나 하고 하는 소린가? 예수님이 나타나셨다면 감동스러웠겠지. 하나님의 임재를 보여 주는 영광의 구름이 나타났다면 그 앞에 납작 엎드렸겠지. 그런데 교회라니?

신약에 나오는 그 숭고한 말씀들과 우리의 일상적인 현실을 어떻게 조화시킬 수 있겠는가? 이렇게 쉽게 대답할 사람도 있을 것이다. "바울이 말하는 교회는 신약 성경에 나오는 초대 교회죠. 그건 이상적인 모습이고, 우리는 거기서 한참 벗어나 있잖아요." 나는 이런 말에 동의할 수 없다. 서신서는 회심한 천사 숭배자들, 도둑들, 우상숭배자들, 험담하는 사람들, 창녀들로 뒤섞인 회중을 대상으로 쓰였다. 하나님이 이들 안에 거하신다는 것이었다. 고린도에 있는 그 '이상적인 교회'에 대해 바울이 어떻게 기술하고 있는지 읽어 보라. 그 교회는 거룩하지 **않음**에 관한 한, 역사상 어느 교회와 견주어도 손색이 없을 정도로 소란하고 고약한 교회였다. 그런데 교회를 그리스도의 몸이라고 말한 바울의 가장 흥겨운 표현이 바로 그들에게 보낸 편지 속에 들어 있다.

질문을 좀더 우아하게 표현할 길이 없어서 단순히 이렇게 묻겠다. "시대를 향한 하나님의 계획이 성취된다는 것은 정확히 무엇인가?" 그 계획을 회사들이 활용하는 '비용-이익 분석'의 형태로 살펴본다면, 하나님과 우리에게 있어서 그 계획의 '비용'은 무엇이고 '이익'은 무엇인가?

하나님 입장에서는 교회의 명확한 결함들이 가장 큰 비용 부담일 것이다. 하나님이 자신의 이름을 이스라엘 국가에 내주시고 이스라엘이 그 이름에 먹칠하는 걸 감수해야 했듯이, 이제는 결함 많은 인간들에게 자신의 영을 내주신다. 교회가 하나님의 이상에 미치지 못하는 증거는 그리 멀리서 찾을 필요도 없다. 고린도교회, 남아프리카의 인종차별주의, 북 아일랜드의 유혈 사태, 미국 그리스도인들이 저지른 수치스런 일들만 보아도 충분하다. 우리를 지켜보는 세상은 하나님의 이름을 품은 자들을 통해 하나님을 판단한다. 그들이 하나님께 실망한 이유의 상당 부분은 그리스도인들에게서 느낀 환멸 때문이다.

도로시 세이어즈(Dorothy Sayers)는, 하나님이 인류를 구하시기 위해 겪으신 세 가지 굴욕에 대해 말한다. 첫 번째 굴욕은 성육신으로서, 인간의 육체라는 한계를 입으신 것이다. 두 번째 굴욕은 십자가 사건으로서, 공개 처형이라는 수치를 겪으신 것이다. 세 번째 굴욕은 바로 교회라고 주장했다. 하나님은 엄청난 자기 부인(self-denial)을 감수하면서 자신의 평판을 평범한 사람들에게 의탁하셨다.

하지만 성령의 충만함을 입은 그 평범한 사람들은 보이지 않는 방식으로 우주에 대한 하나님의 통치를 회복시키는 일을 돕고 있다. 우리가 회개할 때 천사들은 기뻐한다. 우리의 기도가 산을 옮긴다. 이미 언급한 바 있는 누가복음 10장에서 하나님의 이익을 볼 수 있다. "사탄이 하늘로부터 번개같이 떨어지는 것을 내가 보았노라." 70인이 성공담을 갖고 돌아오자 예수님은 기뻐 외치셨다. 그분은 마치 자녀가 예상보다 일을 훨씬 잘해내서 매우 뿌듯해하는 아버지처럼 반응하셨다.

그렇다고 하나님이 우리의 협조를 '필요로 하시는' 분인 것처럼, 이 점을 너무 강조하지는 말아야 한다. 다만 하나님은 이 세상에서 피조세계를 되찾는 일을 우리에게 맡기기를 더 원하셨다는 말이다. 이 문장을 쓰기 위해 나의 뇌가 내 손가락과 손과 손목을 도구로 사용하듯이, 하나님은 인간이라는 도구를 사용하신다. 이것이 오늘날 이 세상에서의 그리스도의 역할을 설명하면서 바울이 가장 자주 사용한 비유, 바로 몸의 머리가 되신 그리스도다. 그분은 지체들에게 그분의 뜻을 실행하도록 지시하신다.

하나님의 이익을 이해하기 위해 예언서에 나오는 하나님의 이미지, 즉 부모의 이미지와 연인의 이미지를 다시 생각해 보자. 인간에게서 볼 수 있는 이 두 관계는, 하나님이 인간을 통해 얻고자 하시는 요소들을 포함하고 있는데, 그 핵심은 바로 **의존성**이다. 이 두 관계의 공통점도 차이점도 이 단어 속에 핵심이 있다.

아기는 모든 면에서 의존적이다. 누가 아기의 필요를 채워 주지 않으면 아기는 죽고 만다. 부모들은 밤잠을 못 자면서 아기가 토한 걸 치우고, 배변 훈련을 시키고, 유쾌하지 않은 다른 많은 허드렛일을 사랑으로 감당한다. 아기의 의존성을 알기 때문이다. 하지만 계속 그렇게 할 수는 없다. 독수리는 둥지를 흩트려서 새끼 독수리를 억지로 날게 한다. 어머니는 젖을 떼려고 일부러 젖가슴을 감춘다.

건전한 부모라면 자녀가 끝까지 자신에게 의존하기를 원치 않는다. 그래서 아버지는 딸을 일생토록 유모차에 태우지 않고 걸음마를 가르친다. 언젠가는 그 아이가 제 발로 집을 나갈 수도 있다는 걸 알면서도. 좋은 부모는 의존적인 자녀가 자유를 행사하도록 조금씩 내몬다.

그러나 연인들은 이와 반대다. 그들은 각자 완전한 자유를 갖고 있지만, 그 자유를 포기하고 의존성을 선택한다. 성경은 "서로에게 복종하라"고 말한다. 부부들은 이 말이야말로 하루하루 더불어 살아가는 과정을 가장 정확히 말해 준다는 걸 안다. 건강한 부부는 배우자의 바람에 기꺼이 복종한다. 사랑하기 때문이다. 그러나 건강치 못한 부부 관계에서는 복종이 힘겨루기가 되어, 경쟁하는 자아끼리 줄다리기를 한다.

이 두 관계의 차이점은 하나님이 인류와의 긴 역사 속에서 무얼 추구하고 계신지를 보여 준다. 하나님은 우리가 선택의 여지없는 아이처럼 무력하게 매달리는 사랑이 아니라, 연인처럼 자유롭게 내어주는 성숙한 사랑을 하기를 바라신다. 하나님은 늘 우리에게 '연애'를 걸어 오신다.

하나님은 이스라엘 백성에게서는 그런 성숙한 사랑을 전혀 얻지 못하셨다. 기록을 보면 하나님이 어린 국가를 성숙으로 은근히 내몰아 가신 걸 알 수 있다. 이스라엘 백성이 약속의 땅에 들어가자 만나가 그쳤다. 하나님은 그들에게 새 땅을 주셨고, 이제는 그들 스스로 식량을 공급해야 했다. 그러자 이스라엘은 전형적인 아이처럼 풍요의 신들을 섬기기 시작했다. 하나님은 연인을 원하셨건만 오히려 영구적인 발달 지체아를 얻으셨다.

지금 성령의 시대에는 어떠한가? 지금은 하나님이 아이 대신 연인을 얻으셨을까? 놀랍게도 신약 성경은 그렇다고 대답한다. 신약 성경에 나오는 다음의 구절은 하나님이 우리를 어떻게 보시는지를 잘 설명해 준다. "그리스도께서 교회를 사랑하시고… 자기 앞에 영광스러운 교회로 세우사 티나 주름 잡힌 것이나 이런 것들이 없이 거룩하고 흠이 없게 하려 하심이라." "이는 너희가 흠이 없고 순전하여 어그러지고 거스르는 세대 가운데서 하나님의 흠 없는 자녀로 세상에서 그들 가운데 빛들로 나타내며." "전에 멀리 있던 너희가 그리스도 예수 안에서… 가까워졌느니라." "이제부터 너희는 외인도 아니요 나그네도 아니요… 하나님의 권속이라.… 성령 안에서 하나님이 거하실 처소가 되기 위하여… 함께 지어져 가느니라."

사실 성경은 평범한 인간과 하나님의 영의 연합이야말로 창조의 가장 고귀한 업적이라고 말한다. 하나님의 목표는 늘, **우리를** 구비시켜 이 세상에서 하나님의 뜻을 성취하는 것이었다. 이 느리고 어려운 과정을 통해 언젠가는 지구가 총체적으로 회복될 것이다.

우리의 이익

하지만 그런 거창한 사상들, 즉 하나님의 대리인, 창조의 가장 고귀한 업적은 우리가 볼 수 없는 하나님의 시각을 대변한다. 그렇다면 이 땅에 사는 우리에게 하나님의 계획이 끼치는 비용과 이익은 무엇인가? 우리는 여전히 고통, 비극, 실망이 가득한 저주받은 세상에 살고 있다. 그리고 내가 **친밀감** 면에서 엄청난 발전이라고 제시한 것이, 다시 말해 시내 산의 연기에서 예수님이라는 인격으로 그리고 내주하시는 성령으로 발전한 관계가, 사실 하나님이 우리와 직접 관계를 맺는다는 면에서는 역설적으로 하나님의 **퇴보**로 보일 수도 있다.

어떤 사람들은 하나님이 좀더 눈에 보이게, 실제적으로 다가오셨던 구약 시대를 "아, 옛날이여" 하며 몹시 그리워하기도 한다. 구약 성경은 인간이 특정한 조건만 지키면 하나님이 신체적 안전과 번영을 보장하신다는 언약을 승인하셨음을 보여 준다. 하지만 신약에는 그런 언약이 없다. 광야에서는 눈에 보이던 하나님의 임재가 보이지 않는 성령의 임재로 바뀌면서, 일종의 손실이 발생한 게 사실이다. 우리는 하나님이 존재하신다는 분명하고 확실한 증거를 잃었다. 오늘날에는, 우리가 확신을 얻기 위해 언제든지 쳐다볼 수 있도록, 하나님이 구름 형태로 우리 주변을 맴돌지 않으신다. 리처드처럼 어떤 이들에게는 이것이 엄청난 손실 같다.

사실 하나님이 교회에 의존하시기 때문에 하나님에 대한 실망감이 영구적으로 퍼져 있으리라는 점은 거의 확실하다. 옛날에는 히브리인들이 군사를 움직이거나 성전에서 나무를 사용할 때 하나님의 뜻을 알고 싶으면, 대제사장이 하나님의 응답을 분별하는 법을 알고 있었다. 하지만 미국에 존재하는 1,275개의 교파들은 오늘날 교회가 하나님의 뜻에 대해 어떤 면에서든 합의가 어렵다는 걸 방증할 뿐이다. 현대 교회들의 혼란스러운 목소리도 그 비용 중에 하나다. 광야의 히브리인들이나 예수님을 따르던 제자들과 함께 살지 못하고 오늘날을 살아야 하는 우리가 겪는 불이익이다.

그렇다면 이익은 무엇인가? 신약 성경은 이 점을 표현하는 데 매우 힘들어 한다. 특히 히브리서, 로마서, 갈라디아서가 그렇다. 나는 흥분 잘 하는 사도 바울이 "이익은 무엇인가?"라는 질문에 어떻게 응수할지 눈앞에 선하다.

뭐라, 당신 미친 거 아냐? 이익이라니? 레위기, 민수기, 신명기를 한자리에 앉아 단숨에 읽어 보시오. 그러고 나서 얘기합시다. "아, 옛날이여"라고? 그렇게 살고 싶은 사람이 어디 있겠소? 당신은 매일 당신의 영원한 운명을 걱정하면서 살고 싶소? 하루 종일 그 많은 규칙을 지키느라 헉헉대며 살고 싶소? 하나님께 한번 나아가려면 의식은 얼마나 오래 걸리는지. 동물 제사와 이상한 옷을 입은 대제사장이 그렇게도 좋소? 이보시오, 나는 그런 요구에 맞추느라 인생의 절반을 다 썼으니, 이젠 당신이나 그렇게 사시오. 율법과 성령의 차이는 마치 죽음과 삶만큼, 노예생활과 자유만큼, 영원한 어린이와 성인만큼 천지 차이라오. 누가 거기로 되돌아가고 싶어 한단 말이오?

바울의 표현을 빌리자면, 구약의 방식은 "돌에 써서 새긴 죽게 하는 율법 조문"이며, 다만 "우리를 그리스도께로 인도하는 **초등교사**"일 뿐이었다. 누가 영원히 유치원에 있기를 바라겠는가? 바울이 말했듯이, "우리는 모세와 같지 아니하고… 주의 영이 계신 곳에는 자유함"이 있다.

하나님의 계획은 양편 모두에 위험 부담이 있다. 우리 편에서는, 믿음과 순종을 요구하시는 보이지 않는 하나님을 따르기 위해 우리의 독립성을 부인해야 하는 위험을 감수해야 한다. 하나님 편에서는, 우리가 이스라엘 백성처럼 전혀 성장하지 않을 위험을 감수하셔야 한다. 우리가 하나님을 절대 사랑하지 않을 위험도 감수하셔야 한다. 명백하게도, 하나님은 이 도박에 패를 던질 만하다고 생각하셨다.

삼위일체의 음성

하나님의 계획을 일련의 음성들로 생각해 보자. 첫 번째 음성은 천둥처럼 요란하고, 나름 유익이 있다. 진동하는 시내 산에서 이 음성이 말씀하실 때, 또는 갈멜 산 제단 위에 불이 내렸을 때, 아무도 그것을 부인할 수 없었다. 하지만 놀랍게도 그 음성을 듣고 두려워했던 자들은, 예를 들면 시내 산과 갈멜 산에 있었던 이스라엘 백성들은 이내 그 음성을 무시했다. 그 음성의 크기가 방해가 되었던 것이다. 그 음성을 찾아나서는 자는 별로 없었다. 그 음성이 잠잠해졌을 때 인내심을 갖고 기다린 자들은 더더욱 없었다.

예수님 시대에 이르자 이 음성은 조정이 되었다. **말씀이** 육신이 되신 것이다. 몇 십 년 동안 하나님의 음성은 팔레스타인에 있는 한 시골 유대인의 어조와 성량과 사투리 억양을 띠게 되었다. 그것은 정상적인 사람의 목소리였으며, 권위를 가지고 말씀하시긴 했지만 사람들이 도망갈 정도는 아니었다. 예수님의 음성은 부드러웠다. 그에 반대해서 논쟁을 할 수 있을 만큼 부드러웠고, 그분을 죽일 수 있을 만큼 부드러웠다.

예수님이 떠나신 후에, 그 음성은 새로운 형태를 띠었다. 오순절 날, 불의 혀가, 즉 **방언이** 신실한 자들에게 임했고, 하나님의 몸 된 교회가 모습을 갖추기 시작했다. 마지막 음성은 숨소리처럼 가까웠고, 속삭임처럼 부드러웠다. 어떤 음성보다도 연약하고, 가장 쉽게 무시할 수 있는 음성이었다. 성경은 성령이 '소멸'될 수도 있고, '탄식'할 수도 있다고 말한다. 모세가 본 떨기나무의 불꽃이나 시내 산의 녹아 버린 바위는 소멸시킬 수 없었다. 성령은 또한 가장 친밀한 음성이다. 우리가 연약한 순간에, 우리가 뭘 기도해야 할지 모르는 순간에, 성령께서는 우리 안에서 말할 수 없는 탄식으로 우리를 위해 중보하신다. 그 탄식은 아이를 출산할 때의 고통, 새로운 창조를 위한 해산의 고통이다.

성령은 하나님께 대한 실망을 완전히 제거해 주지는 않을 것이다. 중보자, 도움자, 상담가, 위로자라는 성령의 직함 자체가 여전히 문제가 있다는 것을 전제한다. 하지만 바울이 금융계에서 빌려온 세상적인 은유를 써서 말했듯이, 성령은 또한 "장차 올 일의 보증이 되신다." 성령은 우리를 일깨우신다. 그런 실망감은 일시적이며 하나님과 누릴 영원한 삶의 서곡에 불과하다고. 하나님은 하늘과 땅을 재창조하시기에 **앞서** 영적인 연결을 회복하는 게 반드시 필요하다고 생각하셨다.

신약 성경에는 성령 충만을 술 취함에 비교한 본문이 두 군데 있다. 두 상태 다 우리가 인생의 시련을 보는 관점을 바꿔 주지만, 이 둘 사이의 차이점은 크다. 많은 이들이 실업, 질병, 개인적인 슬픔을 잊으려고 술을 마신다. 그리고 술 취한 자는 만취 상태의 환상에서 깨어나 변하지 않은 현실로 돌아갈 수밖에 없다. 하지만 성령은 새로운 현실을 속삭인다. 정말로 진리인 현실, 우리가 깨어나면 영원히 돌아갈 현실을.

성경 참조 로마서 8장, 에베소서 3장, 베드로전서 1장, 고린도전서 12장, 에베소서 5장, 빌립보서 2장, 에베소서 2장, 고린도후서 3장, 갈라디아서 3장, 고린도후서 3, 5장.

book *Two*

어둠 속에서 보다

내 영혼에게 말했다, 잠잠하라
어둠이 네게 임하리라
하나님의 어둠이…
내 영혼에게 말했다, 잠잠하라 그리고 소망 없이 기다리라
소망은 잘못된 것을 바람이니.
사랑 없이 기다리라
사랑은 잘못된 것을 사랑함이니.
그래도 아직 믿음은 있다
그러나 믿음과 사랑과 소망은 모두
기다리는 중이다.

T. S. 엘리엇, "이스트 코커"

21
막간에

어느 날 꽤 늦은 밤에 나는 지하 서재에 앉아 이 책의 다음 부분을 구상했다. 지금까지 논의한 것을 재검토하고 요약할 생각이었다. 지난 세월 동안 나는 하나님께 대한 실망이라는 주제를 다루는 소소한 메모들을 모아 두었는데, 그게 몇 개의 폴더를 가득 채웠다. 나는 성경에서 깨달은 내용들에 비추어 그 메모들을 읽어 보고 추려냈다.

그 작업을 하다 보니 우리 집 거실에서 리처드를 처음 만났을 때가 떠올랐다. 그의 세 가지 질문이 처음으로 등장한 것이 바로 그때였다. 하나님의 공평하심과 침묵과 숨어 계심에 관한 그의 질문은 곧 나의 질문이 되었고, 나는 성경을 통해 그 질문들을 탐구하기 시작했다. 탐구를 시작할 때만 해도 나는 좀더 적극적인 하나님, 때로는 소매를 걷어붙이고 눈에 보이는 능력으로 내 삶에 개입하시는 하나님을 기대했다. 최소한 꼭꼭 숨어 침묵만 하지는 않는 하나님, 약간 덜 신비로운 방식으로 일하시는 하나님을 기대했다. 그것이 그리 심한 요구는 아니지 않은가.

하지만 나는 성경 속에서 놀라운 사실들을 발견했다. 기적이 자주 일어난 시절인데도 불구하고 보통 믿음은 그리 오래가지 않았다는 점이다. 오히려 그 반대였다. 그 기적들은 대부분 믿음 **없음**을 보여 주는 실례가 되었다. 나는 성경을 연구하면 할수록 하늘에서 만나가 내려오고 불이 임하는 '좋았던 옛시절'을 덜 사모하게 되었다.

가장 중요한 점은, 성경을 통해 하나님의 시각을 슬쩍 보게 된 것이다. 하나님의 '목표'는 (이런 표현을 쓰는 게 허용된다면) 휘황찬란한 기적으로 모든 회의주의자들을 제압하는 게 아니었다. 물론 원하기만 하면 단번에 그리하실 수 있었다. 하지만 하나님은 화해의 길을 택하셨다. 사랑하고 사랑받는 길 말이다. 그리고 성경은 하나님이 인간에게 어떤 강요도 쓰지 않으면서 인간에게로 오기 위해 돌파구를 찾으시려는 노력에 분명한 발전이 있음을 보여 준다. 즉, 처음에 하나님은 부모의 마음으로 히브리인들 주변을 맴도는 아버지셨다. 그다음 성자 하나님이신 예수님은 위로부터 독단적으로 명령을 내리시지 않고, 하나님의 뜻을 '아래에서부터 위로' 올려 드리는 것을 가르치셨다. 그리고 마지막으로 성령 하나님은 문자 그대로 하나님의 임재로 우리를 채우셨다. 현대를 사는 우리는 불이익이 아니라 놀라운 특권을 얻었다. 왜냐하면 하나님은 이 땅에서 그분의 뜻을 이루기 위해 무엇보다도 **우리에게** 의존하는 방법을 택하셨기 때문이다.

그날 밤 나는 다음 장에 이어질 내용의 윤곽을 잡으면서 점점 더 뜨거운 열정으로 이런 생각들을 정리해 보았다. 그렇게 또 한 뭉치의 종이들을 뒤적이다가 메그 우드슨(Meg Woodson)이 보냈던 편지를 발견했다.

내가 메그를 알고 지낸 지도 10년이 넘었다. 그녀는 경건한 그리스도인이자 목사 사모였고 아주 섬세한 작가였다. 하지만 그녀를 생각하면 가슴이 아려 온다.

우드슨 부부에게는 아이가 둘 있었다. 페기와 조이였는데, 둘 다 낭포성 섬유증을 안고 태어났다. 두 아이는 아무리 음식을 많이 먹어도 바짝 말랐다. 계속 기침을 하고 숨 쉬는 것조차도 힘겨워 했다. 메그는 아이들이 가래를 뱉어 낼 수 있도록 하루에 두 번씩 가슴을 두드려 주어야 했다. 아이들은 해마다 몇 주씩 병원에 입원했고, 자신들이 성인이 되기 전에 죽을 수도 있다는 걸 알고 있었다.*

명석하고 명랑하고 평범한 미국 소년 조이는 열두 살 때 죽었다. 페기는 여러 가지 난관을 이겨 내고 훨씬 오래 살았다. 나는 페기를 위한 메그의 간질한 기도에 동참했다. 기록상으로는 낭포성 섬유증이 기적적으로 치유된 사례가 없다는 걸 알고 있었지만, 어쨌든 우리는 치유를 위해 기도했다. 페기는 고등학교 때 위기를 여러 차례 넘겼고, 대학도 갔다. 그 애는 점점 강해지는 것 같았고 약해지지 않았다. 그러면서 그 애가 완전히 나을 수도 있다는 우리의 소망 또한 부풀어 올랐다.

하지만 기적은 일어나지 않았다. 페기는 스물세 살에 죽었다. 그리고 그날 밤 나는 지하 서재에서, 페기가 죽은 후에 메그가 써 보냈던 편지

---

* 메그는 이 두 자녀에 관한 담대하고 감동적인 책을 여러 권 썼다. *Following Joey Home*, *I'll Get to Heaven Before You Do!*와 *The Time of Her Life* 등이다.

막간에 __ 199

를 읽었다.

페기가 어떻게 죽었는지 말씀드리고 싶네요. 왜 그런지 이유를 설명할 수는 없지만, 이걸 꼭 말해야겠다는 강한 느낌이 듭니다. 친구들에게 또 한 번 이런 일로 폐를 끼치고 싶지 않았기에, 달리 이야기할 사람도 없었습니다.

페기가 마지막으로 병원에 가기 전 주말에, 그 애는 자기네 목사님이 인용한, 윌리엄 바클레이의 말에 흥분한 채로 집에 돌아왔습니다. 그 구절이 얼마나 좋았던지 저에게 주려고 색인 카드에 베껴 왔더군요. "인내는 그저 어려움을 견디는 능력이 아니라 그 어려움을 영광으로 바꾸는 능력이다." 그 애는 자기네 목사님이 힘든 한 주를 보낸 것 같다고 했어요. 그 구절을 읽고 나서 강대상을 쾅 치더니 돌아서서 울었다면서요.

페기가 병원에 입원한 지도 한참 지났는데, 병세는 별로 호전되지 않았습니다. 그 애는 자기 몸에 꽂혀 있는, 죽음과 관련된 온갖 장비들을 둘러보더니 제게 물었어요. "엄마, 그 인용문 기억하세요?" 그러고는 한쪽 입가에서 혀 끝으로 연결된 튜브를 다시 한 번 둘러보더니, 고개를 끄덕이며 혼신의 노력을 다해 지금 자신이 참여하고 있는 믿음의 시험에 대해 흥분을 감추지 못했습니다.

그 애는 이 세상에서 의식이 지탱하는 한 끝까지 헌신했습니다. 한번은 페기를 방문한 대학 학장님이 그 애에게 특별한 기도 제목이 없냐고 물었습니다. 그 애는 너무나 힘이 없어 말은 할 수 없었지만, 바클레이의 인용문을 설명해 달라는 뜻으로 내게 고갯짓을 했고, 자기가 겪는 어려운 시간이 영광으로 변하도록 기도해 달라고 했습니다.

그 애가 죽기 며칠 전, 머리맡에 앉아 있는데, 아이가 갑자기 비명을 지르기 시작했습니다. 날카롭고 가슴을 찌르는 듯한, 그 원초적인 비명 소리를 저는 절대로 못 잊을 겁니다. 간호사들이 온 사방에서 달려와 사랑으로 그 애 주변에 둘러섰습니다. 한 간호사가 말했습니다. "페기, 괜찮아. 지니가 여기 왔어."

간호사들은 페기의 몸을 토닥여 주었습니다. 그들이 속삭이며 어루만져 주자 이내 페기의 고통이 누그러졌습니다. (시간이 더 지나고 비명이 계속되면서 더 이상은 고통도 누그러지지 않았지만.) 저는 그런 긍휼의 마음을 본 적이 없었습니다. 페기를 보살피는 특별한 간호사이자 친구인 웬디는, 그 층에 있는 간호사는 누구나 살릴 수만 있다면 자기의 한쪽 폐라도 떼어 주고 싶은 담당 환자가 최소한 한 명씩은 있다고 말하더군요.

그렇게 죽어 가는 사람들을 배경으로 간호사들은 그저 병동에 오랫동안 같이 머물러 줄 뿐이에요. 페기를 도와주실 수 있는 유일한 존재인 하나님도 그분 자신에게 헌신되어 있고, 그분의 영광을 위해서라면 기꺼이 죽을 준비가 되어 있으며, 그분의 팔에 안기기로 결심하고, 낭포성 섬유증의 극심한 고통을 감내하며 죽어 가고 있는 이 젊은 아가씨를 내려다보고만 계시는데 그들이 더 뭘 할 수 있겠어요.

필립, 고통이 주는 유익을 말하는 건 아무 도움이 안 돼요. 그리고 육체의 질병이 순리를 따라 진행되게 놔두시는 하나님에 관해 말하는 것도 도움이 안 되네요. 왜냐하면 하나님이 개입하신다면, 인간이 고난받는 매순간마다 하나님은 개입할지 안 할지 결정하실 테고, 페기의 경우에는 영원한 안식을 주기로 결정하신 것일 테니까요. 격렬한 슬픔과 분노밖에는 아무것도 표현할 수 없었던 순간들이 있었어요. 그렇게 감정을 발산한다고 누그러지는 것도 아니더군요.

페기는 한 번도 하나님께 불평한 적이 없어요. 경건하게 억지로 참는 게 아니라, 그 애 사전에는 아예 불평이라는 단어가 없는 것 같았어요. 그 애의 죽음을 함께 견디며 살아낸 우리 중에도 불평한 사람은 아무도 없었답니다. 하나님이 우리를 온전히 사로잡고 계셨나 봐요. 하나님의 사랑이 너무도 실제적이어서 아무도 그 사랑을 의심할 수도, 그 사랑의 방식에 화를 낼 수도 없었어요.

페기와 제 고통의 문제를 해결하기 위해 이런 말을 하는 거라면, 저는 또다시 하나님의 사랑을 체험할 수 있는 유일한 지점에 와 있지 않나 싶습니다. 그분의 토닥이심, "메그야, 내가 여기 있다"라는 위로 말입니다. 하지만 또다시 의구심이 듭니다. 어쩜 하나님은 이런 상황에서 두 손 놓고 계실 수 있나요?

생각해 보면, 이런 생각은 아무한테도 표현한 적이 없어요. 어떤 사람의 믿음도 흔들리게 하고 싶지 않았거든요. 저를 '기분 좋게' 해줄 말을 찾으려고 애쓰지 마세요. 제 말을 들어주신 것만으로도 감사해요. 그게 얼마나 큰 도움이 되는지 대부분의 사람들은 잘 몰라요.

메그의 편지를 읽고 나니, 그날 저녁에는 더 이상 일할 마음이 나질 않았다.

이 땅에서의 관점

오래된 질문들이 다시 밀려들어 왔다. 사회적 불의, 응답받지 못한 기도들, 치유되지 않은 질병, 수없이 많은 불공평한 상황들. 그리고 리처드의 질문도 강렬한 감정으로 새롭게 다시 몰려왔다. 메그가 딸의 병상에 무력하게 앉아 있는 동안, 그녀에게도 이런 감정이 몰려왔을 것이다.

하나님은 이 세상에서 무얼 하고 계시며 하나님이 된다는 건 어떤 느낌인지 깨달음을 얻고 싶어서 나는 성경을 탐구했다. 물론 그렇게 지고한 관점을 다 이해할 수 있을 만큼 하나님께 가까이 갈 수는 없다. 하지만 메그의 편지 덕택에 나는 전혀 다른 방향으로 가게 되었고, 이 책 마지막 부분의 접근 방식도 완전히 달라졌다.

하나님의 관점을 탐구하는 건 괜찮다. 하지만 **우리의** 관점은 어떠한가? 나는 하나님이 된다는 게 어떤 느낌인지를 탐색해 보았다. 하지만 메그의 편지를 통해, 인간이 된다는 건 어떤 느낌인가로 되돌아간다. 그녀의 질문은 머리가 아니라 가슴에서 나온 질문이다. 그녀는 엄마로서 자식이 천천히 고통스럽게 죽어 가는 걸 지켜보았고, 그러면서도 그리스도인으로서 사랑의 아버지 하나님을 믿는다. 이 둘을 어떻게 조화시킬 수 있을까?

그날 밤, 나는 이 책이 끝나지 않았음을 깨달았다. 신학적 개념들은, 메그 우드슨처럼 슬픔으로 점철된 세상에서 하나님의 사랑을 더듬어 나가는 사람에게 호소력을 발휘하지 못하면 큰 의미가 없다. 존 업다이크(John Updike)의 소설 속에 나오는 허둥대는 목사가 생각난다. 그는 이렇게 말했다. "뭔가 잘못되었어. 나에게는 믿음이 없으니까. 아니면 믿음은 있는데 어떻게 적용할지 모르겠어." 믿음은 어떻게 적용해야 하는가? 우리는 하나님께 무얼 기대할 권리가 있는가?

여호와께서 사탄에게 이르시되 "네가 내 종 욥을 주의하여 보았느냐. 그와 같이 온전하고 정직하여 하나님을 경외하며 악에서 떠난 자는 세상에 없느니라."

욥기 1:8

22
유일한 문제

여기엔 교회가 하나밖에 없어서 나는 그 교회에 다닌다. 일요일 아침마다 집을 나서서 언덕길을 내려가 전나무들 사이에 서 있는 흰색 골조의 교회로 간다. 특별한 행사가 있는 주일에는 교인이 스무 명 정도 나온다. 60세 이하인 사람이 나밖에 없을 때도 종종 있다. 나는 마치 고고학 연구를 위해 러시아에 온 것 같다는 느낌이 자주 든다. 교우들의 출신 교파는 다양하다. 회중 교회 출신인 목사님은 흰색 셔츠를 입는다. 그는 진정으로 하나님을 아는 사람이다. 한번은 목사님이 온 세계를 위해 길게 중보기도를 했다. 지도자들에게 지혜를, 슬픔과 고통을 겪고 있는 사람들에게 소망과 자비를 주시고, 압제당하는 자들을 구하시며, 세상 모든 사람들에게 은혜를 내려 달라고 기도했다. 그렇게 기도하던 중간에 잠시 멈추더니 울컥해서 이렇게 기도했다. "주님, 저희는 이 간구를 매주 당신께 올려 드립니다." 목사님은 목이 메어 잠시 쉬었다가 다시 기도문을 읽기 시작했다. 이런 면 때문에 나는 우리 목사님을 정말 좋아한다.

애니 딜라드, 「견고한 믿음」

지금까지 나는 성경에 있는 책 한 권을 굳이 피했는데, 그 책은 이 회중 교회 출신 목사님과 리처드, 메그 그리고 하나님에 대해 생각하는 사람이라면 거의 누구나 제기하는 이슈를 다루고 있다. 메그의 편지를 읽고 난 뒤, 나도 모르게 그 책, 바로 욥기에 손이 갔다. 놀랄 일도 아니었다.

욥기는 성경에서 가장 오래된 책일 가능성이 높지만, 내용은 가장 현대적이다. 욥기가 다루는 지독한 고난, 즉 전혀 이해할 수 없는 우주의 심연 속에 빠진 한 남자의 이야기는 현대 인류가 겪는 어려움을 예시한다. 성경의 다른 이야기는 거의 거부하는 사람도, 영감을 얻기 위해 욥기의 주제만큼은 계속해서 다룬다. 영국의 소설가인 뮤리얼 스파크(Muriel Spark)는 자신의 책 「유일한 문제」(The Only Problem)에서, '선하신 하나님이 어떻게 고난을 허락하실 수 있는가?'라는 욥기의 주제야말로 "토론할 가치가 있는 유일한 문제"라고 말했다. 고통의 문제는 현대인들이 강박적으로 집착하는 이슈이자, 우리 시대의 신학적 크립토나이트다. 고대인 욥은 이 문제를 누구보다도 잘 표현했다.

리처드는 약혼자와 직업과 안정적인 가정생활을 잃은 것에 대해 불만이 컸다. 메그는 아들과 딸을 잃은 고통에 울부짖었다. 하지만 어떤 기준으로 보든 욥은 그들보다 훨씬 많은 걸 잃었다. 양 7천 마리, 낙타 3천 마리, 소 천 마리, 당나귀 5백 마리 그리고 엄청나게 많은 종을 잃었다. 또 일곱 아들들과 세 딸들을 모두 큰 폭풍우로 한꺼번에 잃었다. 마지막 위안이었던 건강마저 무너져서, 발끝부터 정수리까지 온통 악창이 났다. 동방의 가장 위대한 사람이 하룻밤 사이에 가장 비참하게 전락했다.

욥은 하나님께 대한 실망이라는 주제와 관련해 성경에서 가장 눈에 띄는 사례다. 따라서 욥기에는 리처드나 메그 혹은 우리 중 누군가 느꼈을 어떤 실망이든지 잘 드러나 있다. 한 미국 랍비는 「착한 당신이 운명을 이기는 힘」(When Bad Things Happen to Good People)이라는 유명한 책을 썼다. 욥기는 이보다 더 심각한 문제를 제기한다. 가장 선한 사람에게 가장 끔찍한 일이 닥친 경우이기 때문이다.

욥기에 대한 오해

욥기를 언제부터 연구하기 시작했냐고 묻는다면 나는 이렇게 쉽게 대답했을 것이다. '욥기요? 욥기가 어떤 책인지는 누구나 다 알지 않나요? 성경에서 고난의 문제를 가장 종합적으로 다룬 책이잖아요. 끔찍한 슬픔과 황당한 고통에 관한 책이죠.' 이 책 내용의 대부분이 고난이라는 주제에 집중되어 있다는 건 의심의 여지가 없다. 3-37장에는 언급할 만한 행동은 없고, 다만 욥과 그의 세 친구와 정체불명의 엘리후, 이렇게 다섯 남자가 나누는 고통의 문제에 관한 신랄한 대화만 계속된다. 그들은 기련한 욥에게 내려진 가혹한 운명의 실타래를 풀어 보려고 갖은 애를 쓴다. 욥은 자기 집이 있던 자리에 겨우 남은 재 위에 외롭게 주저앉아 있다.

욥기를 그동안 잘못 읽었다는 걸 이제야 깨달았다. 아니 좀더 정확히 말하자면, 이 책을 총체적으로 깊이 생각해 보지 않았다. 욥기는 몇 장만 빼고는 모두가 고통의 문제를 다루고 있는 게 사실이지만, 욥기가 정말로 고통의 문제에 관한 책은 아니라는 결론에 도달했다. 고난이 이 이야기의 재료 중에 하나이긴 하지만, 중심 주제는 아니다. 케이크가 계란, 밀가루, 우유, 쇼트닝을 재료로 만들어지긴 하지만, 케이크 자체가 이 재료들에 관한 건 아니듯이, 욥기도 고난에 '관한' 건 아니다. 다만 좀더 넓은 차원의 이야기 속에 고난을 재료로 사용할 뿐이다. 욥기는 그보다 더 중요한 질문들, 우주적인 질문들과 관련이 있다. 전체로 볼 때, 욥기는 무엇보다도 가장 가혹한 형태의 **믿음**에 관한 책이다.

내가 이런 결론에 도달하게 된 이유는 욥기 1-2장에 도입부로 나오는 '플롯' 때문이다. 여기서는 욥이 이 땅에서 겪는 개인적인 사건의 근원이 하늘에서 일어나는 우주적 사건 속에 있음을 보여 준다. 한때 나는 욥기를 인간의 실망감에 관한 심오한 표현으로 생각했었다. 메그 우드슨의 편지와 일맥상통하되, 좀더 길고 상세하고 성경으로서의 권위를 인정받은 이야기 말이다. 하지만 욥기를 좀더 연구하면서, 이 책이 정말로 인간의 관점을 제시하지 않는다는 걸 발견했다. 성경의 중심은 하나님이고, 이 사실을 욥기만큼 분명하게 제시하는 책도 없다. 나는 욥기를 늘 3장의 시각에서 읽었음을, 다시 말해서 욥의 시각에서 읽었음을 깨달았다.

이 점을 좀더 설명해 보자.

욥기를 추리극, 다시 말해 '누가 무얼 했는지' 찾아 나가는 탐정이야기로 생각하면 더 쉽게 이해할 수 있다. 연극이 시작되기 전에 청중들은 사전 설명을 듣는다. 마치 기자 회견에 참석해서 감독의 작품 설명을 듣는 느낌이다(1-2장). 감독은 플롯과 주요 인물들에 대해 대략 설명하고, 연극에서 누가 어떤 행동을 왜 하는지도 미리 말해 준다. 사실 그는 연극의 모든 의문점을 다 풀어 준다. 단 한 가지만 빼고. 그것은 주인공이 어떻게 반응할 것인가, 욥이 과연 하나님을 신뢰할 것인가 부인할 것인가 하는 점이다.

조금 있다가 막이 오르면, 무대에는 배우들만 보인다. 그들은 극 속에만 등장하기 때문에, 감독이 사전 설명에서 우리에게 말한 것들을 전혀 알지 못한다. 우리는 '누가 무얼 했는지'는 알고 있지만 주인공 탐정인 욥은 그 사실을 모른다. 그는 우리가 이미 알고 있는 걸 깨닫는 데 온 시간을 쓴다. 그는 기와 조각으로 몸을 긁으며 이렇게 묻는다. "왜 나한테 이런 일이? 내가 무얼 잘못했단 말인가? 하나님은 나에게 뭘 말씀하시려는 거지?"

청중들에게는 욥의 질문들이 단지 대사 연습으로만 들린다. 왜냐하면 우리는 첫 두 장의 도입부를 통해 이미 대답을 알고 있기 때문이다. 욥이 무얼 잘못했는가? 잘못한 게 없다. 그는 인간 중에서 가장 훌륭한 사람을 대표한다. 하나님도 직접 나서서 욥이 "온전하고 정직하여 하나님을 경외하며 악에서 떠난 자"라고 하시지 않았던가? 그렇다면 왜 욥이 고난을 당하는가? 그건 징벌이 아니다. 전혀 아니다. 그는 하늘의 대경합에서 주전 선수로 뽑힌 것이다.

내기

돌이켜 보면, 내가 어떻게 그렇게 욥기를 잘못 이해했는지 의문스러울 정도다. 생각건대 그 이유 중에 하나는 3-37장에 나오는 답변들 때문인 것 같다. 이 부분이 인간의 딜레마를 워낙 호소력 있게 표현한지라, 우리는 그 힘에 말려들어서, 그들이 제기한 질문에 대한 답변이 이미 1-2장에 나와 있다는 걸 잊어버린다. 하지만 이 외에도 또 한 가지의 이유가 있다. 처음 1-2장의 내용을 어떻게 이해해야 할지 아무도 모른다는 것이다. 성경학자들조차 이 서론을 좀 황당해 하거나, 아니면 나중에 편집자가 추가한 것으로 폄하하기도 한다. 이 서문에는 하나님과 사탄이 등장한다. 그리고 주석들은 대체로 이 부분을 당혹스러워한다. 욥의 모든 고난이 결국은 우주의 두 세력 사이의 내기로 귀착되기 때문이다.

사탄은 욥이 하나님의 총애를 너무 누리고 있다고 주장한다. 사탄의 그 주장으로 모든 문제가 비롯된다. 사탄은 하나님이 그를 "울타리로 두르셨기" 때문에 그가 하나님께 충성한다고 주장했다. 사탄은 하나님을 비웃는다. 하나님 자체는 사랑할 가치가 없는 존재이며, 욥과 같은 사람이 하나님께 끌리는 이유는 일종의 '뇌물을 먹었기' 때문이라는 것이다. 상황이 힘들어지면 그런 사람들은 금방 하나님을 버릴 거라고 주장한다. 이런 사탄의 논리를 시험해 보라는 도전을 하나님은 받아들이셨다. 이리하여 욥이 어떻게 반응할지 살펴보기로 결정이 되자, 불쌍하고 죄 없는 욥에게 가혹한 고난이 밀어닥친다.

이 하늘의 경합이 좀 이상하다는 점을 부인하지 않는다. 그렇지만 또한 욥에게 내기를 건 존재들의 대화를 비켜 갈 수도 없다. 왜냐하면 그 대화는 영원을 들여다볼 수 있는 흔치 않은 기회이기 때문이다. 사람이 고통을 겪으면 질문이 쏟아진다. 바로 욥을 고통스럽게 했던 질문들이다. 왜 나한테? 무슨 일이 일어나고 있는 건가? 하나님은 나한테 관심이 있으신가? 하나님이 과연 계시는가? 욥의 고난을 세세히 말해 주는 이 한 시간에, 욥이 아니라 우리 관망자들은 막 뒤에 숨어 있는 관점을 보게 된다. 욥기의 서문은 우리가 갈망하는 걸 제공한다. 바로 이 세상이 어떻게 돌아가는지에 대해 슬쩍 보게 해준다. 보통은 우리에게 숨겨져 있는 초자연적인 활동을 포함해서 성경 다른 곳에는 전혀 없는 관점을 욥기는 우리에게 보여 준다.

욥기는 죄 없는 사람에게 불공평한 행위를 한 하나님을 기소한다. 분노와 신랄함과 배신감에 싸인 욥은 거의 신성모독에 가까울 만큼 방황한다. 그가 하는 말들은 너무도 현대적이어서 놀랄 만큼 친근하게 들린다. 그는 우리가 마음속 깊이 느끼는, 하나님에 대한 불평을 대신 말해 준다. 하지만 1-2장을 보면, 욥이 어떻게 생각하든 상관없이, 시험을 받는 대상은 하나님이 아니라 욥이다. 이 책의 핵심은 고난이 아니다. 우리가 상처받을 때 하나님은 어디 계시는가? 서문은 그 문제를 다루고 있다. 핵심은 믿음이다. 상처받을 때 욥은 어디 있는가? 그는 어떻게 반응하는가? 욥기를 이해하려면 이 질문에서 출발해야만 한다.

초자연을 믿는다는 건, 단순히 이 땅에서 성공적이고 물질적이고 꽤 고결한 삶을 산 후에, 그 삶을 최대한 잘 대체해 주는 삶이 계속 이어진다고 믿는 것이 아니다. 또는 이 땅에서 굶주리고 가난한 삶을 살았던 사람이, 이생에서 못 누렸던 걸 모두 보상 받는 삶을 살 거라고 믿는 것도 아니다. 초자연을 믿는다는 건, 지금 여기서 가장 훌륭한 삶을 살아내는 걸 믿는 것이다.

T. S. 엘리엇

성경 참조 욥기 1-2장.

사람이 무엇이기에 주께서 그를 크게 만드사
그에게 마음을 두시고
아침마다 권징하시며 순간마다 단련하시나이까?
주께서 내게서 눈을 돌이키지 아니하시며
내가 침을 삼킬 동안도 나를 놓지 아니하시기를
어느 때까지 하시리이까?

욥기 7:17-19

23
우주 안에서의 역할

여름날 사내아이들이 무심하게 파리를 찰싹 때려 죽인다. 어떤 이들은 말한다. 신들 앞에서 우리는 이런 파리 같은 존재라고. 반면에 어떤 이들은 말한다. 하늘 아버지의 뜻이 아니면 참새의 깃털 하나도 땅에 떨어지지 않는다고.

손턴 와일더, 「산 루이스 레이의 다리」

욥기에 관한 책을 쓴 내 친구 리처드는, 고대의 인물 욥을 전능하신 하나님과 감히 팔씨름을 했던 전설적인 영웅으로 본 것 같다. 그가 욥의 용기를 상세히 설명하는 걸 다 들은 뒤에 나는 내기 거는 자(The Wager)의 개념을 꺼냈다. 그의 얼굴에 분노가 감돌았다. 그가 짧게 말했다. "욥은 하나님의 기분을 맞추느라 **지옥같이** 끔찍한 값을 치른 거죠. 그렇게밖에는 말할 수가 없어요."

나 역시 처음에는 그런 느낌을 피하기 힘들었다. 어려움을 쉽게 피할 길은 없다. 왜냐하면 하늘의 경합 자체가 욥의 삶에서 약탈자, 화재, 폭풍, 들끓음의 형태로 표출되고 있기 때문이다. 하나님이 그 **어떤** 경합에서 이긴다 한들, 그렇게 비싼 값을 치를 가치가 있는가? 융(C. G. Jung)이 욥에 관한 그의 신랄한 책에서 질문했듯이, "사자가 쥐를 겁주는 것이 사자에게 가치 있는 일일까?"

하지만 욥기를 좀더 연구하면서, 나는 여기서 벌어지고 있는 일에 관해 잘못된 이미지를 품고 있음을 깨달았다. 물론 팔씨름이 벌어지고 있는 건 맞았다. 하지만 선수는 욥과 하나님이 아니라, **사탄**과 하나님이었다. 비록 하나님이 욥이라는 사람을 대신 내세우셨고, 또 이 점이 가장 중요하긴 하지만. 첫 장과 마지막 장을 보면, 욥은 보이지 않는 세상의 관객들 앞에서 자기도 모르는 사이 우주적인 마지막 대결을 치렀다.

우주를 뒤흔들다

하나님과 사탄이 내기를 하는 이상한 장면을 보니, 무대 뒤에서 펼쳐지는 장면을 슬쩍 보여 주는 성경의 또 다른 구절이 생각난다. 예를 들어 요한계시록 12장에는 욥기보다 더 기묘한 경합 장면이 나온다. 해를 옷으로 입고 열두 별을 왕관으로 쓴 임신한 여인이 붉은 용과 대결한다. 그 용은 어찌나 큰지 꼬리를 한 번 치니 하늘의 별이 3분의 1이나 떨어졌다. 용은 여인이 아이를 낳으면 잡아먹으려고 기다리고 있다. 또 여인이 광야로 도망치고, 뱀이 여인을 물에 빠뜨려 죽이려는 장면도 있다. 하늘에서는 맹렬한 전쟁이 벌어지고 있다.

요한계시록 12장에 대한 해석은 주석서 숫자만큼이나 많지만, 이 이상한 이미지들이, 베들레헴에서 예수님이 탄생함으로 말미암아 우주 안에 거대한 분열이 일어났음을 시사한다는 점에는 대체로 모두가 동의한다. 어떤 의미에서 요한계시록 12장은 성탄절의 이면을 보여 준다. 우리에게 친숙한 말구유와 목자들과 영아 살육 장면에 홀로그램을 보는 것 같은 일단의 새로운 이미지를 추가한 것이다. 이중에 어느 것이 성탄의 '참된' 이야기일까? 누가의 목가적 버전의 설명일까, 아니면 요한계시록이 말하는 우주적 전쟁일까? 물론 둘 다 같은 이야기다. 다만 보는 차원이 다를 뿐이다. 누가복음은 이 땅에서 보는 관점을, 요한계시록은 보이지 않는 세상에서 벌어지는 세부 내용을 말해 준다.

이 두 세상은 예수님의 가장 유명한 세 가지 비유에서 생생하게 합쳐진다. 바로 잃어버린 양, 잃어버린 동전 그리고 돌아온 탕자의 비유다. 이 세 가지 비유의 핵심은 모두 같다. 죄인이 회개할 때 하늘에서는 큰 기쁨이 있다는 것이다. 오늘날에는 누구나 죄인이 회개하는 모습을 볼 수 있다. 텔레비전에서 빌리 그레이엄 목사의 집회가 총천연색으로 생중계되기 때문이다. 한 여성이 연단 앞으로 걸어 나가 결신자를 위한 자리에 선다. 이 과정을 카메라가 따라가며 찍는다. 하지만 예수님의 이야기는 이보다 훨씬 더 많은 일들이 여기서 일어나고 있음을 암시한다. 연단 앞에서의 장면을 넘어서, 카메라가 접근할 수 없는 보이지 않는 장소에서는 큰 잔치와 성대한 축하 행사가 벌어진다.

보이지 않는 세상에 대한 신뢰 여부는 오늘날 믿음에 관한 결정적인 선을 긋는다. 많은 사람들이 보이지 않는 세상에 관해 한 번도 생각해 보지 않은 채, 잠자리에서 일어나 식사하고, 출근하고, 일하고, 전화 걸고, 자녀들을 돌보고, 다시 잠자리에 든다. 하지만 성경에 따르면, 인간의 역사는 인간과 국가의 흥망성쇠보다 훨씬 중요한 것이다. 인간 역사는 우주의 전쟁이 벌어지는 무대다. 따라서 보이는 세상에서는 '평범한' 행동 같지만, 보이지 않는 세상에서는 그것이 범상치 않은 영향을 끼칠 수도 있다. 단기 전도 사역으로 사탄은 하늘에서 번개처럼 떨어졌다(누가복음 10장). 죄인 하나가 회개하면 하늘에서 잔치가 벌어진다(누가복음 15장). 한 아기의 탄생이 우주를 뒤흔들었다(요한계시록 12장). 하지만 그 대부분의 영향력이 우리의 시각에서 볼 때는 감추어져 있다. 요한계시록과 욥기에서처럼 가끔 우리에게 슬쩍 보일 뿐이다.

보이는 세상에서 사는 평범한 인물에 불과한 욥이 우주적 결과가 따르는 시험에 부름받았다. 길을 안내하는 불빛 한 점 없었고, 보이지 않는 세상이 그에게 관심을 갖고 있다는 힌트조차 없었다. 그런 세상이 존재한다는 힌트 역시 없었다. 하지만 실험실의 실험용 동물처럼, 그는 하나님의 손에 선택되어 인간의 가장 절실한 문제 하나를 풀고, 우주 역사의 한 부분을 결정하는 임무를 받았다.

작은 행성의 작은 점에 불과한 한 인간이 우주의 역사에 변화를 가져올 수 있다고 믿는 건 불합리한가? 욥의 친구들은 불합리하다고 생각한 것 같다. 욥의 마지막 위로자였던 엘리후의 말을 들어보자.

> 그대가 범죄한들 하나님께 무슨 영향이 있겠으며
> 그대의 악행이 가득한들 하나님께 무슨 상관이 있겠으며
> 그대가 의로운들 하나님께 무엇을 드리겠으며
> 그가 그대의 손에서 무엇을 받으시겠느냐?
> 그대의 악은 그대와 같은 사람에게나 있는 것이요
> 그대의 공의는 어떤 인생에게도 있느니라.

하지만 엘리후는 완전히 틀렸다. 욥기의 도입부와 결말부는 하나님이

한 사람의 반응에 엄청나게 영향을 받으시며, 그 반응에 우주적인 문제가 걸려 있음을 증명한다. (나중에 하나님은 에스겔 선지자에게 주시는 말씀 속에서, 다니엘과 노아와 더불어 욥을 그분이 가장 사랑하는 세 사람으로 자랑스럽게 꼽으신다.)

욥의 본보기는 지상에서의 삶이 어떻게 우주에 영향을 끼치는지를 보여 준다. 내가 처음 연구를 시작했을 때만 해도 1장의 '당혹스러운' 장면을 피하는 경향이 있었다. 하지만 그 후 드라마든 역사든 '내기' 개념이 우리 모두에게 엄청난 소망의 메시지를 준다는 걸 믿게 되었다. 어쩌면 그것이야말로 욥기에서 가장 강력하고 견딜 힘을 주는 교훈인 것 같다. 결국 '내기' 개념은 한 사람의 믿음이 정말 많은 의미가 있음을 결정적으로 보여 주었다. 욥기는 시험에 대응하는 우리의 태도가 정말 **중요하다는** 걸 확증한다. 인류의 역사는, 또한 실제로 내 개인적인 믿음의 역사는 우주의 역사라는 거대한 드라마 속에 둘러싸여 있다.

하나님은 우리에게 "인과관계의 위엄"을 허락하셨다고 파스칼은 말했다. 우리는 엘리후처럼, 과연 한 사람이 의미 있는 변화를 일으킬 수 있는지 의심할 수 있다. 하지만 성경에는 내기와 같은 뭔가가 다른 신자들한테도 작용하고 있다는 암시를 곳곳에서 보여 준다. 우리는 하나님의 전시관이며, 보이지 않는 세상의 권세 잡은 자들에게 하나님이 제시하시는 증거물이다. 사도 바울은 검투사들이 콜로세움으로 들어오는 행렬의 이미지를 빌려서, 자신을 세상 앞에 드러난 전시물로 표현했다. "우리는 세계 곧 천사와 사람에게 구경거리가 되었노라." 동일한 편지에서 그는 놀랍게도 "우리가 천사를 판단할 것을 너희가 알지 못하느냐"라고 썼다.

우리 인간은 눈에 보이는 우주의 수백 수억의 은하계 중에서도 외곽에 있는 소용돌이형 은하계의 한낱 먼지 같은 행성에 살고 있지만, 신약 성경은 여기서 우리에게 일어나는 일이 사실상 우주의 미래를 결정하는 데 영향을 준다고 주장한다. 바울은 단호하게 말한다. "피조물이 고대하는 바는 하나님의 아들들이 나타나는 것"이라고. 수고와 썩어짐으로 "탄식하는" 피조계는 오로지 인간의 변화를 통해서만 자유로워질 수 있다.

대역전

기독교적 관점에서 보면, 모든 인간 역사는 창세기의 첫 부분과 요한계시록의 마지막 부분 사이 어디쯤에서 일어난다. 이 두 부분은 같은 분위기로 같은 장면을 그리고 있다. 즉, 낙원, 강, 하나님의 찬란한 영광 그리고 생명나무. 역사는 같은 장소에서 시작되고 끝나며, 그사이에 있는 모든 것은 잃어버린 것을 되찾으려는 노력이다.*

낙원에서 인간이 타락한 후 역사는 새로운 단계로 들어섰다. 하나님은 무에서 시작해 온갖 영광으로 찬란한 우주를 창조하셨었다. 새로운 단계의 일은 재창조이며, 이 일을 위해 하나님은 그분의 일을 망쳤던 바로 그 인류를 고용하신다. 창조는 단계별로 진보했다. 처음에는 별들을, 다음에는 하늘과 바다를, 그다음에는 계속해서 식물과 동물 그리고 마침내 남자와 여자를 창조하였다. 재창조에서는 이 순서가 뒤바뀌는데, 남자와 여자로 시작해서 나머지 모든 것이 회복됨으로써 절정을 이룬다.

---

* 존 맥쿼리(John MacQuarrie)는 「하나님의 겸손」(*The Humility of God*)에서 이 구절에 나타난 우리의 궁극적 운명에 대해 논의한다. "원죄(original sin)의 교리가 최종적인 선언이 아니라면, 원의(original righteousness)의 교리를 직면해야 한다. 어쨌든, 구약의 이야기를 읽어 보면 의가 죄보다 먼저였다."

여러 면에서 재창조는 창조보다 '더 어렵다.' 결함 있는 인간에 의존하기 때문이다. 물론 하나님이 지불하는 대가가 더 크다. 그의 아들이 죽어야 했으니까. 하지만 하나님은 여전히 세상을 위에서부터 아래로가 아니라, 아래서부터 위로 치유하길 고집하신다.

욥기를 연구하다 보니, '내기'는 창조할 때 하나님이 원래부터 품었던 질문을 완전히 재현하고 있음을 퍼뜩 깨달았다. 그 질문이란, '인간이 나를 선택할까, 아니면 등을 돌릴까?' 하는 것이다. 하나님의 관점에서 보면, 이것이 역사의 중심 질문이며, 아담에서 시작해 욥은 물론이고 지금까지 살았던 모든 남녀 인간에게 계속 던져진 질문이다. 욥기의 내기 개념은 인간에 대한 모든 실험을 의문의 도마 위에 올려놓았다.

사탄은 인간이 진정으로 자유롭다는 걸 부인했다. 물론 우리는 타락할 자유가 있다. 아담과 그의 모든 후손이 이 점을 증명했다. 하지만 회복될 자유, 아무런 이유 없이… 정말 아무 부차적인 이유 없이 하나님을 믿을 자유라? 하나님이 원수처럼 느껴질 때도 그분을 믿을 수 있을까? 아니면 믿음은 상황과 환경에 따른 또 하나의 결과물일 뿐인가? 욥기 초반부에서 사탄은 최초의 위대한 행동주의자로 나타난다. 그는 욥이 하나님을 믿을 수 있는 **조건이 갖춰져** 있다고 암시한다. 그에게 준 보상을 다 뺏어가 보시오, 그의 믿음이 무너질 테니. 내기는 바로 사탄의 이 이론을 시험한 것이다.

나는 욥의 시험이 인간의 자유에 대한 중대한 테스트임을 깨달았다. 이것은 현대에도 매우 중요한 사안이다. 인간이 단순한 DNA의 조합으로 이루어진 존재 이상임을, 유전자의 총합으로 이루어진 충동체 이상임을, 문화적 조건으로 형성된 존재 이상임을 그리고 역사의 비인격적인 힘 이상의 존재임을 믿으려면 이 시대에서는 믿음이 필요하다. 하지만 이런 행동주의자의 시대에도 우리는 뭔가 다르게 믿고 싶어 한다. 우리가 매일 결정하는 수천 가지의 쉽고 어려운 결정들이 어느 정도는 의미가 있다고 믿고 싶어 한다. 그리고 욥기는 그것들이 의미가 있다고 주장한다. 한 개인의 믿음이 차이를 만들어 낼 수 있다고 말한다. 어쨌든 인간에게 맡겨진 역할이 있으며, 그 역할을 수행함으로써 욥은 의심이나 어려움을 만난 사람이면 누구나 참고할 수 있는 모범을 보였다.

욥과 같은 상황에서 하나님에 대한 실망이 시작되는 경우가 매우 많다. 자녀의 죽음, 비극적인 사고, 또는 실업 등이 욥과 같은 질문을 야기할 수 있다. 왜 나한테? 하나님이 왜 나한테 이러시나? 왜 이렇게 하나님이 멀게 느껴질까? 욥의 이야기를 읽는 독자로서 우리는 막 뒤의 보이지 않는 세상에서 시합이 벌어지고 있음을 볼 수 있다. 하지만 우리 자신이 시험대에 오를 때는 그런 통찰력이 없다. 우리는 비극이 터지면, 그 일이 어떻게 보이지 않는 세계로 투사되는지 모른 채, 그늘 속에서 살 것이다. 그때 욥이 살아낸 드라마가 우리의 삶 속에서 되풀이될 것이다. 하나님은 예측 불가능한 인간의 반응에 다시 한 번 자신의 명예를 걸 것이다.

욥의 경우는 잃어버린 재산, 잃어버린 가족, 잃어버린 건강이 믿음의 전쟁터였다. 우리가 겪는 어려움은 이와 다를 수 있다. 실업, 망가진 부부 관계, 동성애 성향, 사람들을 끌기보다는 혐오감을 주는 외모 등. 그런 시기에는 질병, 바닥난 은행 잔고, 불운 같은 외적인 환경이 진짜 전쟁터처럼 보일 것이다. 하나님께 그런 상황을 바꿔 달라고 애걸할 것이다. '내가 예쁘기만 하다면(또는 잘생기기만 하다면), 모든 게 다 잘될 텐데.' '돈만 좀더 있다면(또는 최소한 직업이라도 있으면), 하나님을 쉽게 믿을 텐데.'

하지만 욥기에서 보듯이, 더 중요한 전쟁은 우리 안에서 일어난다. 우리는 하나님을 신뢰할 것인가? 믿음을 발휘할 가능성이 가장 **희박하고** 어려워 보일 때가 사실은 믿음이 가장 필요한 때임을 욥은 가르쳐 준다. 그의 고뇌는 성경이 다른 곳에서 아주 상세하게 설명하고 있는 대단한 진리를 슬쩍 보여 준다. 즉, 우리의 선택은 우리의 운명뿐만 아니라 하나님 그리고 하나님이 다스리는 우주에까지 영향을 미친다는 진리다.

간단히 말해서, 하나님은 우주를 원래 상태로 회복시키는 대역전극에 평범한 인간들이 참여할 수 있도록 존엄성을 부여하셨다. 암, 죽음, 깨어진 관계, 이 잔인한 행성에서 겪는 모든 신음들처럼, 내가 이 책에서 언급한 하나님께 실망할 만한 온갖 이유들, 이 모든 불완전한 것들이 다 쓸려 나갈 것이다. 우리는 때로 하나님의 지혜에 의문을 제기하고 그분의 시간표를 기다리지 못한다. (제자들도 예수님이 보이지 않는 영적인 나라를 위해 그들이 꿈꾸던 물리적인 나라의 회복을 거부하지 쓰라린 실망감을 맛보았다.) 하지만 모든 선지자들이 외친 풍성한 약속들은 언젠가 반드시 실현될 것이며, 우리는 그 약속이 이루어지도록 도우라고 선택된 자들이다.

욥보다 더 신랄하게 이 세상의 고통과 불공평함을 표현한 사람은 없다. 그보다 더 강렬하게 하나님에 대한 실망감을 말로 표현한 사람은 없다. 우리는 욥의 불평과 하나님의 맹렬한 반응에 여전히 관심을 기울여야 한다. 하지만 욥기는 불평으로, 즉 인간의 관점으로 시작되지 않고, 하나님의 관점으로 시작된다. 서론에 나오는 내기 장면은 어둡게 빛나는 진리를 세워 준다. 욥은 그리고 당신과 나는 우주에서 잘못된 것들을 모두 역전시키는 전투에 참여할 수 있다. 우리는 변화를 일으킬 수 있다.

욥기는 "왜?"라는 질문에 만족할 만한 답변을 주지 못하고, 이 질문을 "무슨 목적으로?"라는 질문으로 대체시킨다. 시험을 겪는 동안 하나님께 신실했던 욥, 까다롭고 냉소적이었던 늙은 욥은, 그가 그토록 격렬하게 저항했던 이 세상의 고통과 불공평함을 없애는 데 일조했다. 그리고 어두움 속에서도 하나님의 사랑에 고집스럽게 매달렸던 메그 우드슨은 두 자녀의 죽음을 겪은 뒤에도… 그러한 잘못들을 없애는 역전에 일조하고 있다.

그렇다면 왜 지연되고 있는가? 왜 하나님은 이 세상에 악과 고통이 편만하도록, 심지어는 창궐하도록 내버려 두시는가? 하나님이 눈 깜짝할 새에 해낼 수 있는 것을 왜 우리가 천천히 어설프게 하게 하시는가?

그분은 우리를 위해 늦추고 계신다. 재창조에는 우리가 관여되어 있다. 사실 우리는 하나님의 계획의 중심에 있다. 하나님의 내기, 모든 인간 역사의 배후에 있는 이 동기는 (하나님이 아니라) 우리를 발전시키는 것이다. 우리가 존재하는 것 자체가, 회복이 진행 중임을 우주 안에 있는 권세들에게 선포하는 것이다. 하나님의 백성 한 사람 한 사람이 하는 믿음의 행위는 종을 울린다. 그리고 욥과 같은 이런 믿음은 온 우주에 울려 퍼진다.

현재 우리가 살아가는 삶이 진짜 전투처럼 느껴진다. 마치 우주 안에 우리의 모든 이상과 신실함을 다 바쳐 구속해야 할, 정말로 격렬한 뭔가가 있는 것처럼.

윌리엄 제임스, 「믿고자 하는 의지」

이것이 결국 아무 가치도 없는 상을 받는 아이들의 게임일 뿐이라고 느끼기보다는, 매일같이 영원의 공포를 느끼며 길을 가는 편이 더 낫다.

T. S. 엘리엇

성경 참조 욥기 35장, 고린도전서 4, 6장, 로마서 8장.

내가 복을 바랐더니 화가 왔고
광명을 기다렸더니 흑암이 왔구나.
내 마음이 들끓어 고요함이 없구나.
환난 날이 내게 임하였구나.

욥기 30:26-27

24
하나님은 불공평하신가

"삶은 고해다." 스캇 펙(M. Scott Peck)은 자신의 책 「아직도 가야 할 길」(*The Road Less Traveled*)의 첫 문장을 이렇게 단도직입적인 두 단어로 시작한다. 욥기도 한 문장으로 줄인다면 이와 비슷하지 않을까? "인생은 불공평하다!" 욥기에는 거의 매 장마다 이 큰 울부짖음이 울려 퍼지고 있다.

몇 천 년 전에 살았던 욥이나 오늘을 사는 우리나 불공평이 문제는 소화하기 쉽지 않다. 영어권에서 가장 흔히 하는 욕설을 생각해 보자. '하나님'(God)이라는 단어 뒤에 '맙소사'(damn)가 따라온다. 사람들은 큰 슬픔을 당했을 때만 이 말을 하는 게 아니다. 자동차 시동이 안 걸리거나 자기가 응원하는 스포츠 팀이 졌을 때, 또는 소풍날 비가 와도 이 말을 내뱉는다. 이 욕설은 인생이 **공평해야** 한다, 어쨌든 하나님은 이 세상을 '좀더 잘' 운행하셔야 한다는 본능적인 판단을 담고 있다.

현재대로의 세상과 반드시 어떠해야 한다고 기대하는 세상, 이 둘 간의 지속적인 긴장감 속에서 욥기는 출발한다. 욥과 그의 세 친구는 마치 언어의 권투 시합을 하는 것 같다. 알맹이 없이 장황한 라운드를 세 차례 돌면서 공방을 벌인다. 여기서 그들 모두가 동의하는 기본 규칙이 있으니, 하나님은 선행자를 보상하고 악행자를 벌하셔야 한다는 규칙이다.

그렇다면, 선한 욥이 왜 그렇게 형벌이라고밖에 말할 수 없는 고난을 당하는가? 하나님의 공평하심을 확신하는 그의 친구들은 세상이 돌아가는 현재의 방식을 변호한다. "상식적으로 생각해 봐라. 하나님이 아무 이유 없이 너를 고생시키시지는 않는다. 네가 남모르는 죄를 지은 게 분명하다." 하지만 욥은 그런 벌을 받을 행동을 한 적이 없음을 확실히 알고 있기에, 그 말에 수긍할 수 없다. 그는 결백을 호소한다.

그러나 고난이 지속되면서 욥이 가장 소중히 간직했던 믿음도 마멸되어 간다. 어떻게 하나님이 그의 편이라고 할 수 있는가? 욥에게 의구심이 생긴다. 그의 삶은 결국 황폐해지고 그는 잿더미 위에 주저앉아 있지 않은가. 그는 하나님께 '배신당해' 완전히 무너져 절망에 빠져 있다. "너희가 나를 보면 놀라리라. 손으로 입을 가리리라"고 욥은 부르짖는다.

그의 내면에 믿음의 위기가 온다. '하나님은 불공평하신가?' 욥은 자기가 믿던 모든 것에 그런 의문을 던진다. 그렇지 않고서야 지금 일어난 일들을 어떻게 설명할 수 있단 말인가? 그는 주변을 돌아보며 불공평함을 드러내는 실례들을 찾는다. 그렇다, 때로는 악한 사람들이 번성하고 벌도 받지 않는다. 그들이 벌을 받으면 좋으련만. 반면에 경건한 사람들이 고난을 겪는 경우가 있다. 그리고 하나님은 안중에도 없는 많은 사람들이 행복하고 결실한 삶을 산다. 욥은 이런 점들을 도저히 이해할 수 없다. "내가 기억하기만 하여도 불안하고 두려움이 내 몸을 잡는구나."

욥기가 우리에게 그렇게 현대적으로 들리는 이유는, 우리 역시 이런 현상을 도무지 이해할 수 없기 때문이다. 인생의 불공평함에 대한 욥의 날카로운 항변은 고통으로 괴로워하는 우리 세기에 특히 잘 맞는 것 같다. 그의 논리에 오늘날의 상황을 적용해 보면 금방 알 수 있다. 제3세계에서는 '죄 없는' 아이들이 굶주림에 시달리고, 남아프리카에서는 신실한 목회자들이 투옥되며, 그리스도인 지도자들은 인생의 황금기에 죽는다. 그런가 하면 마피아의 거물들과 방종한 연예인들은 하나님의 법도를 비웃고 음란한 이득을 취한다. 수백만 명의 서유럽인들은 하나님에 대해 한 번도 생각조차 하지 않지만, 평탄하고 행복한 인생을 누린다. 이 세상의 불공평함에 대한 욥의 질문은 오늘날에 와서 사그라들기는커녕 오히려 더 크고 날카롭게 들린다. 우리는 여전히, 세상을 규칙에 따라 운영하시는 사랑과 능력의 하나님을 기대한다. 그런데 왜 하나님은 그렇게 하지 않으시는 걸까?

불공평에 적응하다

모든 인간은 삶의 어느 시점에서건 욥을 공포에 떨게 한 혼란스러운 시기를 겪는다. 그리고 이렇게 질문한다. 하나님은 불공평하신가?

이 질문에 대해 욥의 아내는 분명한 태도를 선택했다. 바로 "하나님을 욕하고 죽으라!"는 것이었다. 사랑의 하나님과 모순되는 많은 일들이 삶에서 일어나는데, 왜 그렇게 사랑의 하나님에 대한 감상적인 믿음에 매달리는가? 그리고 욥기와 비슷한 요즘 시대에는 어느 때보다도 많은 사람들이 욥의 아내의 생각에 동의한다. 저지 코진스키(Jerzy Kosinski)와 엘리 위젤(Elie Wiesel) 같은 유대인 저자들은 처음에는 하나님에 대한 굳건한 믿음을 가졌지만, 유대인 대학살이 벌어진 가스실 속에서 그 믿음은 증발해 버렸다. 역사상 가장 암울한 불공평을 겪은 그들은 하나님이 존재하지 않는 게 분명하다는 결론을 내렸다. (하지만 인간의 본능은 하나님의 존재를 확신한다. 코진스키와 위젤도 배신감을 느꼈던 듯, 격분한 어조를 감추지 못한다. 그렇지만 그들은 우리가 공평에 대해 일차적으로 느끼는 감각이 어디에서 온 것인지, 그 저변의 사안을 간과한다. 왜 우리는 세상이 공평해야 한다고 기대하는가?)

이들처럼 세상의 불공평에 관심 있는 사람들 중에 하나님의 존재를 부인하지 못하는 사람들도 있는데, 이들은 다른 가능성을 제시한다. 어쩌면 하나님도 인생이 불공평하다는 데는 동의하시지만, 그렇다고 뭔가를 해줄 수는 없다는 견해다. 랍비인 해럴드 쿠시너(Harold Kushner)는 그의 베스트셀러인 「착한 당신이 운명을 이기는 힘」이라는 책에서 이런 입장을 취한다. 아들이 선천성 조로증으로 죽은 후 그는 이런 결론을 내린다. "하나님도 혼돈을 제대로 수습하기가 힘드시다." 그리고 하나님은 "정의의 하나님이지, 능력의 하나님이 아니다."

랍비 쿠시너의 말대로라면, 하나님은 이 세상에서 벌어지는 불공평에 누구 못지않게 당황하고 심지어 격분하시기도 하지만, 그것을 변화시킬 능력은 부족하시다는 것이다. 수백만 명의 독자들이 쿠시너가 제시한, 동정적이지만 유약한 하나님의 모습에서 위로를 얻었다. 하지만 나는 욥기의 마지막 다섯 장에 나오는 하나님의 '자기변호'를 이들이 어떻게 해석할지 궁금하다. 하나님의 능력을 그렇게 감동적으로 전한 부분이 성경 어디에 또 있겠는가. 하나님이 확실히 능력 있는 분이 아니시라면, 왜 굳이 자신의 능력이 가장 의문시되는 최악의 상황을 선택하셔서 자신의 전능함을 주장하시겠는가? (엘리 위젤은 쿠시너가 묘사한 하나님에 대해 이렇게 말했다. "하나님이 그런 분이라면, 왜 하나님은 좀더 능력 있는 존재에게 그 자리를 양보하시지 않는 걸까?")

세 번째 견해를 가진 사람들은, 우주에 정의가 절도 있게 펼쳐질 미래를 제시함으로써 현재의 불공평 문제를 교묘히 피해 간다. 그들은 불공평이 일시적인 문제일 뿐이라고 말한다. 힌두교의 카르마 교리를 수학적으로 정확하게 계산해 보면, 한 영혼이 완전한 정의를 실현하려면 680만 번을 윤회해야 한다고 한다. 이 윤회를 다 마치면 그 사람은 마땅히 겪어야 할 분량의 고통과 기쁨을 정확히 경험하게 된다는 것이다.

네 번째 접근 방법은 문제를 딱 잘라 부정하고 세상이 공평하다고 주장하는 것이다. 욥의 친구들과 같은 맥락에 있는 이런 사람들은, 세상이 정해져 있는 규칙을 따라 돌아가고 있다고 주장한다. 선한 사람은 번영할 것이요, 악한 자들은 망할 것이다. 나는 인디애나에 있는 믿음으로 치유한다는 그 교회에서 이런 관점을 보았고, 기독교 방송을 볼 때마다 이런 관점에 입각한 설교를 듣는다. 어떤 전도자들은, 진정한 믿음으로 구하기만 하면 완벽한 건강과 재정적 번영을 누릴 수 있다고 약속한다.

그런 풍성한 약속들이 분명 사람의 마음을 끌지만, 그런 시각은 모든 사실을 제대로 설명하지는 못한다. 예를 들어, 자궁에서 이미 에이즈에 감염된 아기나, 「기독교 순교사화」(*Foxe's Book of Martyrs*)에 연이어 나오는 박해받은 성도들을, 인생이 공평하다는 교리에 어떻게 끼워 맞출 수 있단 말인가?* 내가 메그 우드슨에게 "세상은 공평합니다. 그러니 당

---

* 초대 그리스도인들 사이에 돌던 '외경'에, 바울이 회심시킨 여성 테클라에 관한 이야기가 실려 있다. 그녀는 믿음으로 모든 공격들을 다 물리쳤다고 한다. 야생 동물들은 절대 그녀를 잡아먹지 않았고, 그녀를 강간하려던 남자들은 갑자기 행동을 멈췄다. 고문관들이 그녀를 화형시키려 하자, 비구름과 우박이 쏟아져 불길을 꺼 버렸다. 이 책은 사람들 사이에 널리 퍼졌지만, 다른 교회사 책을 한 권이라도 읽어 보면, 예를 들어 「기독교 순교사화」와 같은 책을 읽어 보면, 왜 테클라의 이야기가 결국 외경이 되었는지 알 수 있다.

신이 열심히 기도하면 따님이 죽지 않을 겁니다"라고 말할 수 있을까? 아니면 "당신이 뭔가 잘못한 게 있어서 하나님이 따님을 데려가신 겁니다"라고 말할 수 있을까? 이 두 관점이 모두 욥기에 제시되어 있다. 하지만 나중에 하나님은 둘 다 인정하지 않으셨다.

인생이 완전히 공평하다고 주장하려면 올림픽 선수와 같은 믿음의 도약이 필요하다. 좀더 보편적인 경우로, 그리스도인들은 인생의 불공평함을 대놓고 부정하기보다는 희석시키는 쪽으로 대응한다. 이런 사람들은 욥의 친구들처럼, 고난 뒤에 숨겨진 이유를 찾으려 한다.

"하나님이 자매님께 뭔가를 가르쳐 주시려는 거예요. 그러니 너무 슬퍼하지 말고 오히려 특권으로 생각하세요. 믿음 안에서 하나님을 더욱 의지할 기회잖아요."

"형제님이 아직도 누리고 있는 축복을 생각해 보세요. 최소한 살아 있잖아요. 상황이 좋을 때만 믿는 건 믿음이 아닙니다."

"집사님은 하나님의 훈련을 받고 계십니다. 믿음의 새로운 근육을 단련할 기회죠. 걱정 마세요. 하나님은 집사님이 견디지 못할 시험은 안 주실 거예요."

"그렇게 불평을 입 밖에 내지 마세요! 불신자들한테 자매님의 신실함을 증거할 기회를 놓칠지도 몰라요."

"상황이 더 안 좋은 사람들도 많아요. 그러니 이런 상황에도 감사를 잊지 마세요."

욥의 친구들도 다양한 형태로 이런 지혜의 말들을 했고, 그 말에는 나름 진실이 있다. 하지만 욥기는 그런 '유익한 조언'이 고통당하는 사람이 제기하는 질문에는 답변이 못 된다는 걸 보여 준다. 그건 잘못된 시점에 잘못 처방된 약이다.

　마지막으로, 세상의 불공평을 설명하는 또 한 가지 방법이 있다. 욥은 모든 대안을 들은 후에 결국 한 가지 결론에 이를 수밖에 없었는데, 내가 욥기 전체를 한 문장으로 요약하면서 제시한 결론이기도 하다. "인생은 불공평하다!"는 것이다. 욥에게 이 결론은 인생철학이 아니라 거의 조건 반사적으로 나온 결론이며, 고난당하는 사람들은 대체로 다 그렇게 느낀다. 우리는 질문한다. "왜 나에게?" "내가 무슨 잘못을 했다고?"

현대의 욥

이 책을 준비하는 동안 나는 하나님께 배신감을 느끼는 사람들을 정기적으로 만나기로 했다. 실망과 의심에 싸인 모습, 그런 얼굴 표정을 꾸준히 대면하고 싶었다. 욥기에 관한 글을 쓸 시점이 되자, 나는 인생 역정이 욥과 가장 비슷해 보이는 사람을 인터뷰하기로 했다. 그의 이름을 더글러스라고 해두자.

　내가 보기에 더글러스는 욥처럼 '의로운' 사람이었다. 물론 완벽하지는 않지만 신실함의 표본이었다. 그는 오랫동안 심리 치료사로 일하다가 그 잘나가는 직업을 접고 도시 사역을 시작했다. 그러다 몇 년 전에 아내의 유방에서 종양이 발견되면서 문제가 시작되었다. 의사가 한쪽 유방을 제거했지만, 2년 후 암이 폐로 전이되었다. 아내가 힘든 화학요법을 받으며 투병생활을 시작하자, 더글러스는 집안일과 아이 돌보는 일을 더 많이 맡았다. 때로 아내는 아무것도 먹지 못했고, 머리카락도 다 빠졌다. 늘 피곤해 하고 두려움과 우울증에 시달렸다.

　그렇게 힘든 시기를 보내던 어느 날 밤, 더글러스는 아내와 열두 살짜리 딸을 차에 태우고 도시의 거리를 달리고 있었다. 그런데 맞은편에서 음주 운전 차량이 중앙선을 넘어 달려오면서 그의 차를 정면으로 들이받았다. 더글러스의 아내는 심한 충격을 받았지만 다치지는 않았다. 그의 딸은 팔이 부러지고, 깨어진 유리 파편에 얼굴을 심하게 베였다. 더글러스가 가장 심한 부상을 입었는데, 머리를 크게 부딪혔다.

그 사고 후로 더글러스는 언제 두통이 올지 몰라, 하루 종일 일할 수도 없었고, 때때로 의욕 상실과 건망증에 시달렸다. 설상가상으로 시력은 영구적인 손상을 입었다. 한쪽 눈이 제멋대로 돌아가 초점을 맞출 수도 없었다. 사물이 이중으로 보였고, 남의 도움 없이는 계단을 내려가기도 힘들었다. 그는 이 모든 장애에 대처하는 법들을 배워 나갔지만, 한 가지만은 어쩔 수 없었다. 책을 한 번에 한두 쪽밖에 못 읽게 된 것이다. 그는 평생 책을 사랑했지만, 이제는 책을 읽을 수 있는 분량이 한정되었고, 녹음된 책을 느릿느릿 들어야만 했다.

내가 더글러스에게 전화를 걸어 인터뷰를 요청하자, 그는 아침 식사를 같이하자고 했다. 약속 시간이 다가오자 나는 쉽지 않은 아침이 될 것 같아 마음을 다잡았다. 그 무렵 나는 취재한 열 명 남짓한 사람들한테 그들이 하나님께 실망하게 된 온갖 사연들을 이미 들은 터였다. 하나님께 분노할 권리가 있는 사람을 찾는다면, 더글러스야말로 그 적임자였다. 그 주에 그의 아내는 병원에서 실망스런 소식을 들었다. 폐에 종양이 하나 더 있다는 것이었다.

식사하는 동안 우리는 살아가는 이야기를 했다. 더글러스는 엄청나게 집중하고 조심하면서 식사를 했다. 두꺼운 안경이 그가 조금이나마 볼 수 있게 도와주었지만, 포크를 입에 제대로 가져가는 일만 해도 엄청난 노력이 필요했다. 나 역시 그가 말하는 동안 제멋대로 돌아가는 그의 한쪽 눈을 무시하면서 그의 얼굴을 똑바로 쳐다보려고 애를 썼다. 마침내 식사를 마치고 종업원한테 커피를 좀더 갖다 달라고 손짓하면서, 나는 하나님께 대한 실망이라는 주제를 다룬 내 책에 관해 설명했다. "선생님이 어떻게 실망했는지 말해 주실 수 있습니까?" 내가 물었다. "힘든 시간을 보내고 있는 사람에게 도움이 될 만한 말씀들을 해주시면 좋을 것 같아서요."

더글러스는 잠잠했다. 시간이 꽤 흐른 것 같았다. 그는 파삭한 회색 수염을 쓰다듬으며 내 오른쪽 어깨너머를 잠시 응시했다. 그가 정신적으로 약간 '멍해진' 게 아닌가 하는 생각이 잠시 스쳤다. 마침내 그가 말을 꺼냈다. "필립, 솔직히 말해서 나는 하나님께 전혀 실망을 느끼지 않아요."

나는 깜짝 놀랐다. 더글러스는 기독교 방송에서 간증하는 "상처를 상급으로 바꿉시다!"라는 식의 쉬운 공식을 늘 거부하는, 더할 수 없이 솔직한 사람이었다. 나는 그의 설명을 기다렸다.

"이유는 이렇습니다. 저는 먼저 아내의 질병을 통해서 그리고 특히 그 사고를 통해서, 하나님과 인생을 혼동하지 않게 되었어요. 저는 금욕주의자는 아니에요. 저도 저한테 닥친 일들 때문에 속상하죠. 제가 인생의 불공평함을 저주하면서 슬픔과 분노를 쏟아낼 자유가 있다는 것도 알아요. 하지만 그 교통사고에 대해서 하나님도 나와 똑같이 느끼실 거라고 믿어요. 저한테 일어난 일들 때문에 하나님을 탓하지는 않아요."

그가 계속 말했다. "저는 이 세상의 물리적 현실을 넘어서서 영적인 현실을 보게 되었어요. 사람들은 '하나님이 공평하시니까 인생도 공평해야 한다'고 생각하는 경향이 있어요. 하지만 하나님은 인생이 아니죠. 그리고 만약 제가 하나님을 인생의 물리적인 현실과 혼동하면, 예를 들어 늘 건강하기를 기대하면 엄청난 실망감을 맛볼 수밖에 없을 거예요."

"하나님의 존재 여부와 나를 향한 그분의 사랑은 내 건강에 달려 있지 않아요. 솔직히 장애를 겪기 전보다 하나님과의 관계를 좀더 바르게 세울 수 있는 시간과 기회가 더 많아졌어요."*

이 장면에는 깊은 역설이 있었다. 나는 하나님께 실망한 사람들을 몇 달에 걸쳐 찾아다녔다. 그리고 더글러스를 현대판 욥으로 선택했고, 그에게서 쓰라린 항변을 기대했다. 믿음의 대학원 과정을 마친 것 같은 그런 태도는 예상 밖이었다

더글러스가 말했다. "우리가 삶의 정황과 **관계없이** 하나님과 관계를 맺어 나간다면, 물리적 현실이 무너져도 계속 그 관계를 유지할 수 있을 겁니다. 인생의 온갖 불공평한 문제에도 불구하고 우리는 하나님을 신뢰하는 법을 배울 수 있습니다. 그게 욥기의 진짜 핵심이 아닐까요?"

더글러스가 '물리적 현실'과 '영적 현실'을 철저히 구분한 것이 좀 거슬리긴 했지만, 그의 말은 상당히 흥미로웠다. 그 후 한 시간가량, 우리는 그의 생각들을 성경에 비추어 함께 생각해 보았다. 시내 광야에서 하나님이 보장하신 **물리적** 성공, 즉 건강, 번영, 전쟁에서의 승리는 이스라엘 백성의 **영적** 성장에 아무런 도움이 되지 않았다. 그리고 아브라함, 요셉,

---

* 더글러스의 대답을 들으니 폴 브랜드 박사의 말이 생각났다. "내가 고통당할 때 하나님은 어디 계십니까?"라는 질문에 대해 브랜드 박사는 이렇게 대답했다. "그분은 당신 안에 계십니다. 당신을 고통스럽게 하는 문제가 아니라, 고통당하고 있는 당신 안에 계십니다."

다윗, 엘리야, 예레미야, 다니엘과 같은 구약 성경의 주인공들 대부분은 욥과 비슷한 시험을 겪었다. 물리적 현실 속에서는 하나님이 그들에게 마치 원수처럼 나타나셨다. 하지만 그 어려움에도 불구하고 그들은 모두 하나님을 신뢰하며 매달렸다. 그리하여 그들의 믿음은 하나님이 나를 잘 대해 주시면 하나님을 따르겠다는 '언약 믿음'에서 어떤 어려움도 초월하는 관계로 나아갔다.

더글러스가 갑자기 시계를 보더니 다음 약속에 이미 늦었다고 말했다. 그는 코트를 입고 떠날 채비를 하다가, 앞으로 몸을 기울이며 마지막으로 이런 말을 내게 던졌다. "집에 가셔서 예수님에 관한 이야기를 다시 한 번 읽어 보세요. 예수님의 인생은 '공평'하던가요? 십자가는 인생이 공평할 거라는 기본 전제를 완전히 무너뜨렸다고 생각합니다."

우리는 욥에 관한 토론으로 시작해서 예수님에 관한 토론으로 끝을 맺었다. 이 대화의 양상이 계속 머릿속에 맴돌았다. 구약에서는 하나님이 아끼던 한 사람이 끔찍한 불공평으로 고생했고, 신약에서는 하나님의 아들이 그보다 더한 고난을 겪으셨다.

집에 돌아오자 나는 더글러스의 도전을 받아들여 복음서를 다시 읽어 나갔다. "인생은 불공평한가?"라는 단도직입적인 질문에 예수님은 어떻게 대답하실지 궁금했다. 성경 어디서도 그분이 불공평을 부인하는 걸 보지 못했다. 아픈 사람을 만났을 때 예수님은 "너의 운명을 그대로 받아들이라"고 설교하시지 않았다. 그분에게 나아오는 자는 누구든 고쳐 주셨다. 그리고 당시의 부자와 권세 있는 자들을 향한 예수님의 찌르는 말은, 사회적 불평등에 대한 그분의 생각을 잘 보여 준다. 하나님의 아들은 인생의 불공평에 대해 여느 사람들과 비슷하게 반응하셨다. 고통 중에 있는 사람을 만나면 깊은 긍휼을 느끼셨다. 친구 나사로가 죽었을 때는 우셨다. 자신이 고난을 당하게 되자 움츠러들었고, 다른 방법은 없는지 하나님께 세 번이나 여쭈었다.

하나님은 불공평이라는 문제에 말로 답변하시지 않고 성육신으로 몸소 우리를 찾아오셨다. 그리고 하나님이 불공평에 대해 어떻게 느끼시는지, 예수님은 살과 피를 가진 존재가 되어 직접 증거를 제시하셨다. 그분은 인생의 '진면목'을 직접 취하시고, 가장 불공평한 물리적 현실을 겪으셨다. 요약하자면, 예수님은 하나님의 선하심에 관한 온갖 들끓는 질문들에 최종 답변을 주셨다. (복음서를 읽는 중에 이런 생각이 들었다. 예수님의 몸 된 우리가 모두 인생을 예수님처럼 보낸다면, 다시 말해 아픈 자들에게 다가가고, 배고픈 자를 먹이고, 악의 세력에 저항하고, 애통하는 자를 위로하고, 사랑과 용서의 좋은 소식을 전한다면, "하나님은 불공평하신가?"라는 질문을 오늘날 그렇게 긴박하게 묻지는 않았을 것이다.)

엄청난 불공평

하나님은 불공평하신가? 그 대답은 우리가 하나님과 인생을 얼마나 동일시하느냐에 달려 있다. 이 땅의 삶이 불공평한 건 확실하다. 십자가가 이 문제를 확실히 보여 주었다는 더글러스의 말이 맞다.

저자 헨리 나우웬(Henri Nouwen)은 파라과이에 있는 한 가족의 이야기를 쓴 적이 있다. 의사인 아버지는 당시 군사 독재와 그들의 인권 유린에 반대하는 발언을 했다. 그러자 보복으로 경찰은 그의 십 대 아들을 체포하여 고문하다가 죽였다. 분노한 마을 주민들은 그 아들의 장례식을 대대적인 저항 행진으로 치르고 싶어 했지만, 그 의사는 다른 저항 방식을 택했다. 장례식에서 그 아버지는 아들의 시신을 감옥에서 발견한 상태 그대로 보여 주었다. 벌거벗은 몸에는 전기 고문으로 인한 상처, 담뱃불로 지진 상처, 매 맞은 상처의 흔적이 고스란히 있었다. 마을 주민들은 모두 줄을 서서 그 시신을 보고 지나갔다. 시신은 관이 아니라 감옥에서 가져온 피로 물든 매트리스 위에 놓여 있었다. 불의를 가장 음울하게 보여 준, 누구도 상상할 수 없는 가장 강력한 저항이었다.

하나님이 갈보리에서 하신 일이 바로 이것 아니었는가? 인생의 불공평에 한을 품은 사람들은 말한다. "고난받아야 할 존재는 우리가 아니라 하나님"이라고. 영어의 욕설이 이것을 잘 말해 준다. 하나님이 저주받아야지(God be damned). 그런데 그날, 하나님은 정말 저주를 받으셨다. 벌거벗은 채 상처투성이인 예수님의 몸을 받치고 있던 십자가는 세상의 온갖 폭력과 불의를 폭로했다. 십자가는 우리의 세상이 어떤 세상인지, 우리의 하나님이 어떤 하나님인지를 단번에 드러냈다. 우리의 세상은 엄청나게 불공평한 세상이요, 우리의 하나님은 희생적인 사랑의 하나님이셨다.

비극이나 실망에서 면제받은 사람은 아무도 없다. 하나님 자신도 면제받지 못했다. 예수님도 우리가 불공평에서 면제되거나 **빠져나갈** 길을 제시하시지 않는다. 오히려 불공평을 **뚫고** 저편으로 나아갈 길을 제시하신다. 이생의 삶이 공평해야 한다는 본능적인 믿음을 성 금요일이 무너뜨린 것처럼, 뒤에 이어진 부활 주일은 우주의 수수께끼를 푸는 놀라운 실마리다. 어둠 속에서 밝은 빛이 빛난다.

공평을 바라는 원초적인 갈망은 쉽게 죽지 않지만, 죽어야 한다. 우리 중에 이 세상에서 지금 여기서, 정의가 좀더 펼쳐지기를 갈망하지 않는 사람이 어디 있겠는가? 나도 우리를 실망시키지 않는 '결함 없는' 세상을 은근히 바란다. 잡지에 기고한 내 기사가 늘 인정받고, 내 몸이 늙거나 약해지지 않으며, 제수 씨가 뇌손상 입은 아이를 출산하지 않고, 페기 우드슨이 노년까지 건강하게 사는 세상을 갈망한다. 하지만 내가 그렇게 결함 없는 세상에 믿음을 건다면, 그 믿음은 나를 실망시킬 것이다. 가장 위대한 기적도 이 세상의 문제를 해결하지 못한다. 치유를 경험한 사람도 언젠가는 결국 죽지 않는가.

우리에게는 기적 이상이 필요하다. 우리는 새 하늘과 새 땅이 필요하고, 그것을 얻을 때까지 불공평은 사라지지 않을 것이다.

엄청난 고통과 슬픔 속에서 사랑의 하나님을 믿으려고 애쓰는 내 친구 하나가 이렇게 내뱉듯이 말한 적이 있다. "하나님의 유일한 변명은 부활절이야!" 그 말은 신학적이지 않고 거칠지만, 뭔가 진리를 담고 있다. 그리스도의 십자가는 악은 극복했겠지만, 불공평은 극복하지 못했다. 그렇기 때문에 부활절이 필요하다. 언젠가 하나님은 모든 물리적 현실을 그분의 다스림 아래 제자리로 회복시키실 것이다. 그때까지는, 우리가 부활의 토요일에 근거해서 하루하루를 살아 내고 있음을 기억하면 좋을 것이다.

광야에 있을 때 언제나 하나님을 사랑하라는 명령은, 마치 우리가 아플 때 건강하라는 명령, 목이 말라 죽어 가는데 기쁨으로 노래하라는 명령, 다리가 부러졌는데 달리라는 명령과도 같다. 하지만 그럼에도 불구하고 이것이 첫째 가는 가장 큰 계명이다. 심지어는 광야에서도, 특히 광야에서는 더더욱 그대는 하나님을 사랑해야 한다.

프레더릭 뷰크너

성경 참조 욥기 21, 2장.

나는 깨닫지도 못한 일을 말하였고
스스로 알 수도 없고 헤아리기도 어려운 일을 말하였나이다.

욥기 42:3

25
왜 하나님은 설명하시지 않는가

욥기 마지막 부분에 이르면, 대담하고 젊은 엘리후가 찌르는 듯한 말로, 하나님이 나타나시기를 바라는 욥의 갈망을 조롱하는 대목이 나온다. "하나님이 그대처럼 하찮은 피조물에게 관심이나 있다고 생각하는가? 전능하신 하나님, 우주의 창조주가 감히 이 땅을 방문해서 그대를 직접 만나 줄 거라고 생각하는가? 하나님이 그대한테 굳이 설명해야 할 이유가 뭔가? 정신 차리게, 욥!"

엘리후가 계속 지껄이는 사이에 아주 작은 구름이 지평선 위, 바로 그의 어깨너머까지 도달한다. 구름이 점점 가까워지면서 강한 폭풍우로 바뀌고 여느 목소리와 비교할 수 없는 큰 목소리가 쩌렁쩌렁 울린다. 엘리후의 정연한 연설이 갑자기 멎고, 욥은 벌벌 떨기 시작한다. 하나님이 몸소 현장에 나타나신 것이다. 하나님은 욥이 고발하는 불공평함에 직접 대답하기 위해 오셨다.

성경에서 하나님께 실망한 대표적 사례로 욥을 꼽는다면, 폭풍우 속에서의 이 극적인 말씀은 다른 온갖 혼동과 의심에 중요한 통찰력을 주어야 마땅하다. 그렇다면 하나님은 자신을 방어하기 위해 뭐라고 말씀하셨을까? 몇 가지 도움될 만한 말들을 생각해 보자. "욥, 네 상황을 보니 정말 안쓰럽구나. 네가 나를 위해 많은 불공평한 시험을 견디고 있는 게 자랑스럽다. 너는 이 일이 나한테 그리고 이 우주에 어떤 의미인지 모를 게다." 칭찬 몇 마디, 공감 몇 마디, 또는 최소한 '무대 뒤의' 보이지 않는 세상으로 투사되는 의미에 대해 간략히 설명해 줄 것이다. 이것은 욥에게 일말의 위안이 될 것이다.

하지만 하나님은 그런 말씀은 전혀 안 하신다. 사실 그분의 '답변'은 대답보다 더 많은 질문으로 이루어져 있다. 고통의 문제에 관한 35장에 걸친 논쟁에서 한발짝 벗어나, 하나님은 자연 세계로의 거창한 언어 여행을 떠나신다. 마치 자신이 좋아하는 걸작품을 진열해 놓은 개인 전시관을 욥에게 구경시켜 주는 것 같다. 산양과 야생 당나귀, 타조와 독수리들을 축소판으로 만들어 놓은 풍경 앞을 뿌듯한 마음으로 거닐면서, 자신의 창조물에 스스로 탄복하시는 듯하다. 욥기 마지막에 나오는 이 아름다운 시는 세상 문학과 견주어도 손색이 없다. 하지만 하나님이 펼쳐 보이시는 현란한 자연 세계의 묘사에 경탄하면서도, 황당한 느낌이 스며드는 건 어쩔 수 없다. 그 많은 순간 중에 왜 하필 이때 욥에게 자연 감상 수업을 시키시는가? 이 말들이 상황에 적절한가?

프레더릭 뷰크너는 「통쾌한 희망사전」(*Wishful Thinking*)이라는 책에서 하나님의 강론 부분을 이렇게 요약한다. "하나님은 설명하지(explain) 않고 파헤치신다(explore). 그분은 욥에게, 하나님을 누구라고 생각하느냐고 물으신다. 그리고 욥이 듣기 바라는 것들에 대해 그분이 굳이 설명하는 건, 마치 조개껍질한테 아인슈타인에 관해 설명하는 것과 같다고 하신다.… 하나님은 그분의 거대한 계획을 드러내는 게 아니라 그분 자신을 드러내신다."¹ 이 현란한 시 뒤에 감추어진 메시지는 이렇게 요약할 수 있다. 욥, 네가 물리적 우주를 운행하는 것에 대해 좀더 알기 전에는, 도덕적 우주를 어떻게 운행해야 하는지에 대해 내게 말하지 마라.

욥기에서 욥은 이렇게 푸념했다. "하나님, 왜 이렇게 저를 불공평하게 대하십니까? 제 입장이 한번 되어 보세요." 그때 하나님이 천둥소리로 대답하신다.

"무슨 소리! 네가 내 입장이 되어 보아라! 어떻게 태양이 매일 아침 떠오르는지, 번개를 어디로 흩어야 할지, 하마를 어떤 모양으로 만들지, 네가 나를 가르칠 수 없다면, 내가 세상을 운행하는 방식에 대해서도 판단하지 마라. 그저 입 다물고 내 말을 들어라."

하나님의 강론은 그 자체로도 놀랍지만, 그것이 욥에게 끼친 영향력 또한 놀랍다. 하나님은 욥의 곤경에 관한 질문에는 단 한마디도 대답하지 않았지만, 폭풍 속에서 임한 돌풍 같은 말씀에 욥은 납작 엎드린다. 욥은 먼지와 재를 뒤집어쓴 채 회개하고, 하나님에 대한 그의 실망감은 온데간데없이 사라진다.

우리가 알 수 없는 것

그러나 폭풍 속에서 하나님이 말씀하시는 바를 들을 일이 거의 없을 우리들은, 하나님이 욥에게 하신 말씀이 정말로 무엇을 의미하는지 알아야 한다. 솔직히 말해서 내 경우, 하나님의 애매한 대답은 문제를 해결하기보다 더 많은 문제를 야기한다. 나는 "왜?"라는 질문을 쉽게 떨쳐 버릴 수가 없다. 이 질문은 메그 우드슨 같은 사람과 대화할 때마다, 내 인생이 꼬일 때마다 매번 다시 떠오르기 때문이다.

현대인의 사고방식으로는 욥의 질문에 대답하지 않는 하나님을 이해하기 힘들다. 우리는 그리고 나는 우리가 이해할 수 없는 뭔가가 있다는 걸 인정하기 싫어한다. 나는 「무지의 백과사전」(*The Encyclopedia of Ignorance*)이라는 책을 소장하고 있는데, 이 책에는 우리가 아직 해명할 수 없는 과학의 많은 분야들이 소개되어 있다. 온 세상의 과학자들은 그 영역들을 탐구해서 알려지지 않은 지식의 간격을 메우려고 노력 중이다. 하나님도 일종의 「신학적 무지의 백과사전」처럼 특정한 지식의 영역에 울타리를 쳐서, 우리가 절대 이해하지 못하게 하신 건 아닐까?

항변하고 싶은 마음이 굴뚝같지만, 욥기를 보면 그런 결론을 내릴 수밖에 없는 것 같다. 인생은 왜 그렇게 불공평한가? 하나님이 고난을 야기하시는 때는 언제고, 그저 고난을 허용하시는 때는 언제인가? 또 이 둘의 차이는 무엇인가? 왜 어떤 때는 하나님이 침묵하시는 것 같다가, 어떤 때는 하나님이 가깝고 친밀하게 느껴지는가? 그런 문제들을 영원히 해결할 수 있는 완벽한 기회가 주어졌을 때, 하나님은 오히려 인상을 쓰며 고개를 저으셨다. 왜 굳이 설명을 해야 하지? 욥이든 누구든 어차피 인간은 이해 못 할 텐데.

욥의 구체적인 질문에 나는 대답할 수 없다. 하나님이 대답하시지 않기 때문이다. 다만 왜 하나님이 대답을 안 하시는지, 왜 「신학적 무지의 백과사전」이 있어야만 하는지 질문해 볼 뿐이다. 지금부터 내가 다루는 영역은 성경이 침묵하는 부분이기 때문에, 앞으로 이어지는 내용은 온전히 내 생각에 불과하다. 이 내용을 포함시킨 이유는, 대답이 없으면 절대로 만족하지 못하는 사람들, 하나님이 아무리 대답을 거부하셔도 질문을 멈출 수 없는 사람들을 위해서다.

1. 하나님이 우리를 무지하게 놔두는 이유는, 알아 봤자 우리한테 도움이 안 되기 때문일 수도 있다.

고난받는 사람들은 거의 모두가 다음과 같은 질문을 던지며 계속 괴로워한다. '왜? 왜 저입니까? 하나님, 저한테 무얼 말씀하시려는 겁니까?' 욥기에서 하나님은 그렇게 원인을 묻는 질문은 피하시고, 대신 우리의 믿음의 반응에 초점을 맞추신다. 하지만 하나님이 우리의 질문에 단도직입적으로 대답하시면 어떤 일이 일어날지 생각해 보라. 우리는 고난 뒤에 숨은 이유를 알면 고난을 좀더 잘 견딜 수 있으리라 전제한다. 하지만 정말 그럴까?

나는 성경에서 두 권의 책이 놀랄 만큼 비슷하다는 걸 발견했다. 바로 욥기와 예레미야 애가서다. 예레미야 애가의 저자는 자신이 사는 예루살렘이 파괴된 걸 못 믿겠다는 듯 멍하니 바라본다. 두 책 다 하나님에 대한 분노와 쓰라림과 깊은 실망감이 표현되어 있다. 사실 예레미야 애가서의 많은 구절들은 마치 그보다 훨씬 오래전에 쓰인 욥기를 다시 풀어쓴 듯한 느낌을 준다. 하지만 예레미야 애가서를 쓴 선지자는(아마도 예레미야일 것이다) 어둠 속에 있지 않았다. 그는 예루살렘이 왜 파괴되었는지 정확히 알고 있었다. 그 이유는 히브리인들이 하나님과의 언약을 깼기 때문이다. 그럼에도 불구하고, 원인을 알고 있다고 고난과 절망감과 버려진 느낌이 수그러들지는 않았다. "주님이 마치 원수 같다"고 선지자는 욥처럼 선언한다. "당신은 왜 우리를 항상 잊으십니까? 왜 우리를 이토록 오랫동안 버려두십니까?" 하고 하나님께 묻는다. 그 답을 너무나 잘 알고 있으면서도. 그 이유들은 이 책의 다른 부분에서 충분히 상세하게 설명되어 있다.

어떤 설명으로 욥을, 예레미야를, 또는 메그 우드슨을 위로할 수 있을까? 지식은 피동적이고 지적이다. 반면에 고난은 능동적이고 인격적이다. 어떤 지적인 대답도 고난을 해결해 주지 않을 것이다. 인간의 고통에 대한 답으로 하나님이 자기 아들을 보내신 것도 이런 이유 때문인지 모른다. 하나님이 고통을 경험하고 그것을 자신 속에 흡수하시려고 말이다. 성육신은 인간의 고난을 '해결하지는' 못했지만, 최소한 능동적이고 인격적인 반응이었다. 가장 진정한 의미에서 말씀(Word)보다 더 호소력 있는 말은 없다.

"왜?"라는 질문에 대한 답을 찾으려고 욥기를 읽으면 실망할 것이다. 하나님은 대답을 거부하셨고, 욥은 질문을 철회했으며, 세 친구들은 그들의 잘못된 전제들을 회개했다. 마찬가지로, 예수님도 고난의 직접적인 원인에 대한 논의는 피하셨다. 제자들이 날 때부터 소경된 자에 대해서(요한복음 9장) 그리고 그 지역에서 발생한 두 번의 재난에 대해서(누가복음 13장) 나름대로 결론을 도출하자, 예수님은 그들을 꾸짖으셨다. 성경의 증거로 보건대, "왜?"라는 질문에 대한 쉽고 빠른 대답은 우리가 결코 얻을 수 없다는 결론을 내릴 수밖에 없다.

우리가 하나님의 특권 하나를 취할 때마다, 우리는 위험한 땅을 밟는 것이다. 심지어 어린아이를 위로하려는 마음에서 "하나님은 너희 아빠를 너무나 사랑하셔서 데려가신 거야"라고 말하는 것도 성경이 제한하는 경계를 벗어나는 월권행위다. 비행기 사고, 전염병, 저격수의 암살, 고의적인 독살, 아프리카의 가뭄과 같은 재난을 당하면 뭔가 권위 있는 해석을 갈구하게 되지만, 욥기는 아주 중요한 사실 한 가지만을 시사할 뿐이다. 하나님도 그것에 대해 설명하려 하지 않는다는 것이다.

2. 하나님이 우리를 무지하게 놔두시는 이유는, 어쩌면 우리가 이해할 수 없기 때문인지도 모른다.

하나님의 장엄한 침묵은 문제를 피해 가는 현명한 방법은 아닐지도 모른다. 하지만 그것이 인생의 평범한 진리에 대한 하나님의 결론이었을 것이다. 먼 은하계의 작은 행성에 사는 작은 피조물이 우주의 거대한 구도를 파악하는 건 불가능하다는 사실이다. 그건 태어날 때부터 소경된 사람에게 색깔을 설명한다든지, 귀머거리에게 모차르트의 음악을 설명한다든지, 또는 원자도 모르는 사람에게 상대성 이론을 설명하는 것과 같은 이치다.

이 문제를 이해하려면, 현미경의 유리판 위에 놓인 피조체와 대화를 시도한다고 상상해 보라. 그런 피조체에게 '우주'는 오직 이차원으로 구성되어 있으며, 유리판의 평평한 차원에 불과하다. 그것의 감각은 유리판의 테두리를 넘어서는 것은 감지하지 못한다. 그런 피조체에게 공간이나 높이나 깊이와 같은 개념을 어떻게 전달할 수 있겠는가? '위에서' 내려다보면, 당신은 그 피조체의 이차원적 세계와 그것을 둘러싸고 있는 삼차원적 세계를 다 이해할 수 있다. 하지만 '아래서' 위로 올려다보는 그 피조체는 오직 이차원의 세계만 이해한다.* 이와 마찬가지로, 보이지 않는 세상은 우리가 지각하지 못하는 영역에 존재한다. 그것이 우리의 '차원'으로 어쩌다 한 번 개입하는 때 외에는. (이것을 우리는 기적이라고 한다.)

---

* 인류학자들은 외진 문화권에서 사는 사람들에게 나타나는 이와 매우 흡사한 '인식의 간격'에 관해 보고한 바 있다. 파푸아뉴기니의 한 시골 사람한테 숲을 찍은 사진을 보여 주면, 그는 편편한 종이에 찍힌 여러 색깔의 얼룩과 반점들만 본다고 한다. 그는 경험을 통해 그 2차원의 사진 속에 사실은 새와 나무와 폭포 같은 3차원의 이미지가 들어 있는 걸 '보는' 훈련을 해야 한다.

욥이나 나나 당신은 현재의 기능으로는 그 전체 그림을 이해할 수 없다.

영화감독인 우디 앨런(Woody Allen)은 그가 만든 "카이로의 붉은 장미"(Purple Rose of Cairo)라는 영화 속에서 이렇게 '두 세상'의 관점을 잘 보여 주었다. 처음에 영화는 연기를 하는 주인공의 모습을 미아 패로(Mia Farrow)가 바라보는 장면을 보여 준다. 그러다가 놀랍게도, 그 주인공이 문자 그대로 2차원의 영화 스크린에서 밖으로 튀어나와 뉴저지의 영화관에 나타난다. 갑자기 그는 기절초풍한 패로와 함께 '현실' 세상에 있게 된 것이다.

이 배우는 바깥세상에서 놀라운 것들을 많이 경험한다. 누가 그를 주먹으로 치자, 그는 영화 속에서 배운 대로 의무감에 넘어진다. 그런데 놀란 표정으로 자기의 턱을 어루만진다. 아프지 말아야 할 턱이 아픈 것이다! 미아와 키스를 할 때는 잠시 멈추어 조명이 어두워지기를 기다린다. 그리고 누군가가 "하나님이 모든 걸 통제하십니다. 이 세상이 다 그분 것이죠"라고 설명하자, 주인공은 고개를 끄덕이며 말한다. "으음, 그러니까 영화사 소유주인 메이어 씨 말씀이죠?" 그의 인식 범위는 영화의 세계에 한정되어 있는 것이다.

마침내 그는 다시 무대로 올라가 2차원의 영화 스크린 속으로 들어가서, 다른 배역들에게 실제 세상에 관해 설명해 주려 한다. 그들은 이 주인공이 마치 정신병자라도 된 것처럼, 그를 뚫어져라 쳐다만 본다. 그의 말은 너무 어이없었다. 그들에게는 바깥 '다른' 세상이 없다. 그들에게는 영화의 세계만이 현실인 것이다.

우디 앨런은 2차원의 피조체에 대한 비유가 말하는 것과 마찬가지 사실을 시사한다. 한 세상(2차원의 세상, 또는 영화의 세상)이 또 하나의 세상 속에 존재한다면, 그 또 하나의 세상은 '더 높은 데서' 보는 시각으로만 이해할 수 있다. 이 비유를 욥기에 적용해 본다면, 욥의 질문들은 대부분 '더 높은' 차원의 세상, 그가 결코 이해할 수 없는 세상에 관한 것들이었다.

하나님은 '더 높은' 차원, 다른 차원에서 사신다. 우주도 그분을 포용하지 못한다. 그분이 우주를 창조하셨으니까. 어떤 면에서 우리는 이해할 수 없고, 하나님은 시공간에 제한되지 않으신다. 물질세계에 들어오실 수도 있다. 들어오시지 않으면 우리의 감각은 그분을 전혀 인식하지 못할 것이다. 하지만 그건 하나님으로서는 '한발짝 들어오는' 것이다. 마치 희곡 작가가 직접 극중 배역이 되어 자신을 소개하는 것처럼. 마치 실제 세상에 사는 사람이 영화 속에 잠시 나타나는 것처럼.

시간의 문제

> '밝음'이라는 이름을 가진 숙녀가 있었다네
> 그녀의 속도는 빛보다 빨랐다네
> 어느 날 그녀가 집을 떠났다네
> 뭔가 상대적인 방법으로,
> 그리고 그 전날 밤으로 되돌아 왔다네

시간에 대한 인식은 특별히 하나님의 시각(위에서 내려다보는 시각)과 우리의 시각 간에 큰 차이점을 보여 준다. 그리고 나는 이 점이야말로 하나님께 대한 실망의 문제와 관련해서, 응답받지 못한 질문들에 대해 많은 걸 설명해 준다고 믿었다. 이런 이유 때문에, 잠시 논의를 돌려 보는 것도 도움이 될 것이다.

아우구스티누스는 「고백록」 2권에서 "그렇다면 시간이란 무엇인가?"라는 질문으로 논의를 시작한다. "아무도 내게 그것을 묻지 않으면, 나는 시간을 안다. 하지만 내게 묻는 사람에게 대답하려 하면, 모르겠다." "하나님은 창조 전에는 무얼 하고 계셨는가?"라고 묻는다면, 하나님이 창조 세계와 더불어 시간도 만드셨기 때문에, 그런 질문은 말도 안 되며, 시간의 제한을 받는 질문자의 시각에 배치될 뿐이라고 아우구스티누스는 대답했다.* 시간이 있기 '전에는' 오로지 영원만 있었고, 하나님께 영원은 끝없는 현재다. 하나님께는 하루가 천 년 같고, 천 년이 하루 같다.[2]

아인슈타인이 시공간을 연결한 후에 일어난 모든 일들에 대해서 아우구스티누스는 무어라고 말할까? 오늘날 우리는 시간이 절대적인 것이 아니라 상대적임을 알고 있다. 시간에 대한 인식은 관찰자가 처해 있는 상대적 위치에 따라 달라진다. 한 가지 예를 들어보자. 1987년 2월 23일, 칠레의 한 우주인은 아주 먼 데서 초신성이 폭발하는 걸 자기 눈으로 관찰했다. 그 폭발은 너무도 강력해서 태양이 100억 년 동안 배출할 에너지를 단 1초 만에 배출했다. 그런데 그 사건이 정말로 1987년 2월 23일에 일어났는가? 그건 우리 행성에서 본 시각에서만 그렇다. 사실 이 초신성은 지구의 1987년보다 17만 년 전에 폭발했지만, 그 먼 과거에 생성된

---

* 이 점에서 마르틴 루터는 더 통명스럽다. "하늘이 창조되기 전에 하나님은 어디 계셨느냐고 물으면 아우구스티누스는 '하나님은 자신 안에 계셨다'라고 대답했다. 나는 누가 나한테 똑같은 질문을 해서 이렇게 대답해 주었다. '하나님은 당신처럼 게으르고 건방지고 수선스럽고 캐묻는 사람을 데려갈 지옥을 짓고 계셨소.'"

빛이 1년에 거의 9조 킬로미터 속도로 우리 은하계에 도달하는 데 17만 년이 걸린 것이다.

영원이라는 '더 높은 데서 내려다본' 시각은 시간에 대해 우리가 일반적으로 이해하는 수준을 넘어선다. 우주 전체보다도 큰 존재가 있는데, 어찌나 큰지 지구와 초신성 1987A가 차지하고 있는 공간에 동시에 존재한다고 상상해 보라. 1987년에 그 존재에게 **시간은 어떤 의미였을까?** 그건 보는 시각에 달려 있다. 지구의 시각에서 보면, 그 존재는 초신성 1987A의 발견도 포함해서 1987년의 역사를 '관찰했을' 것이다. 하지만 초신성 1987A의 시각에서 보면, 이 존재는 지구가 향후 17만 년 동안 알지 못할 사실을 이미 경험했을 것이다! 이렇게 이 존재는 과거와(지구에서 그는 17만 년 전에 초신성이 폭발하는 걸 보았다), 현재(지구에서 1987년에 일어난 일들) 그리고 미래('지금' 초신성 1987A에서 일어나고 있지만, 지구는 앞으로 17만 년 동안 모를 일들)를 동시에 보고 있다.

우주만큼 거대한 그런 존재는 일정한 관찰 지점에서, 우주의 어느 시간대에 어디에서 일어나는 일이든 다 볼 수가 있다. 예를 들면, 지금 우리 태양에서 무슨 일이 일어나는지 알고 싶으면, 태양의 시각에서 그걸 '볼' 수 있다. 그가 만일 8분 전에 태양에서 무슨 일이 일어났는지 알고 싶으면, 지구에서 그걸 '볼' 수 있다. 빛이 태양에서 지구로 1억 4,800만 킬로미터를 달려오면 바로 그것이 우리가 보는 빛이다.

이런 유추는 그 큰 존재가 시간의 제약은 벗어나지만 여전히 공간의 제약을 받고 있기 때문에 아주 정확하지는 않다. 하지만 적어도 우리가 생각하는 시간 개념, 'A가 발생한 후에 B가 발생한다'는 식의 개념이 지구에서만 통하는 매우 제한된 시각임을 보여 준다. 시공간을 초월하는 하나님이 지구에서 일어나는 일들을 어떻게 보시는지 우리는 다만 추측할 뿐이고, 절대로 완전히 이해할 수는 없다.

이런 설명은 그저 환상의 나래를 편 게 아니다. 미국 고등학교 물리 과목에 이런 내용이 있다. 미래의 우주인들이 빛의 속도보다 빠르게 우주를 여행하고 지구로 돌아오면, 그들은 출발했을 때보다 더 젊은 상태가 된다는 것이다. 10년 전만 해도 완전히 사변으로 보였던 이론들이었지만, 과학자들은 달에 레이저 빔을 쏘고 우주 공간에 원자시계를 보냄으로써 그 이론들을 증명하고 있다. 과학은 환상을 현실화하고 있다. 이상한 나라의 앨리스에서 하얀 여왕은 말했다. "뒤로만 작동할 수 있는 기억력은 나쁜 거야!"

하나님과 시간

또 하나의 유추를 생각해 보자. 작가로서 나는 두 개의 '시간대'에 산다. 첫째로, 나의 일상을 아우르는 현실 세상의 시간대가 있다. 아침에 일어나 옷 입고, 아침 식사하고, 사무실에 나가 글 쓰는 작업을 하는 시간이다. 그런가 하면, 내가 쓴 책은 그 나름의 시간대를 내포한 또 다른 인공적인 세상을 창조해 낸다.

만일 내가 소설을 쓴다면 다음과 같은 두 개의 문장을 쓸 것이다. "전화벨이 울렸다. 그녀는 안락의자에서 벌떡 일어나 수화기를 들었다." 책 속에서 일의 순서는 전화벨이 울리고, 즉시 어떤 반응이 일어난다. 하지만 책 밖의 저자의 세상에서는 이 두 문장 사이에 몇 분, 몇 시간, 또는 며칠의 간격이 있을 수 있다.

어쩌면 나는 첫 문장 "전화벨이 울렸다"라는 문장까지만 쓴 뒤, 2주

동안 휴가를 떠날 수도 있다. 내가 언제 다시 그 책을 쓰느냐와 상관없이, 나는 그 책 자체의 시간대의 제한을 받는다. "전화벨이 울렸다. 2주일 후에 그녀는 자리에서 일어나 수화기를 들었다"라고 쓸 수는 없는 노릇이다. 두 개의 시간대를 섞어 버리면 이상해진다.

저자로서 내가 생각해도 이상한 일은, 책 한 권을 끝내면 그 책의 전체 내용을 내 마음속에 품고 다닌다는 것이다. '위에서부터 아래로' 나는 전체 플롯을 한눈에 볼 수 있다. 초반, 중간 그리고 결말을. 나 외에는 아무도 그렇게 하지 못한다. 그들 역시 그 책을 한 문장 한 문장 완전히 섭렵하지 않는 한 말이다.

내가 계속 유추를 사용하는 이유는, 인간 역사를 하나님의 시각에서 상상해 보려면 이 방법밖에 없기 때문이다. 우리는 역사를 이해할 때 정지된 시간이 하나하나 연결된 것으로 본다. 마치 영화가 진행되는 것으로 보는 것이다. 하지만 하나님은 영화 전체를 한순간에 통째로 보신다. 그분은 멀리 떨어져 있는 별에서 보는 시각과 내가 기도하고 있는 우리 집 거실에서의 시각, 두 시각에서 동시에 보신다. 그분은 마치 책을 한 문장 한 문장, 또는 한 페이지 한 페이지 따로따로 보는 것이 아니라 통째로 보듯이 전체를 보신다.

우리는 그런 시각을 안개 속에서 보는 것처럼 희미하게 상상할 수밖에 없다. 하지만 시간의 제한을 받는 우리의 속성만 인식해도, 하나님이 욥의 질문에 대답하시지 않는 이유를 이해할 수 있다. 대신에 하나님은 욥이 이해하기 힘든 우주의 몇 가지 근본 사실들을 풀어 설명하며 경고하신다. "나머지는 내게 맡기라"고. 어쩌면 욥이나 아인슈타인이나 당신이나 나나 하나님이 '위에서 내려다보시는' 시각을 제대로 이해할 수 없기 때문에, 하나님이 우리를 무지한 상태로 두시는지도 모른다.

시간의 영역 밖에 살면서 가끔 시간 안으로 '발 들여 놓으시는' 그런 하나님께 어떤 '규칙들'을 적용해야 하는지 우리는 이해할 수 없다. '예지'라는 단어를 둘러싼 온갖 혼란을 생각해 보라. 하나님은 욥이 신실함을 지켜서 이 내기에서 하나님이 이기게 해줄 걸 미리 아셨을까? 미리 아셨다면, 그게 어떻게 진정한 내기일 수 있는가? 지구에서 일어나는 자연 재해는 또 어떠한가? 하나님이 그걸 미리 아셨다면, 그분을 탓해야 마땅하지 않은가? 우리 세상에서는 만약 어느 자동차에서 폭발이 일어날 걸 알면서도 해당 기관에 신고하지 않으면, 그 사람에게 법적 책임이 따른다. 그렇다면 하나님은 모든 걸 미리 알고 계시니까, 일어나는 모든 일들에 대해, 특히 비극들에 대해 '책임'이 있지 않을까?

하지만 우리 식의 간단한 규칙을 하나님께 적용할 수는 없다. 어쩌면 이것이 욥에게 하신 하나님의 격렬한 말씀이 암시하는 주요 메시지일 것이다. 예지에서 예(fore)라는 단어 자체가 이 사안과 모순된다. 왜냐하면 이 단어 자체가 시간의 한계에 묶인 인간이 보는 A 다음은 B라는 순차적 시각을 내포하기 때문이다. 엄격하게 말해서, 하나님은 우리의 행위를 '예견하지'(foresee) 않으신다. 다만 영원한 현재 속에서 우리의 행위를 보실 뿐이다. 그리고 우리가 주어진 사건에 대한 하나님의 역할을 볼 때마다, 우리는 시간의 제한을 받는 유약한 기준으로 하나님의 행위를 '아래서 위로' 판단할 수밖에 없다. 언젠가 우리는 "하나님이 그 비행기 사고를 유발하셨는가?"라는 문제를 매우 다른 시각에서 보게 될 것이다.

예지와 **예정**에 관한 교회의 오랜 공방은 그 사안을 시간의 한계 속에서 이해할 수밖에 없는 우리의 서투른 노력일 뿐이다. 또다른 차원에 가면 우리는 이 문제를 매우 다른 식으로 보게 될 것이다. 성경은 가장 미묘한 몇 구절 속에서 이렇게 '위에서 내려다보는' 시각을 암시한다. 성경은 말한다. 그리스도가 "세상이 창조되기 전에 선택되었다"고. 이 말은 아담 이전, 타락 이전, 따라서 구속이 필요하기 이전을 의미한다. 성경은 또 은혜와 영생은 "시간이 시작되기 전에 그리스도 안에서 우리에게 주어졌다"고 말한다. 어떻게 "시간이 시작되기 전에" 뭔가가 일어났다고 말할 수 있는가? 이런 표현은 시간을 초월해서 살고 있는 하나님에 대한 시각을 보여 준다. 시간을 창조하기 전에 하나님은, 아직 존재하지도 않는데 이미 타락한 행성을 구속할 계획을 세우셨다! 하지만 그분이 시간 속으로 '발을 들여놓았을 때'(저자로서 내가 내 책 속에서 내 자신을 쓰듯이) 하나님은 시간 안에 갇혀 세상의 규칙을 따라 살고, 죽어야 했다.*

영원한 현재

우리 인간의 감각은 시간을 절대로 끝나지 않는 현재로 인식한다. 사실

---

* 이런 시각의 차이는 선지자들의 관점 중에서 가장 혼란스러운 관점 한 가지를 더 명확히 해준다. 때로 선지자들은 자기들이 예언한 사건들, 예를 들면 침략, 지진, 장차 올 지도자, 세상의 재창조 등이 내일 일어날지 또는 천 년이나 3천 년 후에 일어날지에 대해 별로 신경 쓰지 않았다. 사실 조만간 일어날 예언과 먼 훗날 일어날 예언이 같은 구절 안에 섞여 있기도 하다. 이사야의 유명한 예언, "그러므로 한 징조가 있으리니, 처녀가 잉태하여 아기를 낳을 것이요, 그 이름은 임마누엘이라 하리라"는 구절이 이 범주에 속한다. 그다음 두 구절은 이 표적이 이사야 시대에 이루어졌음을 분명히 보여 준다(많은 학자들은 이 아이가 이사야 본인의 자녀라고 생각한다). 하지만 마태는 이 예언이 동정녀 마리아에게서 최종적으로 성취된 것으로 본다. 성경학자들은 이런 예언을 가리켜 이중 또는 삼중 성취, 전체를 위한 일부, 창조적 이중 연상(bisociation) 등으로 부른다. 모든 시간을 아우르는 하나님께 시간은 가장 사소한 문제다. 그렇다면 시간의 제약을 받지 않는 존재가 시간 속으로 들어오는 것이 이사야 시대, 마리아 시대 그리고 우리 시대에 뭔가 함축하는 바가 있다는 건 당연하지 않을까?

우리는 시간을 일련의 순서로서 체험한다. 아침이 오고, 오후 그리고 저녁이 된다. 하지만 생각은 늘 현재 시점으로 한다. 내가 오늘 아침에 먹은 식사를 생각할 때, 나는 지나간 과거에 일어난 일을 **현재** 시점에서 생각한다. 내가 오늘 저녁에 먹을 식사에 대해 생각할 때, 나는 미래에 일어날 일을 **현재 시점**에서 생각한다. 나는 오직 현재 속에서만 존재하기 때문에, 과거와 미래도 현재의 시각에서 인식할 수밖에 없다.

이런 통찰력은 하나님이 세상을 '보시는' 시점인 영원한 현재에 대해 살짝 보여 준다. 그리고 하나님을 의심하는 자들에 대해서 성경이 취하는 일관된 양식(pattern)을 설명해 준다. 현재에 갇혀 하나님께 실망한 그들에게 성경은 두 가지 치료책을 제시한다. 과거를 기억하고 미래를 생각하라는 것이다. 시편과 예언서, 복음서와 서신서를 통해 성경은 우리에게 과거에 하나님이 행하신 위대한 일들을 기억하라고 꾸준히 독려한다. 그분은 아브라함과 이삭과 야곱의 하나님이며, 히브리 백성을 이집트의 노예 생활에서 구원하신 분이다. 그분은 사랑 때문에 자기의 아들을 보내사 죽게 하시고 다시 부활하게 하신 하나님이다. 하나님이 우리에게 해주시기를 바라는 것에만 너무 근시안적으로 매달리다 보면, 하나님이 이미 행하신 일의 의미를 잃어버리기 쉽다.

마찬가지로, 성경은 우리에게 미래를 보라고 한다. 바빌론에 포로로 잡혀간 유대인들, 로마나 이란 또는 남아프리카나 알바니아에서 박해받은 그리스도인들을 비롯해 하나님께 실망한 모든 이들에게, 선지자들은 평화롭고 정의롭고 행복한 미래를 그려 보인다. 그리고 그들이 제시한 미래의 이미지에 입각해서 살라고 한다. 시간의 한계에 눈이 가려 앞이 흐릿해도, 우리는 하나님이 사랑이 많고 은혜로우며 자비롭고 전능하신

'것처럼' 여기고 지금을 살 수 있겠는가? 선지자들은 선포한다. 역사는 과거나 현재가 아니라 미래에 의해 결정될 것이라고.

논의가 시간의 신비에 관한 주제로 한참 우회한 것 같다. 그렇지 않고는 불공평에 관한 질문에 대답할 방법이 없다고 보기 때문이다. 우리가 아무리 합리적으로 설명한다 해도, 시간의 제약에 갇힌 사람의 시각에서 보면 하나님이 때때로 불공평하게 **보일** 것이다. 오직 시간의 마지막에, 우리가 하나님의 차원에서 볼 수 있게 되었을 때, 모든 악이 처벌을 받거나 용서받고, 모든 질병이 치유된 후에 그리고 온 우주가 회복된 후에, 오직 그때에만 공평이 다스릴 것이다. 그때가 되면 우리는 어린아이의 죽음과 같은 '불공평한' 사건 속에서 악과 타락과 자연법들이 어떤 역할을 했는지 이해하게 될 것이다. 그때까지는 우리는 모를 것이며, 다만 모든 걸 알고 계시는 하나님을 신뢰할 뿐이다.

우리는 많은 것들의 세세한 부분을 모른 채 살아간다. 하나님이 우리를 어두움 속에 두시기를 좋아해서가 아니라, 우리가 그렇게 엄청난 빛을 흡수할 능력이 없기 때문이다. 하나님은 세상이 어떻게 돌아가고 역사가 어떻게 끝날지 한눈에 꿰고 계신다. 하지만 시간에 제한된 우리 피조물은 가장 원초적인 방식으로 이해할 수밖에 없다. 바로 시간이 지나야 한다는 것이다. 역사가 다 끝나기 전까지는 어떻게 "모든 것이 합력하여 선을 이루는지" 이해하지 못할 것이다. 역발상으로만 이해될 걸 미리 앞서 믿는 게 믿음이다.

그런 믿음의 정의에 화를 낸 한 친구가 말했다. "좋은 일은 하나님 덕택이고, 나쁜 일은 하나님 탓이 아니라?" 미묘하긴 하지만 어떤 면에서 보면 친구의 말이 맞다. 내 생각에는 때로 그것 또한 믿음인 것 같다. 욥이 그랬듯이, 하나님에 대한 명백한 증거가 없을 때에도 그분을 신뢰하는 믿음, 그분의 궁극적인 선, 그러니까 시간 밖에서 존재하는 선, 아직 시간이 따라잡지 못한 선을 신뢰하는 믿음 말이다.

현재의 측정 단위인 하루, 또는 (그럴 가능성이 더 많은데) 1분, 또는 1초의 단위로 영원은 우리를 만나고 있는지 모른다. 하지만 우리는 길든 짧든 시간의 길이로 결코 잴 수 없는 것들을 접촉한다. 따라서 결국 우리의 소망은 시간으로부터 온전히 자유로워지는 수밖에 없다(그것은 인간이 할 수 없는 것이다). 어찌되었든 시간의 폭력성과 단선적인 결합으로부터 해방되는 것이다. 시간의 연속성과 변화무쌍함 때문에 우리가 겪는 쓰라린 상처를 치유하려면, 시간에 떠밀리지 말고 시간의 흐름을 타야 한다. 우리는 시간에 워낙 적응을 못하기 때문에 때로는 시간의 흐름에 깜짝 놀라곤 한다. "어머, 애 큰 것 좀 봐!"라거나 "시간이 쏜살같이 날아가네요!"라는 말을 보자. 우리가 경험하는 일상적인 일들이 늘 신기하다는 투다. 그건 물고기가 물이 축축하다고 놀라는 것처럼 이상한 일이다. 물고기가 언젠가 육상 동물이 되지 않는 한, 이건 정말 이상한 일이다.

C. S. 루이스, 「시편 사색」

1_ Frederick Buechner, *Wishful Thinking*, p. 46, 「통쾌한 희망사전」(복있는사람).
2_ Augustinus, *The Confessions of Saint Augustine*, pp. 286-287, 「고백록」.

성경 참조 욥기 36-38장, 예레미야 애가 2, 5장, 베드로전서 1장, 디모데후서 1장, 이사야 7:14, 로마서 8장.

하나님에게 둘러싸여 길이 아득한 사람에게
어찌하여 빛을 주셨는고?
나는 음식 앞에서도 탄식이 나며
내가 앓는 소리는 물이 쏟아지는 소리 같구나.

욥기 3:23-24

26
하나님은 침묵하시는가

한번은 내 친구가 땅거미가 질 무렵 큰 호수에서 수영을 한 적이 있다. 그가 유유자적하며 300미터쯤 헤엄쳐 나갔을 때, 변덕스럽게도 저녁 안개가 호수에 몰려왔다. 갑자기 아무것도 안 보였다. 수평선도, 표지물도, 호수가의 건물이나 불빛도 전혀 보이지 않았다. 안개가 모든 빛을 분산시키는 바람에, 해가 지는 방향도 알 수가 없었다.

그는 30여 분을 공포 속에서 철벅거렸다. 한쪽 방향으로 열심히 헤엄치다가, 확신이 없어 오른쪽으로, 다시 왼쪽으로, 90도를 돌아 열심히 헤엄쳤다. 그가 어느 방향으로 틀건 상황은 마찬가지였다. 심장박동이 통제 불능으로 마구 뛰었다. 그는 에너지를 비축하려고 잠시 멈추어 그대로 물에 떠서, 온 힘을 다해 천천히 심호흡을 했다. 그러고 나서 다시 미친 듯이 헤엄을 쳤다. 마침내 호수변에서 그를 부르는 소리가 희미하게 들렸다. 그는 소리가 나는 쪽으로 헤엄을 쳐 안전하게 도착했다.

욥이 잿더미에 앉아 자기가 당한 일을 이해해 보려고 애쓸 때도, 이와 비슷한 처절한 상실감이 자리잡았을 것이다. 그도 모든 표지판을 잃고, 모든 방향감각을 잃었다. 어디로 나아가야 하는가? 안개 속에서 그를 인도해 주어야 할 하나님은 침묵하고 계셨다.

'내기'의 목적은 욥을 어둠 속에 내버려 두는 것이었다. 하나님이 욥에게 감동적인 격려의 말씀이라도 해주셨더라면, "욥아, 믿음의 기사답게 순교자처럼 나를 위해 이 일을 해주렴"이라고 말씀하셨다면, 욥은 기운이 나서 기꺼이 고난을 감수했을 것이다. 하지만 사탄은 욥이 외부의 도움이나 설명이 전혀 없어도 믿음을 지켜낼지 도전장을 던졌다. 하나님이 이 도전을 받아들이자, 안개가 욥을 휘감았다.

물론 궁극적으로는 이 내기에서 하나님이 '이기셨다.' 욥은 쓰라린 불평을 쏟아내고, 살아 있음을 절망하며 죽음을 바라기도 했지만, 절대로 하나님을 포기하지 않았다. "그가 나를 죽이실지라도 나는 그분 안에 소망을 두노라"고 고백했다. 믿어야 할 이유가 없을 때도 욥은 믿었다. 안개 속에서도 믿었다.

우리는 욥의 이야기를 읽고, 하나님의 내기에 당황했다가, 마침내 안도의 한숨을 깊이 내쉴 것이다. 휴우! 하나님이 문제를 해결하셨네. **하나님의 의도를 그렇게 정확히 밝히셨으니까, 이제는 원래 하나님이 좋아하시던 명확한 대화 방식으로 돌아오실 거야.** 그렇게 생각할 수도 있다. 하지만 성경을 끝까지 읽어 보면 그렇지가 않다. 쉽지 않은 진리라서 인정하고 싶지 않지만, 욥은 믿음의 보편적 법칙에 대한 가장 극단적인 예에 지나지 않는다. 하나님이 인정하시는 믿음은 모든 것이 희미할 때, 하나님은 침묵하시고 안개가 자욱할 때, 가장 잘 개발되는 것 같다.

안개 속의 생존자

해변의 등대에서 잠시 한 줄기 빛이 비추고 난 뒤로는 길고 무시무시한 침묵과 어둠의 시간이 이어진다. 이것은 내가 욥기에서만이 아니라 성경 전반에 걸쳐 발견한 양상이다. 늙어 비척거리는, 거의 한 세기를 산 아브라함을 기억해 보자. 그는 큰 민족의 아비가 될 거라는 찬란한 비전을 희미하게 품고 있었다. 그 비전은 25년 동안 그저 사막의 신기루처럼 보였다. 그러고는 아들이, 겨우 아들 하나가 태어났다. 하나님이 아브라함에게 또다시 말씀하실 때는 욥의 시험만큼이나 혹독한 시험으로 그를 부르셨다. 하나님은 아브라함에게 가슴을 도려내는 듯한 말씀을 하셨다. "네 아들 네 사랑하는 독자 이삭을 데리고… 그를 번제로 드리라."

다음으로 요셉을 보자. 그는 꿈에 하나님의 음성을 들었으나 결국 우물 구덩이에 던져졌고, 하나님의 인도하심을 따른 대가로 이집트의 감옥에 갇혔다. 히브리 백성의 해방자로 하나님이 직접 선택하신 모세는 40년 동안 광야에 숨어 살았다. 파라오의 경비대가 그를 잡으러 다녔기 때문이었다. 도망자 다윗은 또 어떤가. 하나님의 명령대로 왕으로 기름 부음을 받았지만, 그 후 10년 동안 동굴에서 잠자며 창칼을 피해 다녀야 했다.

분명한 메시지 뒤에 긴 침묵으로 이어지기에 모르스 부호처럼 당혹스러운 하나님의 인도하심은 역대하에서 노골적으로 잘 설명되어 있다. 여기서는 드물게 선한 왕 히스기야가 나오는데, 그는 하나님을 아주 기쁘시게 한 덕분에 전례 없이 수명을 15년이나 연장받았다. 그런데 그다음에 어떤 일이 일어났는가? "하나님이 히스기야를 떠나시고 그의 심중에 있는 것을 다 알고자 하사 시험하셨더라."

이 구약의 인물들은 히브리서 11장의 우등생 명단에 올라 있다. 어떤 이들은 이 장을 '믿음의 명예의 전당'이라는 이름을 붙이기도 했지만,

나는 '안개 속의 생존자들'이라고 부르고 싶다. 여기 기록된 많은 영웅들에게는 공통된 경험이 있는데, 바로 욥처럼 무서운 시험을 통과했다는 것이다. 안개가 자욱이 끼어 모든 게 백지로 돌아간 시간 말이다. 고문, 조롱, 채찍질, 결박, 돌로 치는 것, 톱으로 켜는 것 등 히브리서는 믿음으로 충만한 사람들이 겪은 끔찍한 시험을 세세히 기록하고 있다.

성자들이 성자가 된 이유는, 보이는 게 전부가 아니며 보이지 않는 세상도 주변의 보이는 세상만큼 확실하고 믿을 만하다는 굳건한 확신에 매달렸기 때문이다. 그들은 하늘이 무너져도 하나님은 신뢰할 만한 분이라고 믿었다. 이 대단한 사람들에 대해 히브리서 11장은 "이런 사람은 세상이 감당하지 못하느니라"는 결론과 더불어 다음과 같은 묘한 평을 덧붙인다. "이러므로 하나님이 그들의 하나님이라 일컬음 받으심을 부끄러워하지 아니하시고." 이 구절은 도로시 세이어즈가 말한 하나님의 세 가지 굴욕을 완전히 뒤바꾸는 말처럼 들린다. 특히 교회는 하나님께 수치를 끼쳤지만, 또한 하나님의 자부심이 되어 드렸다. 히브리서 11장의 담대한 성자들은 바로 그 점을 잘 보여 준다.

하나님이 사랑하신 사람들, **특별히** 하나님이 사랑하신 사람들은 하나님이 침묵하는 듯한 혼란스러운 시간을 면제받지 않는다. 폴 투르니에(Paul Tournier)가 말했듯이, "의심의 기회가 없는 곳에는 믿음의 기회도 없다." 믿음에는 불확실성, 혼동이 필요하다. 성경에는 하나님이 우리에게 관심을 가지신다는 증거들이 많이 있지만(어떤 것들은 꽤 휘황찬란하다) 그 사실을 보장하지는 않는다. 보장은 결국 믿음을 배제하기 때문이다.

믿음의 두 가지 유형

내 친구 리처드에게 '믿음'이라는 말은 그의 믿음에 가장 큰 장애물이었다. 의심하는 사람에게 "그냥 믿음을 가져"라고 충고하는 그리스도인들도 있다. 이 말은 무슨 뜻인가? 이런 사람에게 '믿음'은 질문에 대한 답변이 아니라 회피인 것 같다.

믿기 어려운 이유는 '믿음'이라는 단어를 너무 유동적으로 사용하기 때문이다. 첫째로, 우리는 이 단어를 어린아이 같은 위대한 믿음을 표현할 때 사용한다. 그것은 불가능한 걸 소화시키는 믿음이다. 다윗이 골리앗을 대적하여 나아갈 때 이런 엄청난 믿음을 발휘했다. 예수님이 칭찬하신 로마의 백부장도 마찬가지 경우였다. (예수님은 이 사람의 믿음에 '놀라셨다.') 우리 시대에는 '믿음 선교사들'이 이런 어린아이 같은 꽉 찬 믿음으로 경험한 놀라운 기적들에 관해 글을 쓰기도 한다. 이런 믿음은 집안에 가득한 고아들을 먹이거나(조지 뮬러의 기도를 의미함역주), 산을 움직이는 '믿음의 씨앗'이며, 성경은 많은 부분에서 이런 믿음을 종용한다.

하지만 히브리서 11장에 나오는 성자들과 욥은, 이와는 다른 종류의 믿음을 보여 준다. 바로 내가 이 책에서 다루는, 하나님에 대한 실망의 주제와 관련된 믿음이다. 어린아이 같은 믿음은 기적이 일어나지 않으면 못 버틸 것이다. 간절한 기도에 응답이 없고, 짙은 회색 안개가 하나님을 완전히 가려 버리는 때 말이다. 그런 때에는 그 이상이 요구되는데, 여기서 나는 그렇게 '어떤 값을 치르든 철저히 매달리는 믿음'을 표현하는 말로 약간 진부한 '충절'(fidelity)이라는 표현을 쓰겠다.

내가 인터뷰한 젊은 간호사는 이 두 가지 믿음을 혼동했기 때문에 하나님께 실망했다. 기독교 가정에서 자란 그녀는 하나님을 의심해 본

적이 거의 없었다. 심지어 대학 시절에도. 방에는 예수님이 어린아이를 품에 안고 있고, 그 아래 '발자국'이라는 시가 적혀 있는 그림 액자를 걸었다. 그 액자는 가장 어린아이다운 믿음을 보여 주었다. '단순하게 하나님을 믿으라. 그러면 아무 짐도 느끼지 않을 것이다.' 당신이 어려웠던 시절을 뒤돌아보면, 모래 위에 한 사람의 발자국밖에 보이지 않을 것이다. 예수님이 당신을 안고 가셨기 때문이다.

스물네 살 때 암 병동에서 일한 간호사와 인터뷰를 진행한 적이 있다. 그곳의 간호사들은 내게 온갖 사연을 들려주었다. 어떤 환자들은 어린아이 같은 믿음으로 울며 치유와 위로를 달라고, 고통을 없애 달라고 하나님께 기도했다. 하지만 그들은 결국 냉혹한 죽음을 맞아야 했다. 이 간호사는 매일 밤, 그렇게 해결할 수 없는 고난의 장면들로 어깨가 축 처져서 집에 돌아와 그 발자국 액자를 보아야 했다. 밝고 매혹적인 약속을 제시하는 액자를.

이 상황을 생생히 보려면, 시편 두 편을 뒤편부터 읽어 보면 된다. 먼저 시편 23편을 보자. "여호와는 나의 목자시니 내게 부족함이 없으리로다.… 그가 나를… 인도하시는도다.… 내가… 해를 두려워하지 않을 것은… 내 평생에 선하심과 인자하심이 반드시 나를 따르리니." 그리고 바로 앞, 시편 22편을 보자. "내 하나님이여 내 하나님이여 어찌 나를 버리셨나이까? 어찌 나를 멀리하여 돕지 아니하시나이까?… 내가 낮에도 부르짖고 밤에도 잠잠하지 아니하오나 응답하지 아니하시나이다.… 내 모든 뼈는 어그러졌으며… 악한 무리가 나를 둘러 내 수족을 찔렀나이다."

시편 23편이 어린아이 같은 믿음을 대변한다면, 22편은 그보다 더 깊고 신비로운 믿음인 충절을 대변한다. 하나님과 함께하는 삶에는 둘

다 포함된다. 우리는 모든 기도가 분명하게 응답되고 하나님이 친밀하게 우리를 돌보시는, 예사롭지 않은 친근감을 경험할 때가 있다. 그런가 하면 하나님은 침묵하시고, 아무것도 공식대로 진행되지 않고, 성경의 약속들이 모두 허망해 보이는 '안개의 시간'을 경험할 때도 있다. 충절은 그런 안개 속을 넘어서, 그래도 하나님이 여전히 다스리시며 우리를 저버리지 않으신다는 신뢰를 배우는 시간이다. 아무리 겉보기에는 그렇지 않아 보일지라도.

역설적이지만, 욥이 보낸 것 같은 가장 당혹스러운 시기는 믿음에 '자양분을 공급하고' 하나님과의 친밀감을 북돋우는 데 도움이 될 것이다.* 내가 충절이라고 부른 그런 가장 깊은 믿음은 마치 돌멩이 사이에서 돋아나는 잔디 잎사귀처럼 모순 속에서 싹튼다. 인간은 애쓰고 수고하고 한계를 넘어 뻗어 나감으로써 성장한다. 어떤 의미에서 인간은 본성상 해결책보다 문제가 더 필요하다. 왜 모든 기도가 마술처럼 즉각적으로 응답되지 않는가? 왜 회심자들은 모두들 힘겨운 영적 훈련의 노정을 걸어야만 하는가? 왜냐하면 끈질긴 기도와 금식, 연구와 묵상은 일차적으로 우리를 위해서지 하나님을 위해서가 아니기 때문이다.

키르케고르는, 그리스도인들은 마치 수학 문제를 열심히 풀기보다는 책 뒤의 답안지만 보고 싶어 하는 학생 같다고 말했다. 나 역시 그런 학생과 같은 마음이 있는데, 나만 그런 건 아닐 것이다. 우리는 지름길을 갈망한다. 하지만 지름길은 우리를 성장이 아닌 다른 길로 인도한다. 이

---

* 에티오피아와 중국에 있는 교회들을 방문한 미국 그리스도인들은 이 사실을 인정할 것이다.

원칙을 욥에게 적용해 보자. 그가 겪은 시험의 마지막 결과는 무엇이었는가? 랍비인 아브라함 헤셸(Abraham Heschel)이 관찰했듯이, "욥과 같은 믿음은 더 이상 흔들리지 않는다. 그 믿음은 이미 흔들림을 겪은 결과이기 때문이다."

C. S. 루이스는 기도에 관한 에세이에서, 하나님은 갓 믿기 시작한 그리스도인들을 마치 부모가 신생아를 돌보듯이 특별히 부드럽게 다루신다고 말한다. 그는 경험이 풍부한 어느 그리스도인의 말을 인용한다. "제 기도는 놀랍게 응답되었고, 그중에는 기적이라 할 만한 것들도 있었어요. 하지만 그런 응답은 대부분 제가 회심하기 전이나 회심한 직후에 있었죠. 그 후 그리스도인으로 산 시간이 길어지면서 응답이 드물어졌어요. 응답 횟수도 더 많아지지만 그 성격도 더욱더 정확하고 단호해지더군요." [1]

이런 말을 들으면 처음에는 모든 게 퇴보하는 것처럼 보인다. 그리스도인의 삶이 진보할수록 믿음도 쉬워져야 하지 않는가? 하지만 루이스가 지적하듯이, 신약 성경에는 응답받지 못한 기도의 확실한 실례가 두 가지 나온다. 예수님은 하나님께 "이 잔을 내게서 지나가게" 해달라고 세 번이나 간청하셨고, 바울도 '몸의 가시'를 치유해 달라고 하나님께 간구했었다.

루이스는 이렇게 묻는다. "그렇다면 하나님은 그분을 가장 잘 섬긴 자들을 저버리신단 말인가? 사실 하나님을 누구보다 가장 잘 섬기신 예수님은 고통스런 죽음을 맞기 직전에 '어찌하여 나를 버리셨나이까?'라고 외치셨다. 하나님은 인간이 되셨고, 그 인간은 하나님의 위로가 가장 필요할 때 가장 위로받지 못하는 존재가 되었다. 여기에 신비가 있다. 나는 그 신비를 파헤칠 능력은 있을지 모르나 감히 그럴 엄두가 안 난다.

반면에, 당신과 나처럼 소심한 사람들은, 만일 우리의 기도가 모든 소망과 확률을 넘어서 때때로 응답된다면, 그 상황을 우리에게 유리한 쪽으로 성급히 해석하지 말아야 한다. 우리가 좀더 강하다면 하나님은 우리를 덜 부드럽게 다루실 것이다. 우리가 좀더 용감하다면, 우리는 큰 싸움에서 도움은 훨씬 적고 치열함만 더한 고지를 방어하도록 파견될 것이다."

피할 수 없는 질문

C. S. 루이스의 말은 인상 깊다. 하지만 그렇다고 시험을 통해 강해지는 충절 형태의 믿음을 유쾌한 공식으로 축소시킬 수는 없다. 이 책은 리처드의 이야기로 시작되었다. 그의 믿음이 시험받기 전까지 그는 안전하고 기반이 든든했다. 그러다가 배신감을 느끼게 되었다. 왜 하나님은 그를, 또는 그분이 사랑하시는 사람이면 **누구든**, 그런 시험으로 내모시는가? 리처드는 그런 하나님을 더 이상 신뢰할 수 없었다. 나는 풍성하고 어린 아이 같은 믿음을 가졌다가 시험의 때에 쓰러진 많은 사람들과 대화를 나눠 보았다.

욥기의 저변에는 피할 수 없는 질문이 도사리고 있다. 만일 남편이 사랑에서 우러난 '시험'이라며 아내를 욥과 같은 상처 속에 내버려 둔다면, 우리는 그 남편이 제정신이 아니라고 여기며 가두어 버릴 것이다. 만일 엄마가 아이들 몰래 숨어 버린 채 안개 속에서도 아이에게 방향을 알려 주지 않는다면, 그런 사람은 엄마 자격이 없다고 판단할 것이다. 그렇다면 하나님의 그런 행동, 그런 내기를 어떻게 이해할 수 있단 말인가?

나는 산뜻한 공식이 아닌, 다만 내가 관찰한 두 가지 사실을 제시하고자 한다.

1. 우리의 믿음이 하나님께 어떤 의미인지를 우리는 거의 이해하지 **못한다**. 좀 신비로운 방식이지만, 욥의 끔찍한 고난이 하나님께는 '가치'가 있었다. 그 고난은 인간에 대한 실험의 핵심으로 들어갔기 때문이다. 단지 욥의 믿음만이 아니라, 모든 피조물 뒤에 숨어 있는 동기가 위험에 처했다. 하나님이 인간에게 자유를 주는 '위험을 감수'하신 이후로, 믿음은 하나님께 우리의 상상을 초월할 만큼 본질적인 가치가 있었다. 진실하고 어떤 조건 없이 자유롭게 드리는 믿음은 하나님께 가장 귀한 것이 된 것이다. 하나님께 충절을 바치는 것보다 더 좋은 사랑의 표현은 없다.

하나님께 피조물의 사랑이 필요하다는 말은 틀린 말이지만, 하나님이 그런 사랑을 얼마나 갈망하셨는지는 기억해야 할 것이다. 마치 아버지가 반항적인 아들한테서 **어떤 형태로든** 반응을 갈구했던 것처럼. 마치 연인에게 버림받은 사람이 온갖 이유에도 불구하고 신뢰할 수 없는 그 연인에게 다시 한 번 기회를 주는 것처럼. 선지자 시대를 통해 하나님이 계속 반복해서 보내는 이미지가 바로 이런 것들이다. 우리가 이 땅에서 부모로서, 연인으로서 느끼는 가장 깊은 갈망은, 우리를 향한 하나님의 허기진 갈망을 잠시 반짝 비춰 주는 데 불과하다. 그 갈망 때문에 하나님은 기꺼이 성육신과 십자가의 죽음을 치르셨다.

모든 인간적인 은유는 이 점을 제대로 아우르지 못한다. 이 점을 과장해서가 아니라 너무 과소평가하기 때문이다. 예수님이 말씀하셨듯이, 역사의 마지막 때(안개가 영원히 걷힐 때), 중요한 건 딱 한 가지다. "인자가 다시 올 때 이 땅에서 이러한 믿음을 보겠느냐?" 그리고 사도 바울은 창세부터 예수님에 이르기까지 세상의 계획을 훑어본 후에 이런 결론을 내렸다. "하나님이 이렇게 하심은 하나님이 우리 각 사람에게서 멀리 떨어져 있지 아니하실지라도, 사람으로 하여금 하나님을 찾고 찾아 발견하게 하려 하심이라." 아들을 보내신 건 하나님이 치른 '대가'였다. 그리고 욥, 또는 나나 당신과 같은 사람에게서 신실한 반응을 얻는 것이 그 '보상'이었다.

욥의 시험을 통해 얻은 '보상'을 우리의 제한된 시야로 인식하기가 쉽지 않다는 건 나도 인정한다. 하나님이 우리를 "큰 싸움에서 더 치열한 고지로" 보내신다는 C. S. 루이스의 말은 이와 상통한다. 성경에 따르면, 인간은 보이지 않는 선과 악의 싸움터에서 가장 중요한 육군 병사로 복무한다. 이때 믿음은 우리의 가장 강력한 무기다. 어쩌면 하나님이 우리를 위험한 고지로 보내실 때도, 아들딸을 전쟁터로 보내는 부모들처럼 자부심과 사랑, 근심과 회한이라는 복잡한 감정을 느끼실 것이다.

욥의 시험이 하나님께 '그만한 가치'가 있었는가, 라는 질문에는 오직 하나님만 대답하실 수 있다. 나는 다만 하나님의 전능하심이란 이런 의미라고 결론 내릴 수밖에 없다. 즉, 하나님께 무엇이 가치 있는지는 오직 하나님만이 결정하실 수 있다는 것이다. "보지 않고 믿는 자는 복이 있도다"라고 예수님은 의심하는 도마를 부드럽게 꾸짖으며 말씀하셨다. 욥은 인생의 가장 어두운 면을 보았고, 하나님의 가장 깊은 침묵을 들었으나, 여전히 하나님을 믿었다.

2. 하나님도 이와 동일한 믿음의 요구를 면제받지 못했다. 욥의 시험은 예수님이 경험하신 더 큰 시험과 별개로 생각할 수가 없다. 예수님도 시험을 받으셨다. 그분도 친구와 건강 등 소중한 걸 다 잃으셨다. 히브리서가 말하듯이, 예수님은 "자기를 죽음에서 능히 구원하실 이에게 심한

통곡과 눈물로 간구와 소원을 올렸고" 결국은 목숨을 잃었다.

십자가에서 일어난 신비를 완전히 헤아릴 수는 없지만, 하나님이 직접 겪지 않은 시험을 피조물에게 부과하지는 않으셨다는 사실은 큰 위안이 된다. 지난 세월 동안 나는 고통 중에 있는 많은 사람들과 이야기를 나누었는데, 이 점이 그들에게 얼마나 중요한 요소였는지 모른다. 조니 에릭슨 타다와 같은 유명한 사람에게서, 동네 병원에서 만난 모르는 사람에게서, 지옥 같은 제3세계의 감옥에 갇힌 수감자들에게서, 나는 이런 비슷한 말을 들었다. "최소한 예수님 덕택에, 하나님은 제 심정을 이해하시죠."

리처드가 한 말을 다시 생각해 본다. "그러니까 욥은 단지 하나님을 기분 좋게 해주느라 그 **끔찍한** 값을 치렀다는 거죠!" 그는 잿더미 위에 앉아 악창을 긁고 있는 욥을 생각하고 있었던 것이다. 하지만 리처드가 그 말을 할 때, 나는 예수님을 생각하고 있었다. 십자가에 매달려 상처를 만질 수도 없었던 예수님. 물론 끔찍한 값을 치렀다는 말에는 동의한다. 어떤 의미에서 하나님은 욥에게 내기를 거심으로써 스스로 제 손을 묶은 셈이 되었다. 그리고 십자가에 달리신 그날 밤, 하나님은 문자 그대로 스스로 손이 묶이셨다. (예수님은 자신의 죽음에 대해 이렇게 말씀하셨다. "내 마음이 심히 고민하여 죽게 되었으니 내가 무슨 말을 하랴? '아버지 저를 이 순간에서 구원해 주소서'라고 말하랴? 그럴 수는 없지. 내가 온 이유가 바로 이 순간 때문인 것을. 아버지, 당신의 이름을 영화롭게 하옵소서!")

성경을 공부하면서 나는 고난에 대한 저자의 태도가 획기적으로 변하는 모습에 놀랐다. 그 변화의 원인은 십자가에서 직접 찾아볼 수 있었다. 신약의 저자들이 고난의 시간에 관해 말할 때, 그들은 욥과 선지자들 그리고 많은 시편 저자들의 특징이라 할 수 있는, 분개하는 태도를 전혀 보이지 않는다. 고난에 관한 실제적인 설명도 없고, 다만 예수님의 죽으심과 부활이라는 두 가지 사건만을 계속 강조한다. 마치 이것이 일종의 시각적 답변이라는 듯이.

사도들의 신앙은, 그들이 자유롭게 고백한 것처럼 부활 주일에 일어난 일에 온전히 기반을 두고 있다. 이날 하나님은 모든 역사적 사건 중에 가장 큰 비극, 자신의 아들을 처형한 비극을 오늘날 우리가 성 금요일이라고 부르며 기념하는 날로 변화시키셨다. 어두운 그늘에서 십자가를 응시하던 제자들은 스승과 함께 지낸 3년 동안 깨닫지 못했던 사실을 마침내 깨달았다. 하나님이 안 계신 것처럼 느껴질 때가 사실은 가장 가까이 계실 때라는 것이었다. 하나님이 죽은 것처럼 느껴질 때, 그분은 다시 생명으로 오실 것이다.

비극, 어두움, 그리고 승리라는 이 3일간의 진행 유형은 신약의 저자들이 온갖 시험의 때에 적용할 수 있는 하나의 모판이 되었다. "왜?"라는 질문에 대한 답변은 얻지 못할지라도, 우리는 하나님의 사랑의 증표인 예수님을 바라볼 수 있다. 성 금요일은 하나님이 우리를 고통 가운데 버려두지 않으신다는 걸 보여 준다. 우리의 삶에 가해지는 악과 고난이 하나님 보시기에 너무도 실제적이고 중요하기 때문에, 하나님은 자신이 그것을 직접 우리와 함께 나누기를 원하셨다. 하나님도 "슬픔에 익숙한" 자가 되셨다. 그날, 예수님은 하나님의 침묵을 경험하셨다. 그리고 예수님이 그날 인용한 성경 구절은 시편 23편이 아니라 22편이었다.

그리고 부활 주일은 결국 고난이 승리하지 못한다는 것을 보여 준다. 그러므로 "너희가 여러 가지 시험을 당하거든 온전히 기쁘게 여기라"고

야고보는 썼다. 그리고 "너희가 이제 여러 가지 시험으로 말미암아 잠깐 근심하게 되지 않을 수 없으나 오히려 크게 기뻐하는도다"라고 베드로는 썼다. 그리고 바울은 "우리도 또한 고난 중에 기뻐하는도다"라고 썼다. 이어서 사도들은 그렇게 '구속된 고난'을 통해 어떤 유익을 얻을 수 있는지를 설명한다. 성숙, 지혜, 순전한 믿음, 인내, 성품, 그 외 많은 보상들이 있을 것이라고 한다.

왜 기뻐하느냐고? 시험 자체를 자학적으로 즐기기 때문이 아니라, 하나님이 부활 주일에 대규모로 역사하신 것처럼 우리 각 사람에게 소규모로 역사하실 것이기 때문이다. 야고보, 베드로, 바울이 언급한 고난은 구약에서라면 중대한 믿음의 위기를 촉발했을 것이다. 하지만 신약의 저자들은 바울이 표현한 대로, "모든 것이 합력하여 선을 이룰 것을" 믿었다.

이 잘 알려진 구절은 종종 왜곡된다. "하나님을 사랑하는 사람한테는 좋은 일만 일어난다"는 의미로 받아들이는 사람들 때문이다. 하지만 바울은 그와 정반대를 의미했고, 다음에 이어지는 단락에서 '모든 것'이 뭔지를 설명한다. 바로 문제, 어려움, 박해, 기근, 헐벗음, 위험, 칼 등을 말한다. 바울은 이 모든 것을 견뎠다. 그럼에도 그는 "이 모든 일에… 우리가 넉넉히 이기느니라"고 주장한다. 아무리 큰 어려움도 우리를 하나님의 사랑에서 끊을 수 없다.

그건 시간문제일 뿐이라고 바울은 말한다. 그저 기다리라고 한다. 어두운 침묵의 금요일을 부활 주일로 변화시키시는 하나님의 기적이 언젠가 우주적 규모로 크게 일어날 것이다.

당신은 분노의 구름으로 얼굴을 가렸지만,
나는 그 가면을 통해 당신의 두 눈을 봅니다.
때로 곁눈질하는 그 눈동자는
절대로 우리를 멸시치 않으십니다.

존 던, "그리스도께 바치는 노래"

모든 어려움은, 우리가 삶의 원리보다 더 큰 뭔가를 수용해야 한다는 걸 암시한다.

조지 맥도널드

1_ C. S. Lewis, *The World's Last Night*, p. 10.

성경 참조 욥기 13장, 창세기 22장, 역대하 32장, 마태복음 8장, 마가복음 14장, 고린도후서 12장, 누가복음 18장, 사도행전 17장, 요한복음 20장, 히브리서 5장, 요한복음 12장, 이사야 53장, 야고보서 1장, 베드로전서 1장, 빌립보서 3장, 로마서 8장.

그런데 내가 앞으로 가도 그가 아니 계시고
뒤로 가도 보이지 아니하며,
그가 왼쪽에서 일하시나 내가 만날 수 없고
그가 오른쪽으로 돌이키시나 뵈올 수 없구나.

욥기 23:8-9

27
왜 하나님은 개입하시지 않는가

앞의 몇 장의 내용에 대해서 내 친구 리처드는 어떻게 생각할지 나는 알고 있다. 사실 그의 생각은 이미 알고 있다. 그와 오랜 시간 토론을 했었기 때문이다. 독자도 기억하겠지만, 리처드는 욥기에 관한 책까지 썼기 때문에 그와 새삼스럽게 그 이야기를 재검토할 필요는 없었다. 대신에 나는 결말 부분에 집중해서, 왜 하나님이 욥에게 답변하지 않았는지를 숙고해 보았다. 나는 하나님께 시간의 의미가 무엇인지 그리고 하나님의 시각을 다 이해할 수 없는 욥의 한계, 믿음이 하나님께 내재적으로 어떤 가치가 있는지 등에 관한 내 생각도 제시했다.

리처드는 이리저리 흘러가는 내 생각들을 주의 깊게 듣다가, 내 말이 끝나자 알겠다는 듯이 고개를 끄덕이며 말했다. "좋은 생각이세요, 선생님. 선생님 말씀이 옳은지도 모르죠. 저도 이의는 없어요. 하지만 욥과 저는 경우가 완전히 달라요. 욥은 그 많은 어려움을 겪고 난 뒤 결국은 하나님의 말씀을 받았어요. 폭풍 속에서 실제로 음성을 들었으니까요. 하지만 하나님은 저한테는 계속 침묵하셨어요. 욥은 하나님을 믿기로 결정하고, 저는 안 믿기로 결정하게 된 차이점도 그것 때문이라고 생각해요."

좀더 이야기를 나눠 보니, 리처드는 두 세상이 존재한다는 개념을 도저히 받아들일 수 없음이 분명해졌다. 나무와 건물과 자동차와 사람이 존재하는 보이는 세상에 살면서, 그 세상과 나란히 존재하는, 보이지 않는 세상을 그는 믿을 수 없었다. 그는 말했다. "저는 증거를 원해요. 하나님이 제 세상 속으로 들어오려 하시지 않는데, 어떻게 그분의 존재를 확신할 수 있어요?"

그런 대화를 하다 보니 내 신앙이 회의적이었던 시절이 떠올랐다. 역설적이게도 리처드는 기독교 대학에서 신앙을 잃어버렸다. 하나님과 친밀하게 잘 알고 있다고 고백하는 신자들로 둘러싸여 있었는데 말이다. 반면에 그와 비슷한 환경인 성경 대학에서 나는 믿음을 지키는 것이 가장 어렵다는 걸 깨달았다.

회의론자의 관점

나도 리처드와 마찬가지 걸림돌에 부딪혔다. 대학 내의 신자들이 '영적'이라고 생각하는 행동들이 내 눈에는 철저히 평범한 행동으로 보였다. 보이지 않는 세상이 보이는 세상과 정말로 만나고 있다면, 불에 탄 흔적, 즉 하나님의 초자연적 임재를 확실히 보여 주는 증거는 어디 있는가?

기도만 해도 그렇다. 신자들은 모든 사건을 마치 기도 응답인 것처럼 왜곡시킨다. 삼촌이 책값에 보태 쓰라고 10만 원을 보내 주면, 그들은 신이 나서 기도 모임에 와 하나님께 감사드렸다. 그들은 이런 '기도 응답들' 이야말로 하나님이 늘 옆에 계셔서 그들의 기도를 들으신다는 결정적인 증거로 받아들인다. 하지만 내가 보기에는 다른 해석도 늘 가능했다. 아마 그 삼촌은 그 달에 모든 조카들에게 10만 원씩 보내 주었는지도 모른다. 그 기도 응답은 단지 우연의 일치였던 것이다. 내게도 때때로 선물을 보내 주는 삼촌이 있다. 내가 기도도 안 했는데 말이다. 그리고 그 많은 학생들의 기도 중에 응답받지 못한 기도들은 또 뭔가? 내가 보기에 기도란 벽에다 말을 거는 것일 뿐이고, 가끔 자기 충족적인 예언에 불과한 것 같았다.

나는 실험적으로 대학 내의 '영적인' 행동들을 따라해 보았다. 기도 모임에서 경건하게 기도하고, 꾸며낸 회심 간증도 하고, 경건한 단어를 잔뜩 섞어 말했다. 그랬더니 정말 먹혀들었다. 내 의심이 확증된 것이다. 회의론자인 나는 미리 처방된 공식을 따라했을 뿐인데, 믿을 만한 성자의 반열에 들었다. 회의론자가 그대로 흉내 낼 수 있는 기독교의 체험을 정말 순전하다고 말할 수 있는가?

나는 종교 심리에 관한 책을 읽고 난 뒤 이런 실험을 했다. 윌리엄 제임스가 쓴 「종교적 경험의 다양성」(The Varieties of Religious Experience)과 같은 책을 보면, 종교란 인생의 스트레스에 대한 복잡한 심리적 반응일 뿐이라고 주장한다. 저자는, 신실한 그리스도인이란 새로운 재료로 만들어진 새로운 피조물이라는 주장을 살펴본 뒤 이런 결론을 내렸다. "회심한 사람들을 한 집단으로 볼 때, 그들을 불신자들과 구별할 수 없다. 어떤 경우에는 불신자들이 회심한 사람보다 훨씬 좋은 열매를 맺는다. 그리고 이 두 집단에게 매일 일어난 '우연한 일들'을 관찰한 결과만으로는, 신학 교리를 모르는 사람 중에서는 아무도, 마치 신과 인간이 본질적으로 다르듯이 두 집단이 본질적으로 다르다는 점을 알지 못한다."[1] 나 역시 주변 신자들에게서 범상치 않은 광채나 눈에 띄는 흔적을 볼 수 없었다.

　이유는 나중에 설명하겠지만, 어쨌든 나는 회의론자로 남지는 않았다. 하지만 솔직히 인정하건대, 풍성하고 보람 있는 신앙생활을 한 지 20여 년이 되었지만, 나는 지금도 리처드의 의심에 귀가 솔깃해진다. 영적 체험을 했다고 내공이 쉽게 쌓이지는 않는다. 한번 반짝 빛났다가 곧 시들해진다. 하나님과 연합을 맛본 순간을 좀더 깊이 파고들면, 왜 그런 일이 일어났는지를 다른 식으로, 좀더 자연적인 방식으로도 설명할 수 있음을 알게 된다. 자연 세계와 초자연 세계가 무조건 다른 건 아니다. 이 둘을 칼로 자르듯이 명확하게 가르기는 쉽지 않다.

　내가 기도할 때는 더 이상 '자연인'이 아닌 것인가? 그렇지 않다. 여전히 졸리기도 하고 집중력이 떨어지기도 한다. 다른 사람과 대화할 때처럼, 하나님과 대화하면서 좌절과 오해를 겪기도 한다. '영적인' 주제들에 관한 글을 쓴다고 해서 그 순간 갑자기 하늘로 솟아오르는 기분을 느끼는 것도 아니다. 여전히 연필을 깎고, 잘못된 단어를 지우고, 사전을 찾고, 시작하는 문장이 맘에 안 들어 종이를 구겨 버린다. 내 삶에서 '하나님의 뜻을 안' 순간들이 모세나 기드온의 경우처럼 명확했던 적도 전혀 없다. 폭풍 속에서 울려 오는 음성을 들은 적도 없다. 나도 마음만 먹으면, 영적인 행위들에 대해 리처드처럼 여러 심리학 이론들을 적용해 부정할 수도 있다.

　그렇다면 왜 나는 보이지 않는 세상을 믿는가? 이 문제에 관해서는 C. S. 루이스의 글에서 많은 도움을 받았다. 두 세상이라는 주제는 대부분의 그의 책들 속에 씨실과 날실처럼 짜여 있다. 초기 저작들, 친구에게 보낸 편지들 그리고 그의 모든 소설들 속에서 나타나다가 마침내 "치환"

(Transposition)이라는 글에서 만개한다.[2] 루이스는 이 문제를 이렇게 정리한다. "이런 문제가 발생하는 이유는 자연적이라고 생각하는 것과 영적이라고 주장하는 것들이 서로 연결되어 있기 때문이다. 우리의 자연적 삶을 구성하고 있는 오래된 모든 요소들이 우리의 초자연적 삶으로 다시 나타나는 데서 문제가 생긴다." 지금부터 이 장에서 다루는 내용은 그런 그의 생각들을 좀더 확장한 것이다.

빛을 따라 보기

루이스는 글을 시작하면서 글로솔랄리아(*glossolalia*), 또는 방언으로 말하는 신기한 현상을 거론한다. 부인할 수 없는 '영적' 사건, 다시 말해 오순절에 성령이 강림하시는 사건을, 다른 언어를 말하는 이상한 인간적 현상으로 표현한 게 참으로 묘하다고 그는 말한다. 오순절 날 구경꾼들에게는 그 모습이 술 취한 것과 비슷해 보였다. 오늘날 '과학에 입각한' 많은 관찰자들은 글로솔랄리아가 히스테리나 신경 장애 현상과 비슷하다고 주장한다. 그렇게 성대를 움직이는 자연적 행위가 어떻게 하나님의 성령의 초자연적인 내주하심을 표현할 수 있는가?

　루이스는 어두운 작업장 안에 들어온 한 줄기 빛을 들어 설명한다. 그가 처음 작업장에 들어갔을 때는 한 줄기 **빛을** 보고, 그 빛이 공중에 떠다니는 먼지들을 환히 비추는 것을 보았다. 하지만 그 빛을 넘어서 그것을 **따라가** 보니 전혀 다른 시각을 얻게 되었다. 빛줄기가 아니라, 작업장의 창문을 통해 시야에 들어온 나뭇잎을 보게 된 것이다. 나뭇잎은 바깥 나뭇가지에 매달려 흔들리고 있었고, 그 너머로 약 1억 4천만 킬로미터 떨어져 있는 태양도 보였다. 빛줄기를 보는 것과 빛줄기를 **따라가**

보는 건 사뭇 다른 얘기다.

우리 시대는 빛줄기를 보는 탁월한 기술력을 가졌다. '환원주의'(reductionism, 현상을 그보다 하위 수준의 원리나 요소로 설명하려는 태도역주)란 말도 보통 이런 과정을 설명하는 데 사용된다. 우리는 인간 행동을 신경 전달 물질과 엔자임으로 '환원시킬' 수 있고, 나비를 DNA 분자로 축소시킬 수 있으며, 태양을 빛과 에너지 분자파로 축소시킬 수 있다. 가장 극단적인 형태의 환원주의는 종교를 심리적 투사로 보고, 세계 역사를 진화론적인 투쟁으로 보며, 생각 자체도 단지 뇌 속에 있는 수십억 개의 I/O 컴퓨터 문을 여닫는 것으로 본다.

모든 각도에서 빛을 보는 데 능숙한 현대 세계는 '믿음'에 적대적이다. 대부분의 역사 속에서 모든 인간 사회는 눈에 보이지 않는 초자연적인 세상의 존재를 당연하게 여겨 왔다. 해돋이와 일식, 천둥 번개를 달리 어떻게 설명할 수 있단 말인가? 하지만 이제 우리는 그런 현상은 물론 더한 것들도 다 설명할 수 있다. 우리는 가장 자연스러운 현상은 물론이고 심지어는 가장 영적인 현상조차도 성분 분석으로 환원할 수 있다. 루이스가 글로솔랄리아에 관해 관찰한 것처럼, 가장 '초자연적인' 행동도 이 세상에서는 '자연적인' 방식으로 설명한다.

치환의 원리에 따라 나는 그런 세상에서 사는 삶에 관해 다음과 같은 결론을 도출했다.

1. 첫째로, 우리는 일단 환원주의의 강력한 힘을 인정해야 한다. 이 힘은 축복이자 저주다. 축복인 이유는, 우리가 지진과 천둥 번개와 토네이도를 분석할 수 있기 때문에 그것으로부터 우리를 방어할 수 있다. **빛줄기를 봄으로써 우리는 하늘을 나는 법을 배우고**(달에 날아갔다 올 정도

다), 거실에 있는 네모 상자를 열심히 들여다보며 세계를 여행하고, 시골 길을 달리면서 오케스트라 연주를 귀에 꽂고 듣게 되었다. 인간 행동의 빛줄기를 들여다봄으로써 화학 성분을 알아내고, 그리하여 약을 통해 사람들을 심각한 우울증과 정신분열증에서 구하게 되었다.

하지만 환원주의는 또한 저주도 가져왔다. **빛줄기를 따라** 보기보다는 빛줄기만 봄으로써, 우리는 인생을 그 구성 성분 이상으로 보지 못하고 축소시키는 우를 범한다. 해나 달이 뜨는 걸 보아도 '원시 시대의' 조상들이나 심지어는 16세기의 서구 시인들이 느끼던 거의 예배에 가까운 느낌과 경외심을 느끼지 못할 것이다. 그리고 우리가 행동을 **단지** 호르몬과 화학 물질의 작용으로만 환원시킨다면, 온갖 인간적인 신비와 자유 의지와 낭만을 잃어버린다. 오랜 세월 동안 예술가와 연인들에게 영감을 주었던 낭만적인 사랑이라는 이상도 갑자기 호르몬 분비 작용으로 평가절하된다.

우리가 환원주의의 속성을 제대로 인식하지 못하면, 환원주의는 불필요할 정도로 우리에게 영향을 끼칠 수 있다. 환원주의는 사물을 보는 한 가지 방식일 뿐이다. 그것은 옳고 그름의 개념이 아니다. 사물의 전체가 아니라 사물의 부분들에 관해 정보를 주는 하나의 관점일 뿐이다.

예를 들어 영적인 행동은 저차원과 고차원 양쪽에서 볼 수 있다. 하나가 다른 하나를 대체하는 게 아니다. **빛줄기를 보는** 것과 빛줄기를 **따라** 보는 게 다른 것처럼, 각각은 다만 동일한 행위를 다르게 볼 뿐이다. '저차원적' 시각에서 보면, 기도는 사람이 자기한테 말하는 행위다. (글로솔랄리아도 마찬가지지만, 다만 뜻도 모르면서 지껄이는 것이다.) '고차원적' 시각에서 보면 영적인 현실은 현재 역사하고 있으며, 인간의 기도는 보이는 세상과 보이지 않는 세상을 연결하는 접촉점이다.

나는 빌리 그레이엄 목사의 집회에 그저 호기심 많은 구경꾼으로 참석해서, 엄청나게 많은 청중 중에 한 여성을 선택해, 그녀가 그레이엄 목사의 설교를 잘 받아들이도록 끌어들이는 온갖 사회, 심리학적 요인들을 이론으로 만들 수 있다. 남편과의 관계가 무너지고 있다, 그녀가 안정감을 찾아 헤매고 있다, 경건하고 강인했던 외할머니를 기억하고 있다, 지금 흘러나오는 찬송가를 들으니 어릴 적 주일학교 시절이 생각난다 등등. 하지만 그런 '자연적' 요인들이 초자연적 요인들을 배제하는 건 아니다. 오히려 반대로, 하나님이 그런 수단들을 사용하여 그 사람을 하나님께로 이끄시는지도 모른다. 어쩌면 자연적인 것과 초자연적인 것의 연계성은, 같은 창조주가 고안해 낸 것일 수도 있다. 최소한 이것이 믿음의 '고차원적' 시각이다. 한 차원의 시각이 다른 차원의 시각을 배제하지 않는다. 이 둘은 한 가지 사건을 두 가지 방식으로 볼 뿐이다.

2. 묘하게도, 저차원적 시각이 고차원적 시각보다 우월해 보일 수 있다. C. S. 루이스는 어린 시절에 오케스트라 감상법을 배우면서, 처음에는 원시적인 축음기에서 들려오는 단선적인 음악을 들었다고 한다. 따라서 멜로디는 들을 줄 알았지만 그 외의 음들은 별로 못 들어 보았다. 나중에 실제로 연주회에 간 그는 환멸감을 느꼈다고 한다. 많은 악기들이 제각기 다른 음을 연주하는, 엄청나게 다양한 소리가 울려 퍼진 것이다! 훈련되지 않은 그의 귀에 잡음처럼 들리던 소리, 그 '진짜 음악'이 그리웠다고 그는 말한다. 그 순간 루이스에게는 대체물이 실제보다 더 나아 보였다.³

이와 마찬가지로, 텔레비전을 꾸준히 본 사람은 실제로 산을 등반하는 게 "내셔널지오그래픽"(*National Geographic*) 특별판을 통해 대리 경험하는 것만 못하다고 느낄 수 있다. 실제 등반에서는 온통 모기에 물어 뜯기고, 산소 부족으로 호흡이 가쁘고, 급격한 날씨 변화도 불편하기 때문이다.

이 점을 좀더 살펴보자면, 도덕 문제에 있어서도 저차원적 시각이 더 우월해 보일 수 있다. 낭만적 사랑이라는 이상은 가장 위대한 시와 소설과 오페라에 영감을 불어넣었다. 하지만 휴 헤프너(Hugh Hefner, "플레이보이" 지의 창업자이자 편집자역주)와 같은 환원주의자들은 섹스가 사랑이나 관계라는 구속에서 벗어나 자유로울 때 더 우월하다고 당당히 주장한다. ("플레이보이" 지는 엘리자베스 배럿 브라우닝의 작품보다 훨씬 더 본능에 호소한다.) 그리고 종교를 목발처럼 치부하는 세속주의자들은 고차원적 존재에 호소하지 않고 이 세상에서 생존하는 '좀더 용감한' 도전을 격찬한다.

3. 고차원적 세상의 현실은 저차원적 세상의 기능들을 통해 전달된다. '전조'(transposition)라는 단어는 원래 음악 용어로, '조옮김'을 뜻한다. 한 곡의 조(調)를 다른 조로 바꾸는 경우다. 또는 110가지의 오케스트라용 악기로 연주하도록 편성된 교향곡을 피아노곡으로 편곡하는 경우에도 영어에서는 transpose라는 단어를 사용한다. 당연히 그 과정에서 뭔가 손실이 일어날 수밖에 없다. 피아노 건반을 치는 열 손가락으로는 오케스트라에서 느낄 수 있는 청각적 뉘앙스를 다 재현할 수 없다. 그렇게 피아노 건반의 음역 제한을 받긴 하지만, 그럼에도 불구하고 편곡자는 피아노곡을 통해서도 교향곡의 핵심은 어떻게든 전달해야 한다.

C. S. 루이스는 황홀한 음악 연주회와 관련해서 새뮤얼 피프스(Samuel

Pepys)의 일기 내용을 인용했다. 너무도 감미로운 목관 악기 소리에 황홀함을 느낀 피프스는 이렇게 썼다. "정말, 한마디로 말해서, 그 소리는 마치 예전에 아내와 사랑에 빠졌을 때처럼 내 영혼을 사로잡아 열병을 앓게 했다." 루이스는 우리의 정서적 반응을 생리학적으로 분석해 보라고 말한다. 아름다움, 자부심, 또는 사랑을 경험할 때 우리 몸에서는 무슨 일이 일어나는가? 피프스의 경우 황홀감을 느꼈고, 그건 구역질과 그리 다르지 않았다. 배가 꼬이고 가슴이 두근거리고 근육 수축이 일어난다. 아플 때 느끼는 신체적 증상과 똑같은 증상을 경험했다![4]

저차원적 시각에서 보면, 기쁨이든 두려움이든 그에 대한 우리의 신체적 반응은 거의 똑같다. 둘 다 부신에서 똑같은 호르몬을 분비하고, 소화 기관 내의 신경들도 똑같은 화학 물질을 방출한다. 하지만 뇌에 가면 어떤 메시지는 기쁨으로, 어떤 메시지는 두려움으로 해석한다. 편곡자가 제한적인 피아노 건반으로는 오케스트라의 모든 음을 충분히 표현할 수 없는 것처럼, 저차원적으로 보면 인간의 몸은 제한적인 어휘를 가지고 있다.

바로 이 점이 환원주의의 가장 큰 약점이다. 우리가 단지 '빛줄기만을' 본다면 인간의 감정을 가장 기본적인 요소로(신경과 호르몬으로) 축소시킴으로써, 실제로는 거의 반대 감정인 기쁨과 두려움을 논리적으로는 동일한 것으로 추정한다. 인간의 몸은 쾌락이라는 감각을 전달하는 특별한 신경 세포가 없다. 자연은 그렇게 풍성하지 못하다. 우리의 모든 쾌락의 체험은 '빌려 온' 신경 세포에서 나오는데, 그 세포는 고통과 접촉과 뜨겁고 차가운 감각을 전달하는 세포다.

인생의 방식

인간의 두뇌는 거의 완벽한 치환의 예를 보여 준다. 비록 몸 안에서는 '고차원적' 시각을 대변하지만, 두뇌만큼 소외되거나 무력한 기관도 없다. 뇌는 두꺼운 뼈로 된 상자 안에 들어 있으며, 세상에 관한 정보를 얻기 위해 저차원의 기능들에 철저히 의존한다. 뇌는 아무것도 보거나 느끼거나 맛본 적이 없다. 뇌로 전달되는 메시지는 모두 동일하게 부호화된 형태로 전달된다. 우리의 많은 감각적 체험들은 점과 줄로 이어진 (-.--.-...--) 전자의 연속으로 축소된다. 뇌는 말단에서 전해 온 모르스 부호 같은 메시지에 전적으로 의존하며, 그것을 의미로 조합한다.

이 글을 쓰면서 나는 베토벤의 웅장한 9번 교향곡을 듣고 있다. 이 교향곡은 시간과 기술을 넘나들며 치환된 일련의 부호들에 불과하다. 이 음악은 베토벤이 그의 마음에서 '들은' 음악적 아이디어로 시작되었다. (그때 그는 이미 귀가 먹었기 때문에 오로지 기어에 의지해서 작곡했고 그 곡을 악기로 시험해 볼 수도 없었다. 가히 비범한 정신력이 아닐 수 없다.) 그리고 베토벤은 음표라는 일련의 부호를 사용해 이 교향곡을 종이에 옮겨 적었다(transposed).

백 년도 더 지난 후에 한 오케스트라가 그 부호들을 읽고 해석해서, 베토벤이 틀림없이 그의 마음에서 '들었을' 웅장한 소리로 재조합했다. 녹음 기술자는 긴 테이프에 자기장을 이용한 자극을 가해 그 오케스트라의 소리를 담았고, 스튜디오는 그 부호를 좀더 기계적인 형태로 옮겨 마침내 내 레코드 앨범에 작은 원들이 새겨진 것이다.

이제 내 턴테이블은 그 원들을 '읽으면서' 스피커를 통해 다양한 소리를 크게 확대해 들려준다. 그 스피커에서 생긴 분자의 진동들이 내 귀에 도달해서 또 한 차례 일련의 기계적 행동을 일으킨다. 작은 뼈들이 내 고막을 때리고, 그 진동을 점액을 통해 코르티 기관으로 전달한다. 코르티 기관에는 소리를 수신하는 2만 5천 개의 세포가 기다리고 있다가, 자극을 받고 자기들의 전자 메시지를 쏘아댄다. 마지막으로, 점과 줄로 이어진 부호인 그 자극들이 내 뇌에 도달하고, 대뇌 피질의 화면이 그 부호들을 소리로 조합하면 나는 그것을 베토벤의 9번 교향곡으로 인식한다. 나는 잠시 쉬며 이 대단한 걸작을 들으면서 쾌락과 기쁨을 체험한다. 이 기쁨은 내 몸의 '저차원적' 기능들을 통해 다시 한 번 나에게 전달된다.

치환은 삶의 방식이다. 모든 지식은 부호로 해석해 내렸다가 다시 의미로 해석해 올리는 과정을 통해 우리에게 전달된다. 나는 베토벤의 9번 교향곡에 관해 단지 세 단락을 썼을 뿐이다. 그건 내 마음에서 처음 일어난 생각들이었고, 그것을 단어로 옮겼다가 컴퓨터 자판으로 치면, 컴퓨터는 자석이 붙은 디스크에 그 내용을 기록한다. 그러면 내 컴퓨터는 그 자기장 부호를 이진법 부호로 옮길 것이고, 모뎀이라는 부품이 그 이진법 부호를 디지털 소리로 옮겨 전화선을 통해 편집자에게 보내 줄 것이다. 내 모뎀이 베토벤에 관한 글 세 단락을 보내는 소리를 아무리 들으려 해봤자 '뚜뚜뚜' 하는 전자파 소리밖에 안 들리겠지만, 어쨌거나 그 전자파 속에 내 생각과 단어들이 들어 있을 것이다.

디지털 소리를 수신한 편집자의 컴퓨터는 그 소리를 다시 자기장 부호로 바꿔 디스크에 담을 것이다. 그 편집자는 그 부호들을 눈에 보이는 단어 형태로 다시 스크린에 옮겨 편집한 뒤에, 그 단어들을 종이 위에 잉크로 찍어 일정한 모양으로 옮길 것이다. 그것이 바로 당신이 지금 읽고 있는 이 잉크 모양들인 것이다. 당신의 훈련된 눈은 종이에 찍힌 잉크 얼룩들을 글자와 단어로 인식하고, 그것들이 당신의 눈 세포에 전달되었다가 전자 자극으로 옮겨져 당신의 뇌가 일정한 의미로 조합해 내는 것이다.

모든 의사소통, 모든 지식, 모든 감각적 체험은, 즉 이 땅의 모든 생명체는 치환의 과정을 거친다. 의미는 부호로 '내려갔다가' 나중에 재조합된다. 우리는 그런 과정을 본능적으로 신뢰하며, 저차원의 부호들이 정말로 뭔가 본질적인 의미를 전달한다고 믿는다. 나는 내가 선택한 단어들이 그리고 심지어는 모뎀의 성가신 전송 방식이 베토벤의 9번 교향곡에 대한 내 본래의 생각을 전달해 줄 거라고 믿는다. 나는 로키 산의 모습이 작고 얄팍하고 반짝이는 종이에 옮겨져 있는 사진 한 장을 본다. 그리고 그곳을 방문하는 모습을 머릿속으로 그려 본다. 또한 잡지에 붙어 있는 향수 샘플을 긁어 향기를 맡는다. 그러자 그 향수를 쓰는 아내가 갑자기 머릿속에 떠오른다. 저차원이 고차원적인 무언가를 전달한다.

영혼의 치환

그렇다면 영혼의 영역에서도 이와 동일한 보편적 원칙이 작용할까?

다시 한 번 리처드의 질문으로 돌아가 보자. 이 질문은 이 책 전반에 걸쳐 다루었고, 이번 장 서두에서도 다시 언급했었다. 왜 하나님은 간섭하셔서 자신을 분명히 나타내시지 않는가? 왜 하나님은 우리가 들을 수 있게 큰 소리로 말씀하시지 않는가? 우리는 오염되지 않은, 순수 그 자체의 기적을 갈망한다.

나는 의도적으로 '오염되지 않은'이라는 단어를 선택했다. 왜냐하면

이 단어는 이 문제에서 중심이 되는 감정을 배신하기 때문이다. 우리 현대인들은 자연과 초자연을 분리하려고 무진 애를 쓴다. 우리가 만지고 냄새 맡고 보고 들을 수 있는 자연 세상은 자명해 보인다. 하지만 초자연적인 세상은 전혀 다른 문제다. 그 세상에 대해서는 확실한 게 전혀 없고 보이는 것도 없다. 이 점이 우리를 불편하게 만든다. 우리는 증거를 원한다. 뭔가 광채를 발한다든지, 불에 탄 흔적을 남긴다든지, 귀에 멍멍한 소리를 낸다든지 하는 방식으로 초자연이 자연적 세상으로 들어오길 바란다.

성경에 계시된 하나님은 그런 우리의 갈망을 공유하는 분이 아닌 것 같다. 우리가 자연과 초자연을, 보이는 것과 보이지 않는 것을 가르는 반면에, 하나님은 이 둘을 하나로 합치고자 하신다. 하나님의 목표는 '저차원적' 세상을 구조하고, 타락한 피조 세계의 자연적 영역을 원상태로, 즉 영혼과 물질이 함께 조화를 이루던 상태로 회복시키는 것이다.

우리가 그리스도인이 되어 보이지 않는 세상과 접촉해 나갈 때, 우리는 신비스럽게 고차원의 세계로 옮겨지는 것이 아니다. 우리의 몸이 자연 세계에서 빠져나와 갑자기 우주복을 덧입는 게 아니다. (영지주의자들과 마니교도들이 출현한 이후로, 교회는 그런 개념을 늘 이교적이라고 비판했다.) 그보다는 우리의 신체가 영적 실재와 다시 연결되고, 우리는 보이지 않는 세상이 이 세상으로 치환될 때 매개가 되는 부호 소리를 듣기 시작한다. 우리의 임무는 환원주의와 정반대라고 말할 사람도 있다. 우리는 세상을 다시 하나님의 능력으로 가득하게 하거나 '거룩하게 할' 방법을 찾는다. 자연 속에서 찬양의 활력을 보고, 빵과 포도주 속에서 은혜의 성만찬을 보며, 인간의 사랑 속에서 이상적인 사랑의 그림자를 보기 위해서다.

그렇다 하더라도 이 고차원의 영역에 관한 우리의 어휘에는 한계가 있다. 우리는 다른 사람에게 말하듯이 하나님께 말한다. 그보다 더 평범한 것, 더 '자연적인' 것이 있을까? 기도, 복음 선포, 묵상, 금식, 냉수 한 잔 대접하기, 수감자들 방문하기, 성만찬 지키기. 이런 일상의 행동들이 '고차원적' 의미를 수행한다. 이런 행동들은 뭔가 보이지 않는 세상을 표현한다.

저차원적, 환원주의적 시각에서 볼 때, 모든 영적 행동은 '자연적인' 설명이 가능하다. 기도는 허공에 대고 중얼거리는 것이고, 회개는 꾸며낸 감정 표현이다. 오순절 날은 돌발적인 술 취함이다. 회의주의자는 말할 것이다. 자연적 기능이 저 너머의 숭고한 세상을 표현할 수 있는 유일한 것이라면, 그 자연적 기능들은 빈곤한 운명이라고.

하지만 빛줄기를 **따라** 보는 믿음은, 그런 자연적인 행동들을 초자연을 수행하는 거룩한 매개자로 본다. 그런 시각에서 본다면, 자연 세상은 빈곤해진 게 아니라 기적으로 은혜를 누렸다. 그리고 재개된 자연 세상의 기적은 대기적(Grand Miracle)에서 절정에 도달했다. 대기적이란 실제로 하나님의 임재가 우리와 똑같은 '자연적' 몸 안에 거처를 잡으셨다는 것이다. 말씀이 육신으로 치환된 것이다.

한 몸 안에서 그리스도는 두 세상을 하나로 묶으시고, 영혼과 물질을 영원히 합치셨으며, 에덴동산 이후로 본 적이 없는 방식으로 창조 세계를 연합시키셨다. 신학자 위르겐 몰트만(Jürgen Moltmann)은 이 점을 다음과 같이 표현했는데, 깊이 생각해 볼 만한 말이다. "하나님의 몸 되심(embodiment)은 그분의 모든 사역의 완성이었다." [5] 사도 바울은 이 점을 이렇게 설명했다. "그는 몸인 교회의 머리시라.… 아버지께서는 모든 충만으로 예수 안에 거하게 하시고 그의 십자가의 피로 화평을 이루사 만물 곧 땅에 있는 것들이나 하늘에 있는 것들이 그로 말미암아 자기와 화목하게 되기를 기뻐하심이라."

그 '말씀이 육신이 되신' 분이 승천하셨을 때, 그분은 자기의 실제적인 임재를 자신의 몸속에, 즉 교회 속에 남겨 두셨다. 우리의 선함은 문자 그대로 하나님의 선함이 된다("네가 이 작은 소자에게 행한 것이 곧 나에게 행한 것이니라"). 바울의 말로 하자면, 우리의 고난은 "그분의 고난에 참여하는 것"이 된다. 우리의 행동은 그분의 행동이 된다("너희를 영접하는 자는 곧 나를 영접하는 것이라"). 우리에게 일어난 일은 예수님께 일어난 일이 된다("사울아 사울아 네가 어찌하여 나를 핍박하느냐?"). 보이는 세상과 보이지 않는 세상, 이 두 세상이 그리스도 안에서 하나로 합해진다. 그리고 바울이 계속 주장하듯이, 우리는 상당히 문자적인 의미에서 "그리스도 안에" 있다. 몸 되심은 하나님의 모든 사역의 완성이요, 모든 피조 세계의 목표다.

아래로부터 보면, 기적은 침략처럼 생각된다. 현란한 능력으로 자연 세상을 뚫고 들어오는 것이다. 그리고 우리는 그런 표적을 갈구한다. 하지만 위에서부터 내려다보면, 즉 하나님의 시각으로 보면, 진정한 기적은 일종의 치환이다. 인간의 몸은 성령으로 가득한 그릇이 될 수 있고, 자비와 선행이라는 평범한 인간의 행동은 이 땅에서 하나님의 성육신이 될 수 있다.

이 유추를 마무리하기 위해서는 바울의 말을 활용하는 것으로 충분하리라 본다. 이 세상에서 그리스도가 취하신 역할을 설명하기 위해 그가 사용한 이미지와, 내가 치환 법칙을 설명하기 위해 사용한 이미지가 동일하기 때문이다. 예수 그리스도는 이제 몸의 머리로 섬기신다고 바울은 말한다. 우리는 인간의 머리가 어떻게 그 의지를 실현하는지 잘 알고 있다. 손과 눈과 입이 이해할 수 있는 부호로 전환시켜 명령을 내린다. 건강한 몸은 머리의 뜻을 잘 따르는 몸이다. 마찬가지로, 다시 사신 그리스도는 그분의 몸의 지체인 우리를 통해 자신의 뜻을 이루신다.

하나님은 침묵하시는가? 또다른 질문으로 대답을 대신해야겠다. '교회는 침묵하고 있는가?' 우리는 이 땅에서 하나님의 대변자요, 그분이 지정하신 성대다. 이렇게 엄청난 치환이 이루어졌기에 하나님의 메시지가 당연히 때로는 왜곡되거나 앞뒤가 맞지 않을 수도 있다. 때로는 하나님이 침묵하시는 것처럼 보이는 것도 당연하다. 하지만 육체가 되시는 것이 그분의 목표였고, 그런 점에서 오순절 날은 완벽한 은유가 된다. 하나님의 음성이 이 세상에서 인간을 통해 인간조차 이해할 수 없는 방식으로 임하셨다.

소망

시애틀에 있는 내 친구 캐럴린 마틴은 명석하고, 재능 있고, 엄청 재미있는 친구다. 하지만 캐럴린은 뇌성마비가 있다. 침을 흘리고 팔이 제멋대로 움직이고 말은 알아듣기 어렵고 머리를 흔드는 모습 때문에 사람들은 그녀를 정신 지체로 의심한다. 정말 서글프다. 사실 그녀의 지성은 몸의 일부로서 완벽하게 기능한다. 단지 근육 통제가 제대로 안 될 뿐이다.

캐럴린은 15년 동안 정신 지체자들을 수용한 가정에서 살았다. 그녀의 상태에 맞는 곳이 없었기 때문이다. 그녀의 가장 친한 친구라야 래리 같은 사람이었는데, 그는 자기 옷을 다 찢어 버리고 그 보호 기관에서 기르는 식물을 뜯어 먹었다. 또 알린이라는 친구는 아는 말이 세 문장밖에 없고 아무한테나 "엄마"라고 불렀다. 캐럴린은 그 집에서 도망쳐 나와 자기에게 좀더 맞는 장소를 찾기로 결심했다.

마침내 그녀는 이사를 나와 혼자 살게 되었다. 하지만 거기서는 가장 단순한 집안일도 그녀에게 엄청난 도전이었다. 그녀가 손을 데지 않고 차를 끓여 컵에 붓는 일을 제대로 하기까지는 3개월이 걸렸다. 하지만 캐럴린은 그 일은 물론 다른 많은 일들도 해냈다. 그녀는 고등학교에 입학하고, 졸업하고, 전문대에도 입학했다.

대학 내의 모든 사람들이 캐럴린을 '장애인'으로 알고 있다. 그들은 그녀가 휠체어에 구부정하게 앉아 캐논 커뮤니케이션이라는 기계로 힘겹게 노트 필기하는 모습을 보았을 것이다. 그녀와의 대화를 편안해 하는 사람은 별로 없었다. 하지만 캐럴린은 참아냈고, 2년짜리 학위 프로그램을 7년 만에 마쳤다. 그다음에는 루터교 계통의 대학에 입학해 성경을 공부했다. 거기서 2년을 공부했을 즈음에 그녀는 채플 시간에 학생들에게 강연을 해달라는 요청을 받았다.

캐럴린은 많은 시간을 들여 강연을 준비했다. 그녀는 최종 원고를 타이핑하고(평균 한 장당 45분 걸린다) 친구인 조시에게 원고를 읽어 달라고 부탁했다. 조시의 목소리는 힘차고 맑았다.

채플 시간에 캐럴린은 강당 왼편의 휠체어에 우울하게 앉아 있었다. 때로 그녀의 팔이 제멋대로 뒤틀렸고, 머리는 한쪽으로 축 처져서 거의 어깨에 닿을 지경이었으며, 가끔 침이 블라우스 위로 질질 흘러내렸다. 옆에는 그녀의 성숙하고 은혜로운 글을 읽어 준 조시가 서 있었다. 그녀의 글은 다음의 성경 구절을 중심으로 쓴 것이었다. "우리가 이 보배를 질그릇에 가졌으니 이는 능력의 심히 큰 것이 우리에게 있지 않고 하나님께 있음을 알게 하려 하심이라."

몇몇 학생들은 처음으로 캐럴린을 자기들과 똑같은 온전한 사람으로 보게 되었다. 그전까지만 해도 매우 훌륭한 그녀의 지성은 항상 '불복종하는' 몸에 갇혀 있었고, 말하는 데 어려움이 있는 관계로 그녀의 지적 능력 또한 가려져 있었다. 하지만 그녀가 강단에서 자기의 글을 큰 소리로 읽자, 학생들은 휠체어에 앉아 있는 육체를 넘어서서 전인적인 한 사람을 상상할 수 있었다.

캐럴린은 그날 일을 나에게 더듬더듬 말해 주었지만 안타깝게도 나는 그녀의 말을 절반 정도밖에 알아들을 수 없었다. 하지만 그녀가 묘사한 장면은 내게 치환의 비유로 다가왔다. 완벽한 지성이, 경련을 일으키는 통제 불능의 몸과, 두 마디 중에 한 마디는 제대로 발음할 수 없는 성내 속에 갇혀 있다. 그리스도가 몸의 머리 역할을 수행하시면서 겪었을 굴욕과 그분의 몸의 지체인 우리들에게 허용하신 영광을 알게 되자, 나는 신약에서 말하는 몸의 머리 되신 그리스도의 이미지에 대해 새로운 의미를 깨달았다.

교회인 우리는 치환의 실례를 극단적으로 보여 준다. 슬프게도 우리는 명백한 하나님의 사랑과 영광을 제대로 보여 주지 못하고 있다. 때로는 캐럴린의 몸처럼 메시지를 전하기보다는 가로막는다. 하지만 교회는 인간에 대한 모든 시험 뒤에 있는 이유와 무엇보다도 인간이 존재하는 이유를 보여 준다. 하나님 아닌 피조물이 하나님의 형상을 품는 일 말이다. 하나님은 그 위험 부담과 굴욕을 기꺼이 견딜 가치가 있다고 생각하셨다.

내리셨던 그가 곧 모든 하늘 위에 오르신 자니 이는 만물을 충만하게 하려 하심이라. 그가 어떤 사람은 사도로, 어떤 사람은 선지자로, 어떤 사람은 복음 전하는 자로, 어떤 사람은 목사와 교사로 삼으셨으니 이는 성도를 온전하게 하여 봉사의 일을 하게 하며 그리스도의 몸을 세우려 하심이라. 우리가 다 하나님의 아들을 믿는 것과 아는 일에 하나가 되어 온전한 사람을 이루어 그리스도의 장성한 분량이 충만한 데까지 이르리니.

이는 우리가 이제부터 어린아이가 되지 아니하여… 범사에 그에게까지 자랄지라. 그는 머리니 곧 그리스도라. 그에게서 온몸이 각 마디를 통하여 도움을 받음으로 연결되고 결합되어 각 지체의 분량대로 역사하여 그 몸을 자라게 하며 사랑 안에서 스스로 세우느니라.

---

1 _ William James, *The Varieties of Religious Experience*, p. 233, 「종교적 경험의 다양성」(한길사).
2 _ C. S. Lewis, *The Weight of Glory*, p. 18, 19, 「영광의 무게」(홍성사).
3 _ C. S. Lewis, *God in the Dock*, p. 212, 「피고석의 하나님」(홍성사).
4 _ C. S. Lewis, *Christian Reflections*, p. 37, 「기독교적 숙고」(홍성사).
5 _ Jürgen Moltmann, *God in Creation*, p. 244, 「창조 안에 계신 하나님」(한국신학연구소).

성경 참조 골로새서 1장, 마태복음 25장, 빌립보서 3장, 마태복음 10장, 사도행전 9장, 고린도후서 4장, 에베소서 4장.

주께서 어찌하여 얼굴을 가리시고
나를 주의 원수로 여기시나이까?
주께서 어찌하여 날리는 낙엽을 놀라게 하시며
마른 검불을 뒤쫓으시나이까?

욥기 13:24-25

28
하나님은 숨어 계시는가

욥이 겪은 고난의 무게를 감정적으로 충분히 이해하기 위해, 나는 욥기에 나오는 변론들을 욥의 말로 다시 정리해 보았다. 그가 비참한 건강 상태를 불평하고, 자녀와 재산을 잃은 것에 애통해 하리라 예상했다. 하지만 놀랍게도 욥은 그 부분에 대해서는 상대적으로 별 말이 없었다. 그보다는 하나님의 부재라는 주제에 몰두해 있었다. 그에게 가장 힘들었던 점은, 처절하게 울부짖어도 아무 반응이 없다는 것이었다. 나는 고난 중에 있는 많은 사람들이 그와 동일한 감정을 표현하는 말들을 들었다. 그런 감정을 가장 잘 표현한 사람은 C. S. 루이스가 아닐까 싶다. 그는 아내가 암으로 죽은 후, 깊은 슬픔 가운데 다음과 같은 글을 썼다.

> 그건 그렇고, 도대체 하나님은 어디 계시는가? 이런 느낌은 정말 불편하다. 우리가 너무도 행복해서 하나님의 필요성조차 못 느낄 때는… 하나님이 두 팔을 활짝 벌리고 우리를 환영하실 것이다. 또는 적어도 그런 느낌이다. 하지만 그분이 절박하게 필요할 때, 다른 도움이 전혀 소용없을 때 그분께 나아가 보라. 무슨 일이 일어나는가? 우리 면전에서 문이

쾅 닫히고, 안에서 자물쇠를 이중 삼중으로 잠그는 소리가 들린다. 그러고는… 침묵. 그때는 우리도 발걸음을 돌리는 게 낫다. 오래 기다릴수록 침묵도 더 깊어질 테니까.[1]

무엇보다도 욥은 하나님께 자기의 처지를 호소할 기회를 달라고 요구했다. 친구들의 경건한 조언 따위는 안중에도 없었다. 그는 실제적인 것, 전능하신 하나님과의 개인적인 만남을 원했다. 자기에게 그런 일들이 일어났다고 해서, 하나님이 잔인하고 불의하다고 믿을 수는 없었다. 하나님을 만나 보면 최소한 하나님의 입장을 알 수 있을지도 모른다. 하지만 어디서도 하나님을 찾을 수 없었다. 욥의 귀에는 친구들의 불평소리만 들렸고, 그 뒤에는 무섭도록 공허한 침묵이었다. 그의 면전에서 문이 쾅 닫힌 것이다.

믿음의 진실

오, 자비하신 주님
저는 정말로 당신을 보기 원합니다.
정말로 당신과 함께 있기 원합니다.…

조지 해리슨의 노래

하나님은 살아 계시다. 오늘 아침에도 나는 하나님과 대화했다!

자동차 범퍼 스티커

> 하나님은 당신을 사랑하시며 당신을 향한 놀라운 계획을 갖고 계십니다.
>
> 전도지 사영리

> 하나님이 나와 함께 걸으시고 나와 함께 이야기하시고
> 나에게 말씀하시네.
> 나는 그분의 것이라고.
>
> 찬송가 가사

하나님의 실제적인 임재에 대한 인간의 갈망은 거의 모든 곳에서 찾아볼 수 있다. 하지만 우리는 하나님의 친밀한 임재에 대한 약속만 함부로 주장해서는 안 된다. 하나님이 안 계신 것처럼 느껴지는 시기도 있음을 명심해야 한다. C. S. 루이스도 그런 시기를 겪었고, 욥도, 리처드도 겪었다. 인간은 거의 누구니 삶의 어느 시점에서 하나님의 숨어 계심이라는 진실에 직면해야 한다.

오리무중의 상황이 예고도 없이 먹구름처럼 우리를 휘감을 수 있다. 때로는 하나님의 임재를 가장 간절히 느끼고 싶은 순간에 그럴 수도 있다. 남아프리카 출신의 앨런 보삭(Allan Boesak) 목사는 반정부 발언을 했다는 이유로 감옥에 갇혔다. 독방에 갇혀 있는 3주 동안 그는 제발 풀어 달라고 끊임없이 무릎 꿇고 기도했다고 한다. 나중에 그는 회중 앞에서 이렇게 말했다. "그때가 제 인생에서 가장 힘든 순간이었습니다. 거기서 무릎 꿇고 있는 동안, 저는 더 이상 할 말도, 흘릴 눈물도 없었습니다."[2] 그의 경험은 남아프리카 흑인들의 공통적인 경험이다. 그들은 기도하고 울고 기다리지만, 하나님은 여전히 묵묵부답이다.

하나님은 숨는 분이 아니라고 주장할 사람도 있다. 어떤 자동차 범퍼 스티커에는 이렇게 씌어 있다. "하나님이 멀게 느껴진다면, 어느 쪽이 이사를 간 걸까요?" 하지만 이 슬로건이 암시하는 죄책감은 잘못된 것일 수 있다. 욥기에서는 이사 간 쪽이 하나님임을 분명히 밝히고 있다. 욥은 아무 잘못도 없이 그저 간절히 도움을 구했건만, 하나님은 여전히 숨어 있기로 작정하셨다. (믿음의 여정에서 하나님의 숨어 계심을 경험하는 건 정상이다. 이것이 의심된다면 신학대학 도서관에 가서 하나님과의 인격적인 연합에 일생을 바친 기독교 신비주의자들의 글을 훑어보라. 그중에 '영혼의 어두운 밤'과 같은 혹독한 시험을 겪지 않은 사람이 한 명이라도 있는지 찾아보라.)

고난받는 사람들에게 그리고 그들 옆에 서 있는 사람들에게, 욥은 한 가지 중요한 교훈을 전한다. 메그 우드슨과 앨런 보삭 그리고 욥의 의심과 불평은 타당한 반응이지, 약한 믿음 때문이 아니라는 것이다. 사실 너무나 타당하기 때문에 하나님도 그 내용을 성경에 확실히 실리게 하신 것이다. 하나님을 반대하는 자들의 주장이, 다시 말해 마크 트웨인(Mark Twain)의 「지구로부터의 편지」(*Letters from the Earth*)나 또는 버트런드 러셀의 「나는 왜 기독교인이 아닌가」(*Why I Am Not a Christian*)에 나오는 내용들이 성경에 넘치게 나오리라고 예상하는 사람은 없지만, 사실 그런 내용들이 거의 모두 성경에 나온다. 욥기에 안 나오면 시편이나 예언서에라도 나온다. 성경은 우리의 실망을 예상한 듯하다. 마치 하나님이 자신을 대항해 사용할 무기를 우리에게 미리 주신 것처럼, 마치 믿음을 지탱하는 데 얼마나 큰 대가가 따르는지는 하나님도 충분히 이해하신다는 듯이.

예수님 때문에, 하나님은 정말로 이해하시는지도 모른다. 겟세마네와

갈보리에서 딱히 뭐라 표현할 수 없는 방식으로, 하나님 자신이 하나님의 숨어 계심을 겪을 수밖에 없었다. 마르틴 루터는 나무 기둥 두 개가 십자로 교차된 자리에서 벌어진 우주적 갈등을 "하나님과 겨루시는 하나님"이라고 요약했다. 그 어두운 밤에, 하나님은 하나님께 버림받는다는 것이 어떤 느낌인지 충분히 경험하셨다.

 욥의 친구들은 하나님이 절대 숨지 않으신다고 우겼다. 그들은 과거에 하나님이 어떻게 그분을 욥에게 증명하셨는지 증거들을 제시했다. 꿈, 비전, 이전에 받은 축복들, 자연의 장엄함 등. "밝을 때 네가 배운 것들을 지금 어둡다고 잊지 말라"고 그들은 욥을 꾸짖는다. 그리고 욥 이후 시대를 사는 우리에게는 더 많은 밝음들이 있다. 성취된 예언들에 관한 기록과 예수 그리스도의 생애 등. 하지만 때로는 모든 통찰력이나 '증거들'도 효력이 없다. 그런 기억들이 아무리 유쾌했다 해도 고통이나 외로움을 잠재우지는 못한다. 아마도 한참 동안은 모든 성경 구절들과 영감 어린 슬로건들도 별 효력이 없을 것이다.

세 가지 반응

숨어 계신 하나님에 대해 나는 본능적으로 어떻게 반응할지 너무도 잘 알고 있다. 하나님을 무시함으로써 복수할 것이다. 마치 어린아이가 통통한 손으로 두 눈을 가리고는 어른들한테서 숨었다고 생각하듯이, 나는 내 인생에서 하나님을 차단할 것이다. 그분도 나에게 자신을 드러내시지 않는데 내가 왜 그분을 인정한단 말인가?

 하나님께 실망했을 때 나타나는 태도와 관련해서 욥기에서는 이 외에도 두 가지 반응을 더 제시한다. 첫째 반응은 욥의 친구들의 반응이다. 그들은 욥이 자기들의 믿음에 대한 가장 기본적인 교리들을 공격하자 분기탱천했다. 욥이 하나님께 크게 실망한다는 건 그들의 신학과 맞지 않았다. 스스로 의롭다고 주장하는 인간과 그들이 의롭다고 생각하는 하나님 사이를 그들은 칼로 자르듯 구분했다. 감히 하나님보고 나와서 자기 말을 들어달라고 요구하다니! 네 감정을 눌러, 라고 그들은 욥에게 말했다. 우리는 하나님이 불의하지 않다는 걸 확실히 알고 있어. 그러니 그런 생각은 집어치워! 그렇게 버르장머리 없는 소릴 하다니, 부끄러운 줄 알아!

두 번째는 욥의 반응인데, 친구들의 가차 없는 논리에 비해 어수선하고 거슬리기 짝이 없다. 욥은 하나님께 항변한다. "이럴 거면 왜 저를 어머니의 자궁에서 나오게 하셨습니까? 누가 저를 보기 전에 제가 죽었더라면 좋았을 것을." 욥은 제 몸을 유리 창문에 계속 부딪치는 새처럼, 소용없는 줄 알면서도 저항하며 대든다. 그의 반박은 정연하지 못하고, 그 자신도 친구들의 논리가 더 합당한 것 같다고 인정한다. 그는 흔들리고, 자기모순에 빠지고, 뒷걸음치고, 때로는 절망감에 무너진다. 의롭다는 명성이 자자했던 이 사람이 하나님께 악담을 했다. "그런즉 그치시고 나를 버려두사 잠시나마 평안하게 하시되 내가 돌아오지 못할 땅 곧 어둡고 죽음의 그늘진 땅으로 가기 전에 그리하옵소서."

이 두 반응 중에 욥기는 어느 것을 채택하는가? 양쪽 다 어느 정도 교정이 필요했지만, 온갖 거센 말이 오간 뒤에 마침내 하나님이 나타나셔서 친구들에게 명령하신다. 회개하는 마음으로 욥에게 무릎을 꿇고 그들을 위한 기도를 부탁하라고.

욥기는 우리가 하나님께 무슨 말이든 다 해도 된다는 대담한 메시지를 전한다. '하나님께 너의 슬픔, 분노, 의심, 쓰라림, 배신감, 실망감을 다 쏟아 놓아라. 그분은 그걸 다 소화하실 수 있다.' 성경에 나오는 영적 거인들은 종종 하나님과 **겨루었다**. 그들은 하나님과 절교하느니 차라리 야곱처럼 다리를 절기를 바랐다. 이런 점에서 성경은 현대 심리학의 중요한 관점을 예시한다. 인간의 감정은 부인하거나 없애 버릴 수 없으므로 차라리 다 표현하는 게 낫다는 것이다. 하나님은 인간의 반응 중에 한 가지만 빼고 다 받으실 수 있다. 그 한 가지란 내가 본능적으로 빠지기 쉬운 반응인데, 하나님도 그것만은 못 참으신다. 바로 하나님을 무시하거나 또는 하나님이 존재하지 않는 것처럼 대하는 태도다. 욥은 절대로 그런 태도를 보이지 않았다.

큰 그림

하지만 욥기에서 배울 수 있는 교훈은 감정을 자유로이 표현할 수 있다는 것만이 아니다. 보이지 않는 세상에서 진행되는 '무대 뒤의 장면들'은, 우리가 하나님의 숨어 계심을 경험할 때 상당히 오도될 수 있음을 시사한다. 우리는 하나님을 적으로 보고, 그분의 숨어 계심을 우리에 대한 관심이 부족한 걸로 보기 쉽다.

욥도 그런 결론을 내렸다. "그는 진노하사 나를 찢고 적대시하시며." 객석에 있는 우리들은 그게 오해라는 걸 안다. 욥기의 서문 덕택에 우리는, 하나님이 일부러 욥에게 문제를 야기하신 게 아니라는 사실을 이미 알고 있다. 그것은 미묘하지만 중요한 사실이다. 물론 하나님이 욥의 어려움을 허용한 건 사실이지만, 우리는 '내기' 장면을 통해 욥에게 고난을 야기한 장본인은 하나님이 아니라 사탄임을 알고 있다. 어떤 상황에서든 하나님은 욥의 적이 아닌 게 확실하다. 욥은 하나님께 버림받기는 커녕, 오히려 현미경처럼 세밀한 하나님의 검사를 받고 있다. 그가 자기의 사정을 재판에 회부해 달라고 호소하는 바로 그 순간에, 그는 사실상 우주적 의미를 지닌 재판에 참여하고 있었다. 하나님을 비난하고 손가락질하는 고소인의 변호사로서가 아니라 믿음의 시험대에 선 중요한 증인으로서 말이다.

우리가 당하는 시험이 욥의 경우처럼, 우주의 몇몇 결정적인 사안들을 해결하기 위해 하나님이 특별히 마련하신 거라고 추론해서는 안 된다. 하지만 우리의 제한된 시야 때문에 이와 비슷하게 현실을 왜곡할 수 있음을 감안해야 한다. 고통은 우리의 시야를 좁아지게 만든다. 고통은 가장 내밀한 감정이어서 다른 건 제쳐 두고 오로지 자기만 생각하게 만든다.

욥을 통해서 우리는 생각보다 훨씬 더 많은 것들이 바깥세상에서 진행되고 있음을 배울 수 있다. 욥은 하나님의 부재의 무게를 느꼈다. 하지만 무대 뒤를 한번 보고 나면, 하나님이 그 어느 때보다 더 확실히 함께 계셨음을 알게 된다. 자연 세계에서 인간은 빛의 스펙트럼 중에 30퍼센트만을 받아들인다. (예를 들면 꿀벌이나 귀소본능이 있는 비둘기는 우리가 못 보는 자외선을 탐지하는 능력이 있다.) 초자연적인 영역에서는 우리의 시야가 더 제한되고, 우리는 그 보이지 않는 세상을 간헐적으로 힐끗 볼 따름이다.

성경에 나오는 또 하나의 유명한 인물에게 일어난 사건은 이 점을 매우 다른 방식으로 보여 준다. 선지자 다니엘은 욥의 경우에 비하면, 좀더 가벼운 수준으로 하나님의 숨어 계심을 경험하였다. 다니엘은 매일 기도

해도 응답받지 못하는 문제 때문에 혼란스러웠다. 왜 하나님은 끈질긴 그의 간구를 무시하시는가? 그는 21일 동안 매일 기도했다. 애통하며 좋은 음식도 멀리했다. 고기와 포도주를 끊었고, 몸에 기름도 바르지 않았다. 오로지 하나님께만 부르짖었으나 아무 응답도 받지 못했다.

그러던 어느 날 다니엘은 그가 간구한 것보다 훨씬 엄청난 것을 체험했다. 어떤 초자연적인 존재가 강 옆에 서 있던 그에게 나타난 것이다. 눈은 횃불처럼 타오르고, 얼굴은 번갯빛 같은 존재가 갑자기 그에게 나타났다. 다니엘의 친구들은 크게 떨며 도망갔고, 그는 "내 몸에 힘이 빠졌고 나의 아름다운 빛이 변하여 썩은 듯하였고 나의 힘이 다 없어졌[다]"고 했다. 그는 그 눈부신 존재에게 말을 걸려고 했지만 숨조차 제대로 쉴 수 없었다.

그 존재는 왜 그렇게 지체하게 되었는지 이유를 설명했다. 그는 다니엘이 기도한 첫날에 이미 응답하려고 보냄을 받았으나 '페르시아 왕국의 군주'가 그를 강력히 막았다고 했다. 그리하여 3주 동안 그곳에 머물러 있다가 마침내 그를 돕는 세력과 천사장 미가엘의 도움으로 반대를 물리치고 왔다고 한다.

나는 우주 차원의 이 놀라운 전쟁에 대한 해석은 하지 않고, 다만 욥기와 병행되는 점만 살펴보고자 한다. 욥처럼 다니엘도 선과 악이 우주적 전쟁을 치르는 데 결정적인 역할을 했지만, 그 일의 대부분은 그의 시야가 전혀 미치지 못하는 차원에서 일어나고 있었다. 그는 자기의 기도가 헛수고요, 하나님은 자기에게 무관심하다고 생각할 수도 있었지만, '무대 뒤의' 장면을 엿봄으로써 사실은 그와 정반대임을 깨달았다. 욥처럼, 다니엘의 제한된 시각이 현실을 왜곡했던 것이다.

욥기에 나오는 우주적 내기 장면은 말할 것도 없고, 다니엘에게 나타난, 천사의 도움을 받아야 했던 그 천상의 존재를 어떻게 생각해야 할까? 쉽게 말하면 이렇다. 전체 우주를 배경으로 하는 큰 그림에서 보자면, 그 속에는 우리가 전혀 보지 못하는 많은 사건들이 있다. 우리가 어려운 시기에 고집스럽게 하나님께 매달려 있다면, 또는 오로지 열심히 기도하고 있다면, 우리가 꿈꾼 것보다 더 많은, 훨씬 더 많은 것들이 일어난다는 것이다. 하나님이 아무리 멀리 계신 것 같아도, 그분은 절대로 우리를 버리지 않으신다는 신뢰, 그 믿음이 필요하다.

결국 욥은 폭풍 속에서 하나님의 음성을 들음으로써, 마침내 그 믿음을 달성했다. 하나님은 욥이 설명할 수 없는 태양계와 별자리와 천둥번개와 야생 동물들 같은 자연 현상들에 관해서 술술 들려주셨다. '네가 살고 있는 보이는 세상도 다 이해하지 못하면서, 어찌 감히 네가 볼 수 없는 세상을 이해하려 하느냐!' 마침내 그 큰 그림을 깨닫게 된 욥은 먼지와 재를 쓰고 회개하였다.

하나님은 마치 숨어 있는 동안 목청을 가다듬고 있는 사람과 같다.

마이스터 에크하르트

1_ C. S. Lewis, *A Grief Observed*, p. 9, 「헤아려 본 슬픔」(홍성사).
2_ Allan Boesak, "If You Belive," *Reformed Journal*(November 1985), p. 11.

성경 참조 욥기 10장, 16장, 다니엘서 10장.

내가 알기에는 나의 대속자가 살아 계시니
마침내 그가 땅 위에 서실 것이라.
내 가죽이 벗김을 당한 뒤에도
내가 육체 밖에서 하나님을 보리라.
내가 그를 보리니 내 눈으로 그를 보기를
낯선 사람처럼 하지 않을 것이라.
내 마음이 초조하구나!

욥기 19:25-27

29
왜 욥은 행복하게 죽었을까

비극과 저주 후에, 가슴을 치는 맹렬한 논쟁 후에, 우주의 내기에서 이기고 지는 사건 후에, 이 모든 일이 끝난 후에 결국 욥의 이야기는 그가 손주의 손주의 손주들과 지고의 평온을 누리는 아늑한 분위기로 끝난다. 욥의 재산이 어떻게 회복되었는지도 꼼꼼히 기록되어 있다. 양이 1만 4천 마리요, 낙타가 6천 마리, 황소가 2천 마리, 당나귀가 천 마리 그리고 자녀가 열 명이었다.

이 태평스런 결말을 불편해 하는 독자들도 있었으니, 노벨 상을 받은 인물인 엘리 위젤이 그중 하나다.[1] 그가 보기에 욥은 하나님의 불의에 맞선 저항자요, 영웅이었다. 물론 욥은 무너졌다고 위젤은 말한다. 하지만 그는 욥이 하나님께 면죄부를 주지 말았어야 한다고 주장한다. 얼마나 큰 번영을 다시 누리든지 그가 겪은 어려움을 상쇄시킬 수는 없다는 것이다. 이미 죽은 자식 열 명은 어찌할 것인가? 아무리 자식들이 다시 태어나 복닥거린들, 이미 잃어버린 자녀를 잃은 슬픔을 어떻게 지울 수 있단 말인가?

하지만 여기서 욥의 말을 직접 들어보자. 하나님이 폭풍 속에서 위용 있게 나타나 말씀하시고 난 뒤 욥은 이렇게 말했다.

> 나는 깨닫지도 못한 일을 말하였고
> 스스로 알 수도 없고 헤아리기도 어려운 일을 말하였나이다.…
> 내가 주께 대하여 귀로 듣기만 하였사오나
> 이제는 눈으로 주를 뵈옵나이다.
> 그러므로 내가 스스로 거두어들이고
> 티끌과 재 가운데에서 회개하나이다.

하나님의 '묵묵부답'이라고 한 하나님의 침묵이 결국 욥에게는 충분히 만족스러웠음이 분명하다.

한편, 어떤 독자들은 욥의 행복한 결말이 하나님에 대한 실망감의 문제를 결국 해결한 것이라고 말한다. 그들은 말한다. '봐라, 하나님은 자기 백성을 곤경에서 구하신다. 욥의 건강과 부를 회복시키셨듯이, 우리도 욥처럼 하나님을 신뢰하기만 하면 그렇게 해주실 것이다.' 하지만 그들은 한 가지 중요한 점을 간과하고 있다. 욥은 자기가 잃은 것들이 복구되기 전에 이미 회개의 심령을 토했다. 여전히 돌무더기 위에 벌거숭이로 온 몸에 종기가 난 채 앉아 있었고, 바로 그런 상황에서 하나님을 찬양하는 태도를 배웠다. 변화는 단 하나, 하나님이 욥에게 큰 그림을 보여 주셨다는 것뿐이다.

나는 하나님이 욥에게 어떤 말씀을 했더라도, 즉 전화번호부에서 아무 내용이나 보고 말했더라도 이와 똑같은 효과가 있었을 거라고 생각한다. 하나님이 욥에게 무슨 말씀을 하셨느냐보다는, 하나님이 나타나셨다는 것 자체가 훨씬 더 중요했다. 하나님은 '거기 누구 없어요?'라는 욥의 가장 큰 질문에 화려하게 답변하셨다. 보이지 않는 세상을 보게 되자 그의 급박한 질문들은 모두 희미하게 사라졌다.

하나님의 시각에서 볼 때, 위험에 처한 우주적 이슈에 **비하면** 욥의 안위쯤은 아무것도 아니었다. 이 말이 아무리 가혹하게 들려도 할 수 없다. 욥이 하나님을 포기하지 않기로 결심함으로써, 그리하여 사탄이 내기에서 짐으로써, 진정한 싸움은 끝났다. 그렇게 힘겨운 승리를 얻고 나자 하나님은 서둘러 욥에게 선물을 쏟아 부으셨다. '고통? 나는 그건 쉽게 고칠 수 있어. 자식들을 더 주는 거? 낙타와 소? 그건 문제도 아니야. 물론 나는 네가 행복하고 부유하고 충만한 인생을 살기 바란다! 하지만 욥아, 지금은 행복보다 훨씬 더 중요한 게 위험에 처해 있음을 깨달아야 한다.'

두 세계 사이에서

내 친구 리처드는 지금도 욥기가 성경에서 가장 정직한 책 중에 하나라고 생각하지만, 그 결말에 대해서는 생각이 다르다. 그는 그 결말이 전혀 부적절하다고 생각한다. "하나님은 욥에게 직접 나타나 주셨고, 그건 좋다 이겁니다. 저도 지난 날 그걸 구했으니까요. 하지만 하나님이 저를 찾아 주시지 않는데, 어떻게 욥이 제 갈등에 도움이 되겠습니까?"

나는 리처드가 믿음을 구분하는 중요한 선을 지적했다고 생각한다. 이 땅에서의 우리의 나날은 어떤 의미에서, 하나님이 폭풍 속에서 욥에게 나타나시기 전의 욥의 삶과 비슷하다. 우리도 여러 암시와 소문 속에 살고 있다. 그중에는 능력 있고 사랑 많으신 하나님을 반대하는 주장들도 있다. 우리 역시 불확실성 속에서 믿음을 행사해야 한다.

리처드는 아파트 마룻바닥에 엎드려 하나님 자신을 '계시해 달라고' 간절히 기도했다. 하나님이 욥에게 하셨듯이, 보이는 세계 속으로 한발 들어와 주시기를 온 믿음을 걸고 도박했다. 그리고 그 도박에서 리처드는 졌다. 솔직히 나는 하나님이 그런 식으로 자신을 증명해야 할 '의무감'을 느끼실지 의심스럽다. 구약 시대에 여러 번 그렇게 하셨고, 결정적으로 예수님 안에서 또 그렇게 하셨다. 그런데 우리에게 그 이상 어떤 성육신이 더 필요하단 말인가?

매우 조심스럽게 말하자면, 맹렬하고 끈질기게 기적을, 심지어는 육체의 치유를 구하는 마음이 때로는 믿음을 풍성케 하기보다는 **부족하게** 만들지 않나 하는 생각을 한다. 그런 기도는 리처드처럼 하나님께 조건을 제시하는 기도가 될 수 있다. 우리의 문제가 기적적으로 해결되기를 갈망한다는 건, 보이는 세상에서 하나님이 자신을 드러내시느냐 아니냐에 따라 우리의 충성을 다짐하겠다는 말이 아닌가?*

우리가 눈에 보이는 증거를 계속 요구한다면 영원히 실망할 수도 있음을 각오해야 한다. 진정한 믿음은, 우리가 하나님의 뜻대로 행하기로 결심하는 것이지, 하나님이 우리의 뜻대로 해주시도록 조종하는 게 아니다. 나는 성경에서 큰 믿음의 본을 찾다가, 욥처럼 하나님과 극적인 만남을 경험한 성도가 얼마나 적은지를 보고 매우 놀랐다. 대부분의 사람들은 하나님이 숨어 계시다고 해서 그분이 나타나시기를 요구하기보다는,

---

* 하나님은 자비로우셔서 그렇게 복합적인 동기로 드리는 기도에 응답해 주시기도 한다. "주님, 저를 이 상황에서 건져 주신다면…"이라고 기도했는데 주님이 들어주셔서 회심했다는 간증들을 보면 알 수 있다. 하지만 그 결정권은 우리가 아니라 하나님께 있다.

오히려 하나님이 숨어 계심에도 불구하고 그분을 믿고 앞으로 나아갔다. 히브리서 11장은 믿음의 거인들이 "약속을 받지 못하였으되 그것들을 멀리서 보고 환영하[였다]"고 명시한다.

우리 인간은 본능적으로, 보이는 세상이 '진짜'이고 보이지 않는 세상은 '진짜가 아니라'고 생각하는데, 성경은 거의 이와 반대 주장을 한다. 믿음을 통해서, 보이지 않는 세상이 점점 더 진짜 세상이 되어 가고, 이 보이는 세상에서 우리가 살아가는 길을 결정한다. 다른 사람을 위해 살지 않고 보이지 않는 하나님을 위해 사는 것, 이것이야말로 보이지 않는 세상, 또는 '하나님의 나라'를 위한 삶이라고 예수님은 말씀하셨다.

사도 바울도 언젠가 하나님께 느끼는 실망의 문제에 관해 직접 기술한 적이 있다. 그는 고린도교회 교인들에게 혹독한 어려움에도 불구하고 자신은 '낙심하지' 않았다고 말한다. "우리의 겉사람은 낡아지나 우리의 속사람은 날로 새로워지도다. 우리가 잠시 받는 환난의 경한 것이 지극히 크고 영원한 영광의 중한 것을 우리에게 이루게 함이니 우리가 주목하는 것은 보이는 것이 아니요, 보이지 않는 것이니 보이는 것은 잠깐이요 보이지 않는 것은 영원함이라."

미래를 맛보기

바울은 시험을 견디고 순교하면서, 장차 받을 상급을 기대했다. 욥은 시험을 견디고 이 땅에서 훌륭한 상급을 받았다. 그렇다면 우리는 하나님께 정확히 무얼 기대할 수 있는가? 욥기의 결말을 보는 가장 좋은 시각은, 앞으로 이생에서 우리에게 일어날 일에 대한 청사진으로 보지 않고, 장차 있을 일에 대한 신호(sign)로 보는 것이다. 실망한 자에게 주는 해결

책이요. 달콤하고 만족스러운 상징으로서 미래를 미리 맛보게 해주는 것이다.

엘리 위젤의 말은 일면 옳다. 욥이 노년에 누린 기쁨은 그전에 겪은 상실을 보상해 주지 못한다. 행복하고 충만한 삶을 살았던 욥도 결국은 죽었고, 유족에게 슬픔과 고통이라는 인생의 수레바퀴를 넘겨주었다. 어쨌건 이 슬프고 불공평한 세상에서 하나님이 소소한 몇 가지는 조정해 주실 거라는 결론이야말로 최악의 오해일 수 있다.

온통 기적에 믿음을 거는 사람들이 있다. 마치 기적이 하나님에 대한 실망감을 일소할 수 있다는 듯이. 하지만 그렇지 않을 것이다. 내가 이 책에 리처드와 메그 우드슨과 더글라스와 욥의 이야기 대신 질병이 치유된 사례들을 잔뜩 싣는다 해서 하나님에 대한 실망의 문제가 해결되지는 않는다. 여전히 이 땅은 심하게 잘못되어 있다. 한 가지 분명한 사실은, 우리는 모두 죽는다는 것이다. 최종 사망률은 성자나 무신론자나 똑같다.

기적은 미래를 가리키는 신호 역할을 한다. 기적은 전채요리와 같아서 더 영구적인 뭔가를 향한 갈망을 일깨운다. 노년의 욥이 누린 행복은 그가 죽음 후에 누리게 될 것을 표본으로 보여 준 것에 불과하다. 욥기 결말 부분의 좋은 소식과 복음서 결말 부분의 부활의 좋은 소식은, 요한계시록 결말 부분에 기록된 좋은 소식에 대한 예고편이다. 우리는 하나님이 원하시는 세상에 대한 시각을 잃지 말아야 한다.

그렇다면 욥기 42장의 약속은, 우리의 나날을 얼룩지게 한 잘못된 것들을 하나님이 마침내 바로잡으시리라는 약속이다. 욥의 자녀들이나 메그 우드슨의 자녀들의 죽음 같은 어떤 슬픔은, 이 세상에서 결코 치유

되지 못할 것이다. 어떤 위로의 말도 메그 우드슨의 가슴 깊은 곳에 자리 잡은 슬픔을 덜어 주지 못한다. 그 슬픔의 모양은 그녀의 딸 페기와 아들 조이를 그대로 찍어낸 모양이기 때문이다. 하지만 시간의 종말에는 그 슬픔도 사라질 것이다. 메그 우드슨은 딸을 다시 돌려받고, 아들도 재창조될 것이다. 그리고 페기 우드슨과 조이 우드슨이 바로 지금 한껏 숨 쉬고, 춤추고, 새로운 세상을 탐색하고 있음을 내가 믿지 못한다면, 나는 아무것도 믿지 않을 것이고 기독교 신앙마저 포기했을 것이다. "만일 그리스도 안에서 우리가 바라는 것이 다만 이 세상의 삶뿐이면 모든 사람 가운데 우리가 더욱 불쌍한 자이리라."

성경은 하나님이 악을 정복하고 하늘과 땅을 원래의 완벽한 상태로 복구할 능력이 있다는 데 하나님의 명예를 걸었다. 그런 미래가 없다면 하나님은 완전한 능력자가 아니거나 완전한 사랑이 아니라는 판단을 받을 것이다.* 선지자들이 본 평화와 정의의 환상은 아직도 실현되지 않았다. 아직은 칼이 녹아 쟁기가 되지 않았다. 끔찍한 에이즈와 환경 문제로 발생하는 암으로 인해, 죽음은 삼킨 바 되기는커녕 여전히 사람들을 집어삼키고 있다. 겉보기에는 선이 아니라 악이 이기는 것 같다. 하지만 성경은, 암울한 역사의 현실을 넘어서서 영원을 바라보라고 한다. 하나님의 다스림이 세상을 빛과 진리로 가득 채울 날을 바라보라고.

하나님께 대한 실망의 문제와 관련된 모든 논의에서 최종 주제요 가장 중요한 단어는 결국 천국이다. 오직 천국만이 하나님의 숨어 계심이

---

* 한번은 스페인의 신비주의자인 우나무노(Unamuno)가 한 농부와 대화를 하면서, 하나님은 존재하시지만 천국은 존재하지 않을 거라고 말했다. 그러자 농부가 잠시 생각하더니 이렇게 대답했다. "그렇다면 하나님은 왜 계시는데요?"

라는 문제를 최종적으로 해결해 줄 것이다. 그때 처음으로 인간들은 하나님을 얼굴과 얼굴을 맞대고 볼 것이다. 욥은 고뇌의 심연 속에서 다음과 같은 믿음에 이르렀다. "내 육체 속에서 내가 하나님을 볼 것이요, 내 두 눈으로 그분을 볼 것이다." 그 예언은 욥에게만 아니라 우리 모두에게 실현될 것이다.

향수병

많은 사람들은 그런 미래를 상상하는 것조차 어려워한다. 찰스 윌리엄스가 말했듯이, "이 세상에서의 경험 때문에, 어딘가에 우리가 경험해 보지 않은 선한 것이 있을 거라는 사실을 우리는 이해하기 어렵다." [2] 우리는 이해하기 어려운 미래에 자신을 투영시키기보다는, 현재의 이루지 못한 꿈들, 즉 실망들을 바라보는 데 더 능숙하다.

피난민이나 농부에게 천국이란 새로운 나라, 안전한 곳, 가족이 만나는 곳, 음식과 신선한 물처럼 소박한 게 풍성한 곳을 의미한다. (많은 선지자들이 피난민을 염두에 두고 말했는데, 그들이 왜 그런 세상적 이미지를 사용했는지 이해가 될 것이다.)

어느 차원까지는 우리는 그런 갈망을 공유한다. 이 땅은 오염과 전쟁, 범죄와 탐욕으로 가득 차 있겠지만, 우리 모두 안에는 세상이 어떤 모습이 될 수 있는지 그리고 **우리는** 어떤 모습이 될 수 있는지에 대한 이미지가 아른거리고 있다. 우리는 그런 갈망을 여러 활동 속에서 감지할 수 있다. 세상을 원상태로 깨끗이 유지하고 싶어 하는 환경 운동 속에서, 전쟁 없는 세상을 꿈꾸는 평화 운동 속에서, 끊어진 사랑과 우정의 끈을 다시 잇고 싶어 하는 치유 모임 속에서 그런 갈망을 감지할 수 있다. 우리가 지상에서 만나는 모든 아름다움과 기쁨은 "우리가 발견하지 못한 꽃의 향기를, 우리가 듣지 못한 음악의 반향을, 우리가 아직 가보지 못한 나라에 대한 소식을" 대변한다.[3]

선지자들은 그런 감각이 그저 꿈이나 환상이 아니고, 장차 실현될 것을 미리 감지한 거라고 선포한다. 우리는 그 미래에 관한 세세한 내용은 별로 받은 바 없고, 다만 하나님이 자신의 신실하심을 증명하시리라는 약속만 받았다. 우리가 새 하늘과 새 땅에서 잠을 깰 때는, 우리가 갈망하던 것을 마침내 소유할 것이다. 온갖 나쁜 소식들 속에서도 믿기 어려운 좋은 소식이 어떻게든 나타날 것이다. 어디서도 경험해 보지 못한 선이. 하늘과 땅은 다시금 하나님이 의도하신 방식대로 돌아갈 것이다. 결국은 행복한 결말이다.

판타지 소설가인 톨킨은 이 좋은 소식을 설명해 줄 새로운 단어를 만들어 냈다. 바로 '유카타스트로피'(eucatastrophe)라는 단어다. 그의 삼부작인 「반지의 제왕」(*The Lord of the Rings*)의 한 장면이 이 단어를 잘 설명해 준다.

"슬픈 일들은 전부 사실이 아니었군요. 세상은 어떻게 되었습니까?" 샘이 물었다.

"큰 그림자가 사라졌지." 간달프가 말했다. 그리고 그가 웃는데, 마치 음악 소리 같았다. 또는 바짝 마른 땅에서 나는 물소리 같기도 했다. 문득, 이토록 순수하고 쾌활한 울림을 들은 것이 너무도 오랜만이었다는 생각이 들었다. 그가 지금까지 겪었던 모든 기쁨이 메아리치는 것 같았다. 왈칵 눈물이 났다. 단비가 봄바람을 가라앉히고 나면 태양이 더 청명하게 반짝이듯이, 눈물이 그치더니 웃음이 마구 솟구쳤다. 그는 깔깔 웃으며 침대에서 뛰어내렸다.

"내 기분이 어떠냐고요?" 그가 소리쳤다. "뭐라고 말로 표현할 수가 없어요. 전, 전…" 그는 공중으로 팔을 흔들었다. "겨울이 지나 봄이 온 것 같은 기분이고, 햇빛이 잎사귀에 쏟아지는 것 같은 기분이에요. 그리고 트럼펫과 하프와, 제가 이제까지 들었던 모든 노래를 한 데 합쳐서 듣는 것 같은 느낌이에요!" 4

깨어진 가정, 경제적 어려움, 고통이나 두려움 속에 꽁꽁 묶여 있는 이들에게, 그 모든 이들에게 그리고 우리 모두에게, 천국은 건강과 온전함과 즐거움과 평화의 시간을 약속한다. 그 시간은 우리가 이 세상에서 보내는 시간보다 훨씬 더 길고 훨씬 더 본질적이다. 그걸 믿지 못한다면, 우리는 더 이상 믿을 이유가 없다고 바울은 말한다. 그 소망 없이는 아무 소망도 없다.

성경은 인간의 실망을 절대 과소평가하지 않는다. (욥기에 할당된 분량을 기억하라. 고뇌의 내용은 마흔한 장이고, 뒤에 이어지는 회복의 내용은 단 한 장이다). 하지만 그 실망 앞에 '일시적'이라는 단어를 덧붙인다. 지금 우리가 느끼는 걸 언제까지나 느끼지는 않을 것이다. 우리의 실망감은 그 자체가 이미 그보다 나은 뭔가를 향한 신호요, 통증이요, 허기다. 결국 믿음은 일종의 향수병이다. 한 번도 가보지 못했지만 한 순간도 잊을 수 없는 고향을 향한 동경.

모든 여행이 끝나고
처음 시작한 곳으로 다시 돌아가네
그리고 처음으로 그곳을 보게 된다네

T. S. 엘리엇

또 내가 새 하늘과 새 땅을 보니 처음 하늘과 처음 땅이 없어졌고 바다도 다시 있지 않더라. 또 내가 보매 거룩한 성 새 예루살렘이 하나님께로부터 하늘에서 내려오니 그 준비한 것이 신부가 남편을 위하여 단장한 것 같더라. 내가 들으니 보좌에서 큰 음성이 나서 이르되, 보라. 하나님의 장막이 사람들과 함께 있으매 하나님이 그들과 함께 계시리니 그들은 하나님의 백성이 되고 하나님은 친히 그들과 함께 계셔서 모든 눈물을 그 눈에서 닦아 주시니 다시는 사망이 없고 애통하는 것이나 곡하는 것이나 아픈 것이 다시 있지 아니하리니 처음 것들이 다 지나갔음이러라.

---

1 _ Elie Wiesel, *Messengers of God*, p. 233.
2 _ Charles Williams, *The Image of the City*, p. 136.
3 _ C. S. Lewis, *The Weight of Glory*, p. 5, 「영광의 무게」(홍성사).
4 _ J. R. R. Tolkien, *The Return of the King*, p. 283, 「왕의 귀환」(씨앗을 뿌리는 사람).

성경 참조 욥기 42장, 히브리서 10장, 고린도후서 4장, 고린도전서 15장, 욥기 19장, 요한계시록 21장.

30
내기꾼 두 명, 비유 두 개

> 그렇다면 지상 낙원이 있습니까? 올리브 이파리가 속삭이는 사이로, 좋아하는 사람과 같이 있고 좋아하는 것을 소유하며 시원한 그늘 아래 편히 쉴 수 있는 지상 낙원이 있습니까? 아니면 모든 인간의 삶은 비명과 어리석음과 죽음과 고뇌로 점철된… 상처받고, 갈팡질팡하고, 고뇌에 가득 찬 낭만 없는 삶일 뿐입니까?
>
> 포드 매독스 포드, 「착한 병사」

이탈리아 출신의 작가 움베르토 에코(Umberto Eco)는 열세 살 때 아버지와 축구 경기를 보러 간 경험을 이야기한다. 그는 운동을 그리 즐기지 않았기에, 관중석에 앉아 경기를 보면서 딴 생각을 하고 있었다. "저 아래 경기장에서 펼쳐지는 무감각한 움직임들을 막연히 관찰하다가, 나는 정오의 태양이 어떻게 사람과 사물을 으스스한 빛으로 감싸는지를 느꼈다. 그리고 어떻게 내 눈앞에서 광대하고 의미 없는 몸짓들이 계속 진행되고 있는지를 느꼈다.… 그때 나는 처음으로 하나님의 존재를 의심했고, 이 세상은 무의미한 허구라고 결론 지었다."[1]

사춘기의 에코는 관중석 높은 자리에 앉고 보니, 마치 하나님처럼 위에서 아래를 내려다보는 시각을 상상했다. 그 유리한 지점에서 보니, 인류의 광적인 움직임은 다 큰 남자들이 잔디밭을 가로지르며 축구공을 쫓아다니는 광적인 움직임만큼이나 어리석어 보였다. 에코는 이 땅에서 일어나고 있는 일들을 '저 위에서' 지켜보는 존재는 없다는 생각이 들었다. 혹시 있다 해도, 자기가 축구 경기에 별로 관심 없듯이 그 존재는 이 세상의 삶에 별 관심이 없을 게 분명했다.

에코의 경기장 이미지는 믿음에 관한 가장 근본적인 질문을 제기한다. 나머지 질문들은 다 이 질문 하나에 달려 있다. 바로 '지켜보는 존재가 있긴 하나?'라는 질문이다. 우리는 "우주의 온화한 무관심"에 파묻힌 채 무의미한 혼란을 헤집고 다니는 건가, 아니면 우리에게 관심 있는 누군가를 위해 뭔가를 수행하고 있는 건가? 욥은 눈이 멀 것 같은 계시 속에서 답변을 얻었지만, 우리들은 어떠한가? 이보다 더 중요한 질문은 없다. 리처드와의 대화는 이 책을 쓰는 단초가 되었는데, 그 후 5년이 지난 지금, 나는 회의적인 리처드와 이 질문에 관해 다시 긴 토론을 하고 있었다.

내가 처음 리처드를 만났을 때, 그는 마치 하나님과 별거나 이혼의 초기 단계에 있는, 소원해진 부부 같았다. 눈빛이 분노로 이글거렸었다. 하지만 5년 후에 다시 만나 보니 세월이 흘러서 좀 부드러워져 있었다. 대화를 나누는 중에 여전히 불끈불끈 감정이 새어나오긴 했지만, 그건 근심 또는 향수와 뒤섞인 감정이었다. 그는 하나님을 마음에서 완전히 지우지 못했고, 늘 하나님의 부재를 느끼고 있었다. 마치 한쪽 팔이 없어졌는데도 그 고통을 계속 느끼는 것 같았다. 내 쪽에서 믿음의 문제를 전혀 거론하지 않았는데도, 리처드는 여전히 상처 입고 배신당한 심정으로 계속 믿음이라는 주제로 돌아갔다.

한번은 그가 아리송한 표정으로 나를 보며 말했다. "선생님, 제가 이해할 수 없는 게 있어요. 우리는 같은 책도 많이 읽었고, 공유하는 가치관도 많아요. 선생님은 저의 의심과 실망감도 이해하는 것 같아요. 그렇지만 선생님은 믿음이 가능하다고 생각하는데, 왜 저는 그렇지 않을까요? 뭐가 다른 거죠? 선생님은 어떻게 믿음을 갖게 된 거예요?"

답변을 찾느라 머릿속이 빠르게 돌아갔다. 나는 하나님에 관한 온갖 증거들을 다 제시할 수 있었다. 창조, 예수님 이야기, 부활의 증거들, 기독교 성인들의 본보기 등. 하지만 리처드 역시 나 못지않게 그런 답변들을 다 알고 있었다. 그럼에도 그는 믿지 않았다. 사실 나도 그런 증거들 때문에 믿음을 가진 것은 아니었으니까. 나는 성경 대학의 기숙사 방에서 믿음을 가졌다. 2월 어느 날 밤이었다. 그래서 나는 그날 밤에 있었던 일을 리처드에게 말해 주었다.

믿음의 밤

내 경우 성경 대학이 무엇보다도 의심과 회의주의가 싹튼 곳이었음은 이미 말한 바 있다. 나는 좋은 점수를 받으려면 학생이 당연히 해야 하는 '영적인' 행동들을 겨우 흉내 내면서 생존했다. 예를 들면 내가 끔찍하게 싫어한 '기독교 봉사'가 있었다. 그 대학은 전교생이 노방 전도, 교도소 사역, 양로원 심방과 같은 정규적인 봉사 활동을 의무적으로 해야 했다. 나는 '대학 사역'을 신청했다.

매주 토요일 밤마다 나는 사우스캐롤라이나 주립대학의 학생 회관을 방문해서 텔레비전을 보았다. 사실은 복음을 '증거'하고, 다음 주에는 내가 다가가 전도한 사람들에 관한 보고서를 제출해야 했다. 내가 갈고 다듬어 쓴 이야기들은 사실처럼 들릴 것이다. 아무도 그 부분을 의심하지 않았으니까.

나는 또 대학 사역에 참여하는 다른 학생 네 명과 함께 주간 기도회에 참석해야 했다. 그 기도회는 늘 똑같은 방식으로 진행되었다. 조가 기도를 하고, 그다음에는 크레이그, 크리스, 또 다른 조가 기도를 했다. 그리고 그 네 사람은 친절하게도 약 10초 정도 조용히 내 기도를 기다렸다. 나는 절대 기도하지 않았다. 그렇게 잠시 침묵이 흘렀다가 우리는 눈을 뜨고, 각자 자기 방으로 돌아갔다.

하지만 2월 어느 날 밤, 나 자신은 물론 모두가 놀랍게도, 내가 기도를 했다. 왜 기도했는지는 나도 모르겠다. 그럴 생각이 없었다. 하지만 조와 크레이그와 크리스와 조가 기도를 마친 뒤, 나도 모르게 큰 소리로 기도를 했다. "하나님"이라고 말문을 열었다. 방 안에 긴장감이 감돌았다.

기억을 더듬어 보니 아마 이렇게 기도한 것 같다. "하나님, 저희는 사우스캐롤라이나 주립대학에 다니는 만여 명의 학생들, 지옥으로 갈 그 학생들에게 관심을 가져야 한다는 명분으로 여기 모여 있습니다. 하지만 그들이 전부 지옥에 가든 말든 저는 상관 안 합니다. 그건 당신도 아십니다. 사실 제 자신이 지옥에 가든 말든 그것도 상관없습니다."

그 방에 있던 학생들이 이런 말을 어떻게 받아들일지는 성경 대학을 다녀 봐야만 알 수 있다. 나는 마법을 부리거나 아이를 제물로 바치는 사람만도 못해 보였을 것이다. 하지만 아무도 동요하거나 나를 제지하지 않았고, 그래서 나는 기도를 계속했다.

왜 그랬는지 모르겠지만, 나는 선한 사마리아인의 비유를 언급하기 시작했다. 우리 성경 대학 출신들은, 피범벅이 되어 시궁창에 널브러져 있는 유대인을 만난 사마리아인처럼 이 대학생들에게 관심을 가져야 마땅하지만, 나는 그런 관심을 전혀 못 느낀다고 말했다. 나는 그들에게 아무 느낌이 없었다.

그리고 마침내 일이 터졌다. 내 기도 도중에, 내가 긍휼을 느껴야 할 대상들에게 얼마나 관심이 없는지를 설명하는 도중에, 나는 그 비유를 새로운 각도로 보게 되었다. 나는 기도하면서 그 장면을 눈앞에 그려 보았다. 촌스러운 사마리아인이 긴 옷에 터번을 쓴 채 허리를 굽히고, 피투성이가 되어 시궁창에 빠진 물체를 만진다. 그런데 내 뇌 속에서 돌아가던 이 장면에서 두 사람이 갑자기 다른 사람으로 바뀌었다. 친절한 사마리아인은 예수님으로 바뀌었다. 길에서 강도 맞은 이 불쌍한 유대인도 다른 사람으로 바뀌었는데, 얼굴을 자세히 보니 바로 나였다.

한순간에, 예수님이 젖은 수건을 들고 허리를 굽혀 내 상처를 닦아 주고 흐르는 피를 지혈시키는 걸 보았다. 그리고 그분이 허리를 굽힐 때, 상처 입은 희생자인 내가 눈을 뜨고 입술을 벌리는 게 보였다. 그러더니 마치 슬로모션처럼, 내가 예수님의 얼굴에 침을 뱉는 것이었다. 환상도 믿지 않고, 성경의 비유도 믿지 않고, 예수님조차 믿지 않던 내가 이 모든 걸 본 것이다. 그 장면에 내가 놀랐다. 나는 엉겁결에 기도를 멈추고 그 방을 뛰쳐나왔다.

그날 밤 내내 그날 있었던 일을 생각했다. 정확히 말하자면 그건 환상이 아니었다. 비유를 살짝 꼰 몽상에 가까웠다. 하지만 그 장면을 떨쳐 버릴 수가 없었다. 그게 무슨 의미였을까? 진짜였을까? 그런 건 확실히 몰랐지만, 내 우쭐하던 태도가 산산이 부서졌다는 건 알았다. 그 대학에서 나는 늘 내 무신론 속에서 안전함을 느꼈다. 하지만 더 이상 그럴 수가 없었다. 새로운 나 자신을 보았다. 내가 아무리 자신만만하게 회의주의를 흉내 내봤자, 어쩌면 나야말로 가장 도움이 절실한 자인지도 몰랐다.

나는 약혼녀에게 간략한 메모를 썼다. 자못 신중했다. "아무래도 내가 난생처음으로 진정한 종교적 체험을 한 것 같아. 자세한 이야기는 며칠만 더 기다렸다 하기로 하지."

내기꾼 두 명

나는 리처드에게 그 이야기를 해주었고, 그는 진심으로 내 말에 귀를 기울였다. 그 순간부터 내 인생이 완전히 변했노라고 말했다. 그전에 누가 나에게 기독교 신앙에 관한 글을 쓰면서 일생을 살라고 말했다면, 정신 나간 사람이라고 생각했을 것이다. 하지만 그 2월의 밤 후로는 내가 종교적으로 말도 안 된다고 거부했던 것들을 다시 세워 나가는, 느리지만 꾸준한 순례길이 시작되었다. 나는 보이지 않는 세상을 볼 수 있는 믿음의 눈을 얻었다.

리처드는 아량을 가지고 들어주었지만, 믿지는 못했다. 그때 일어난 일은 다른 식으로 설명할 수도 있다고 점잖게 지적했다. 몇 년 동안 나는 근본주의적인 내 성장 배경에 저항해 왔고, 그런 억압은 분명 내 안에 심각한 '인지 부조화'를 유발했을 것이다. 그리고 내가 오랫동안 기도를 하지 않았기 때문에, 처음 입 연 그 기도가 아무리 미약하다 해도 내 감정의 봇물을 터뜨렸을 것이다. 그것이 선한 사마리아인의 비유와 같은 '계시'의 형태로 분출구를 찾은 게 아닐까, 하는 설명이었다.

리처드가 그 말을 하는 동안 나는 빙그레 웃었다. 그의 말 속에서 나를 보았기 때문이다. 나야말로 동료 학생 수십 명의 간증을 들으면서 그와 똑같은 논리로 그 간증들을 무시했었다. 하지만 그 2월의 밤 이후로 나는 모든 걸 다르게 보게 되었다.

리처드와 나는 같은 현상을 다른 방식으로 설명하고 있었다. 그는 '빛줄기만'을 본 반면 나는 '빛줄기를 따라' 보았다. 그는 자기 방식에 대해 분명한 증거가 있었고, 나도 내 방식에 대한 분명한 증거가 있었다. 삶을 보는 내 관점에 예기치 않은 심오한 변화가 일어난 것이다. 하지만 회심은 안에서 밖으로만 그리고 같은 회심자에게만 이해가 된다. 우리는 5년 전에 시작했던 대화로 돌아갔다. 그리고 리처드가 싫어하는 단어인, 믿음의 신비라는 주제에 이르렀다.

나는 리처드에게 믿음을 유리알처럼 투명하게 보여 주고 싶었지만, 그러기에는 내가 너무 무력했다. 그에게서 내가 겪었던 불안과 소외를 느꼈다. 나중에 하나님은 이것을 서서히 치유해 주셨다. 하지만 리처드에게 믿음을 옮겨 심어 줄 수는 없었다. 그 일은 그가 직접 해야만 했다.

대화를 나누는 중에 나는 정말로 우주에 내기꾼 둘이 있다는 걸 깨달았다. 나는 하나님의 시각에서, 욥기에 묘사되어 있는 내기꾼에 초점을 맞추었다. 하나님이 인간 실험의 미래를 개개인의 태도에 거는 '위험을 감수하시는' 장면이었다. 나는 이 내기꾼 개념을 완전히 이해하는 사람이 과연 있을까 의심스러웠지만, 예수님은 인간 역사의 마지막에는 모든 문제가 하나로 귀결될 거라고 가르치셨다. "인자가 올 때에, 이 땅에서 이런 믿음을 보겠느냐?"는 것이었다.

두 번째 내기꾼은 인간의 관점을 반영한 것으로서, 욥 자신이 연루된 내기다. 그는 하나님 편을 택할 것인가, 반대편을 택할 것인가? 욥은 그 증거의 무게를 달아 보았고, 대부분의 증거들은 신실하신 하나님을 뒷받침하지 않았다. 하지만 싫어서 야단법석을 떨면서도 결국은 하나님께 믿음을 걸기로 결심했다.

우리는 누구나 하나님이 존재하시는 것처럼 살든지, 아닌 것처럼 살든지 선택해야 한다. 움베르토 에코가 정오의 태양 아래 관중석 높은 자리에 앉아 축구 경기를 하는 선수들을 내려다볼 때, 그는 그의 인생에서 그리고 누구의 인생에서든 가장 중요한 질문을 깨달았다. 지켜보는 존재가 있긴 있는가? 이에 대한 답변은 분명히 믿음에 달려 있다. 그 믿음으로, 오직 그 믿음으로만 의인은 살 것이다.

두 개의 비유

나는 이 책을 두 개의 이야기로 끝맺고자 한다. 둘 다 실제 있었던 일로서, 각각 믿음의 길과 불신앙의 길을 제시하는 비유가 된다.

첫 번째 이야기는 프레더릭 뷰크너의 설교에서 얻은 것이다.

> 이 이야기는 유난히 이 시대를 반영한 듯한, 말하기도 끔찍한 사연입니다. 열두세 살 먹은 소년이 극한 분노와 우울증에 시달리다가, 어디서 총을 구해 자기 아버지를 쏘았습니다. 아버지는 즉사하지는 않았지만 결국 얼마 못 가서 죽고 말았습니다. 경찰이 그 소년에게 왜 그런 짓을 했냐고 묻자, 그는 더 이상 자기 아버지를 견딜 수가 없어서 그랬다고 대답했습니다. 아버지는 그에게 너무나 많은 걸 요구했고, 항상 그의 뒤를 밟았

기 때문에 아버지가 미웠다고 했습니다. 소년이 소년원에 갇힌 후, 어느 날 교도관이 늦은 밤에 복도를 지나가는데 그 소년의 방에서 무슨 소리가 들렸습니다. 그는 걸음을 멈추고 귀를 기울였습니다. 소년이 어둠 속에서 "아버지, 보고 싶어요. 보고 싶어요"라며 흐느끼고 있었습니다.[2]

뷰크너는 이 이야기가 "우리 모두의 삶을 빗댄 일종의 비유"라고 말한다. 현대 사회는 마치 소년원에 갇힌 그 소년과 같다. 우리는 아버지를 죽였다. 사상가나 작가나 영화 제작자나 텔레비전 프로듀서들 중에 하나님에 대해 진지하게 고민하는 사람은 별로 없다. 하나님은 시대착오적이고, 우리는 그분을 능가할 정도로 다 컸다. 현대의 세상은 내기꾼 이미지를 받아들였지만, 하나님을 반대하는 쪽에 패를 던졌다. 응답받지 못한 기도가 너무나 많다. 하나님은 우리를 너무 자주 실망시키셨다.*

모든 게 불확실한 상황에서 살아간다는 건 힘든 일이다. 하지만 아직도 흐느끼는 소리가 들리고, 상실감에 울부짖는 외침이 들린다. 문학 작품과 영화와 거의 모든 현대 예술 속에 그런 상실감이 표현되어 있다. 하나님에 대한 실망(disappointment with God)의 대안은 하나님이 없는 실망(disappointment without God)이 아닐까 싶다. (버트런드 러셀은 이렇게

---

* 밝은 아침에 등불을 켜 들고 시장에 가서 끊임없이 '하나님을 찾습니다. 나는 하나님을 찾습니다'라고 울부짖는 사람에 관해 들어 본 적이 없는가?… 사람들이 비웃자…그 남자는 그들 가운데로 뛰어들어 그들을 노려보았다. 그는 울부짖었다. "하나님은 어디 계십니까? 제가 말씀드리죠. 우리가 하나님을 죽였습니다. 나와 당신이요." 우리는 모두 하나님을 죽인 자들이다. 하지만 어떻게 그분을 죽일 수 있었을까? 우리가 어떻게 바다를 삼킬 수 있었는가? 우리에게 수평선을 지워 버릴 스펀지를 누가 주었는가? 지구가 태양에서 벗어날 때, 우리는 무엇을 할 것인가? -프리드리히 니체(Friedrich Nietzsche), 「즐거운 지식」.

말했다. "내 중심은 항상 그리고 영원히, 알 수 없는 격렬하고 끔찍한 어떤 고통을 느꼈다. 그것은 세상이 담고 있는 걸 초월한 뭔가를 향한 추구였다.")

나는 지금도 내 친구 리처드의 눈빛에서 그런 상실감을 본다. 그는 하나님을 믿지 않는다고 말하면서도 계속 그 주제를 들먹거리고, 너무 큰 소리로 저항한다. 배신하는 존재가 없다면 이렇게 배신감에 상처 입은 마음은 어디서 오겠는가?

프레더릭 뷰크너의 비유가 잃어버린 아버지에 천착하고 있다면, 두 번째 이야기는 아버지를 발견하는 데 관심을 두고 있다. 다음 이야기도 역시 실화인데, 바로 내 이야기다.

어느 휴일에 나는 천 킬로미터 이상 떨어진 곳에 살고 계신 어머니를 방문했다. 우리는 모자지간이 으레 그렇듯이 옛날 일을 회상했다. 결국 어머니는 옛날 사진을 담은 큰 상자를 옷장 속에서 꺼내셨다. 내 어린 시절과 사춘기의 성장 과정을 보여 주는 얇은 사각형 종이들이 잔뜩 쌓여 있다가 쏟아졌다. 카우보이와 인디언 복장을 하고 찍은 사진, 초등학교 1학년 연극 때 입었던 피터 래빗 의상, 어린 시절의 애완동물 사진, 끝도 없었던 피아노 연주회 사진 그리고 초등학교와 중고등학교, 대학교 졸업 사진들.

그 사진들 중에서 내 아기 때 사진을 한 장 발견했다. 뒤에 내 이름이 적혀 있었다. 사진 자체는 그리 이상할 게 없었다. 여느 아기들과 비슷했다. 통통한 볼에 반쯤 벗겨진 대머리, 초점 없이 야성적인 눈빛. 하지만 그 사진은 마치 어릴 때 키웠던 애완동물이 물고 늘어졌던 것처럼 구겨지고 짓이겨져 있었다. 망가지지 않은 사진도 얼마든지 있는데 왜 그렇게 망가진 사진을 걸었었느냐고 어머니께 여쭈었다.

이쯤에서 우리 가정사에 대한 설명이 필요하다. 내가 생후 10개월 때 우리 아버지는 척추 요추 소아마비에 감염되셨다. 그리고 3개월 후, 그러니까 내가 첫돌을 지나자마자 아버지가 돌아가셨다. 아버지는 스물네 살 때 전신마비가 되었고, 근육도 너무나 약해져서 산소 호흡을 해주는, 커다란 금속 실린더 속에서 살아야 했다. 방문객은 거의 없었다. 1950년대 당시 소아마비는 오늘날의 에이즈처럼 사람들이 기피하는 병이었다. 꾸준히 아버지를 문병 왔던 어머니는, 아버지가 그 금속 실린더 옆에 달린 거울로 어머니를 볼 수 있도록 정해진 자리에 앉아 계셨다.

어머니는 그 사진을 특별한 기념물로 보관하신다고 했다. 아버지가 아프신 동안 금속 고리에 묶어 놓았던 사진이기 때문이었다. 아버지는 어머니와 두 아들의 사진을 갖다 달라고 부탁하셨고, 어머니는 사진들을 두 개의 금속 손잡이 사이에 어찌어찌 끼워 넣었다. 그래서 이렇게 내 아기 때 사진이 구겨진 것이었다.

어머니가 그 구겨진 사진에 관해 말씀하실 때, 나는 뭔가 이상하고 강렬한 감정을 느꼈다. 어떤 의미에서 내가 전혀 만나 보지도 못한 사람이 나를 보살피고 있었다고 상상하니 좀 이상했다. 아버지는 그 마지막 몇 개월 깨어 있는 시간 동안 내내, 당신의 가족, 즉 우리 가족의 사진 세 장만 뚫어지게 바라보며 지내셨다. 아버지의 시야에는 그 외 다른 게 들어오지 않았다. 아버지는 우리를 사랑했을까? 당연하다. 하지만 전신마비가 된 사람이 어떻게 그 사랑을 표현할 수 있었을까? 더구나 자식들이 그 방에 들어오는 게 금지된 마당에.

나는 종종 그 구겨진 사진을 생각해 본다. 그 사진은 나를 내 아버지였던 낯선 분, 지금의 내 나이보다도 열 살이나 젊을 때 돌아가신 그분과 연결시켜 주는 몇 안 되는 연결 고리 중에 하나다. 나는 전혀 기억할 수도 없고 아는 바도 없는 누군가가 매일 하루 종일 나를 생각했고, 자신을 나에게 헌신했으며, 할 수 있는 한 나를 사랑했다. 어쩌면 뭔가 신비로운 방식으로, 아버지는 지금도 또다른 차원에서 그리고 계실 것이다. 어쩌면 나는 시작되기가 무섭게 잔인하게 끝난 그 관계를 새롭게 할 수 있는 시간을, 아주 많은 시간을 갖게 될 것이다.

내가 이 이야기를 하는 이유는, 어머니가 나에게 그 구겨진 사진을 보여 주셨을 때 느낀 감정과, 내가 2월 어느 날 밤 그 기숙사 방에서 하나님을 처음으로 믿었을 때 느낀 감정이 똑같았기 때문이다. 누군가 있다는 걸 나는 깨달았다. 이 세상에서 삶이 펼쳐지는 동안 누군가가 지켜보고 있다. 더 나아가서, 나를 사랑하는 누군가가 있다. 그것은 대단한 소망을 주는 놀라운 느낌이요, 너무나 새롭고 압도적이어서 내 인생을 온전히 걸어도 될 만한 감정이었다.

1_ Umberto Eco, *Travels in Hyper Reality*, p. 167-168.
2_ Frederick Buechner, *The Magnificent Defeat*, p. 65.

성경 참조 누가복음 18장.

감사의 글

언젠가는 나 혼자 힘으로 책을 쓰게 될 날이 올지도 모르지만, 그날이 속히 오지는 말았으면 좋겠다. 아직은 편집 부분과 관련해서 다른 독자들의 의견에 상당히 의존하고 있기 때문이다. 나는 내 친구 팀 스태포드(Tim Stafford)에게 속절없이 엄청나게 의지하고 있다. 정말 감사하다. 그는 이 책의 초안을 연거푸 세 번이나 봐 주었다. 진정 사랑의 수고였다. 팀이 전문가답게 이 책을 읽고 내용을 줄이기 전에는, 책 분량이 지금보다 절반 이상 더 길었다.

또한 나는 네 명의 작가들이 모인 초안 평가 모임에 참석하는 행운을 누렸다. 스티브 로헤드(Steve Lawhead), 캐런 메인즈(Karen Mains), 루시 쇼(Luci Shaw) 그리고 월터 웽거린 주니어(Walter Wangerin, Jr.), 이들은 이 책의 최종본이 적절한 격조를 갖추는 데 일조했다. 그리고 별도의 모임에서 월터는 나에게 스토리텔링의 몇 가지 비결을 알려 주었다. 내 초안을 읽고 비평해 주고, 소중한 조언을 해준 사람들이 또 있다. 엘지 베이커 박사(Elsie Baker, Dr.), 존 보일 박사(John Boyle, Dr.), 폴 브랜든(Paul Brandon), 해럴드 피켓(Harold Fickett), 할 나이트(Hal Knight), 리 필립스(Lee Phillips) 그리고 코넬리우스 플랜팅가 박사(Cornelius Plantinga, Dr.) 등이다.

내가 이들의 조언에 따라 열심히 작업한 후, 전에 내 책 세 권을 편집한 주디스 마크햄(Judith Markham)이 최종본을 잘 편집해 주었다. 주디스는 외교술과

문학적 지혜, 친절 그리고 무엇보다도 탁월함을 종합적으로 갖춘 보기 드문 사람이다. 그녀는 좋은 친구이자 훌륭한 편집자다.

  이 책에 언급되어 독자들이 이미 알고 있을 몇몇 이름들도 거론하지 않을 수 없다. 아우구스티누스, 뷰크너, 체스터턴, 엘리엇, 루이스, 몰트만, 맥도널드, 파스칼, 세이어즈, 틸리케 그리고 윌리엄스 등이 그들이다. 가장 진정한 의미에서 이들이야말로 나의 '목회자'다. 나는 정말로 이분들 덕택에 꾸준히 믿음을 지킬 수 있었다.

내가 라살 스트리트 교회(LaSalle Street Church)에서 가르친 강의 덕택에 나는 최소한 5년 동안 구약을 상세히 연구할 수 있었고, 수강생들은 많은 훌륭한 통찰과 대범한 질문들로 이 책에 기여했다.

영감을 주었던 콜로라도 산으로의 여행을 몇 번 언급한 바 있다. 그 시간을 가능하게 해준 콘만 가족(Konemans)과 브레이튼 가족(Braytons)에게 감사드린다.

  그리고 리처드에게도 감사의 마음을 전한다. 그는 솔직할 수 있는 용기가 있다. 그에게서 배운 점이 많다. 나는 그가 질문을 멈추지 않기 바라고, 하나님을 찾는 일도 포기하지 않기 바란다.

참고 문헌

- Augustine, Saint. *The Confessions of Saint Augustine*, 「고백록」.
- Brown, Colin. *Miracles and the Critical Mind*. Grand Rpids: Eerdmans, 1984.
- Buechner, Frederick. *The Hungering Dark*. New York: Seabury, 1981.
- _____. *The Magnificent Defeat*. New York: Seabury, 1979.
- _____. *A Room Called Remember: Uncollected Pieces*. New York: Harper & Row, 1984.
- _____. *Wishful Thinking: A Theological ABC*. New York: Harper & Row, 1973, 「통쾌한 희망 사전」(복있는사람).
- Dostoyevsky, Fyodor. *The Brothers Karamazov*. Garden City: Nelson Doubleday, 「카라마조프 가의 형제들」.
- Eco, Umberto. *Travels in Hyper Reality: Essays*. Edited by Helen & Kurt Wolff Translated from the Italian by William Weaver. New York: Harcourt Brace Jovanovich, 1983.
- Eiseley, Loren. *The Star Thrower*. Harcourt Brace Jovanovich, 1979.
- Hall, Douglas John. *God and Human Suffering*. Minneapolis: Augsburg, 1986.
- James, William. *The Varieties of Religious Experience*. New York: Modern Library, 1936, 「종교적 경험의 다양성」(한길사).
- Kierkegaard, Søren. *Philosophical Fragments*. Translated by David Swenson. Princeton: Princeton University Press, 1962, 「철학적 조각들」(집문당).
- Lewis, C. S. *Christian Reflections*. Grand Rapids: Eerdmans, 1974, 「기독교적 숙고」(홍성사).
- _____. *God in the Dock*. Walter Hooper. Grand Rapids: Eerdmans, 1970,

Harper & Row, 1973, 「피고석의 하나님」(홍성사).

- _____. *A Grief Observed*. New York: Seabury, 196:1, 「헤아려 본 슬픔」(홍성사).
- _____. *The Weight of Glory and Other Addresses*. Grand Rapids: Eerdmans, 1975, 「영광의 무게」(홍성사).
- _____. *The World's Last Night and Other Essays*. New York: Harcourt Brace Jovanovich, Inc. 1959.
- MacDonald, George. *Life Essential: The Hope of the Gospel*. Edited by Rolland Hein. Wheaton, Ill.: Harold Shaw, 1978.
- MacDonald, Greville. *George MacDonald and His Wife*. London: George Allen and Unwin, Ltd., 1924.
- Moltmann, Jürgen. *God in Creation: A New Theology of Creation and the Spirit of God*, New York: Harper & Row, 1985, 「창조 안에 계신 하나님」(한국신학연구소).
- Spark, Muriel. *The Only Problem*. New York: Putnam, 1984.
- Thompson, William I. *The Time Falling Bodies Take to Light*. New York: St. Martin's Press, 1982.
- Tolkien, J. R. R. *The Return of the King*. New York: Ballantine, 1976, 「왕의 귀환」(씨앗을뿌리는사람).
- _____. *The Tolkien Reader*. New York: Ballantine, 1966.
- Wiesel, Elie. *Messengers of God: Biblical Portraits and Legend*. New York: Summit Books, 1985.
- Williams, Charles. *He Came Down from Heaven*. London: William Heinemann, Ltd., 1938.
- _____. *The Image of the City*. London: Oxford University Press, 1958.

옮긴이 김성녀는 연세대학교 영어영문학과를 졸업하고 미국 미주리 주립대학에서 광고 언론학을 공부했다. IVP 편집부에서 다년간 일했으며, 현재 가족과 함께 캐나다 밴쿠버에 살면서 전문 번역가로 활동하고 있다. 옮긴 책으로는 「내가 알지 못했던 예수」, 「너무 바빠서 기도합니다」, 「빌 하이벨스의 액시엄」, 「긍휼」, 「하나님의 러브레터」, 「래리 크랩의 파파 기도」(이상 IVP), 「약함의 리더십」(복있는 사람) 등이 있다.

하나님, 당신께 실망했습니다

초판 발행 2013년 4월 27일
초판 11쇄 2025년 4월 25일

지은이 필립 얀시
옮긴이 김성녀
펴낸이 정모세

편집 이성민 이혜영 심혜인 설요한 박예찬
디자인 한현아 서린나 | 마케팅 오인표 | 영업·제작 정성운 이은주 조수영
경영지원 이혜선 이은희 | 물류 박세율 정용탁 김대훈

펴낸곳 한국기독학생회출판부 | 등록번호 제2001-000198호(1978.6.1)
주소 04031 서울시 마포구 동교로 156-10
대표 전화 (02) 337-2257 | 팩스 (02) 337-2258
영업 전화 (02) 338-2282 | 팩스 080-915-1515
홈페이지 http://www.ivp.co.kr | 이메일 ivp@ivp.co.kr
ISBN 978-89-328-1295-3

ⓒ 한국기독학생회출판부 2013

책값은 뒤표지에 있습니다.
무단 전재와 복제를 금합니다.